日本におけるイスラーム研究史

中国篇

アリム・トヘテイ

春風社

亡父に捧げる

日本におけるイスラーム研究史——中国篇　目次

序章　7
第一章　草創期——一九三一年以前
はじめに　15
第一節　初期の研究と成果　18
一　研究史の嚆矢　18
二　初期の調査研究と著作　25
第二節　経典整理と概念の提出及び研究　34
一　国外研究成果の紹介　34
二　桑田六郎らの研究　37
第三節　日本人ムスリム先駆者の研究　42
一　三田了一、佐久間貞次郎の研究　43
二　田中逸平、川村狂堂の研究　48

第二章　戦争の激化時期——一九三一年－一九四五年

はじめに……63
第一節　イスラーム研究機関の設置及び機関紙創刊……67
一　「イスラム文化協会」と『イスラム（回教文化）』……68
二　「回教圏研究所」と『回教圏』……76
三　「大日本回教協会」と『回教世界』……81
第二節　調査機関及び研究……93
一　外務省調査部回教班と『回教事情』……95
二　満鉄東亜経済調査局回教班……97
三　民族研究所等の機関……104
第三節　研究動向……112
一　翻訳研究……112
二　歴史学・文献学的研究……120
三　社会学・民族学的研究……134

第三章　戦後の変革（転換）時期――一九四五年－一九七九年
はじめに……149
第一節　中断された中国イスラーム研究……151
一　戦争の影響……151
二　研究機関の封鎖……155
三　研究員の離脱……162
第二節　戦後派研究者による研究活動……166
一　戦後派研究者……166
二　研究機関……176
三　戦前の資料を根拠とした研究……179

第四章　再構築時期――一九七九年から現在
はじめに……203
第一節　日中の学術関係と諸研究活動……205
一　改革開放後における日中学術成果……205
二　新たに設立された諸研究機関……211

第二節　研究の現状……224
一　戦前の研究及び成果に関する再評価……224
二　地域研究とその成果……232
三　「回儒」研究新動向……239
終章……249
参考文献……265

本書は日本学術振興会外国人特別研究員（P14303）研究課題（14F04303）
（平成二六年一一月〜平成二九年一月）による研究成果である。

序章

筆者は本書に先立つ二〇一二年一二月に「一九四五年以前の日本の中国イスラーム研究」（『東方民族大学学報』（中国）第六号、二〇一二年）を発表した。執筆にあたっては、羽田明「わが国におけるイスラム研究（一）――中国篇」（『西南アジア研究』第三号、一九五八年）、片岡一忠「日本における中国イスラーム研究小史」（『大阪教育大学紀要』第二部門第二九巻第一号、一九八〇年）、大澤広嗣「昭和前期におけるイスラーム研究――回教圏研究所と大久保幸次」（『宗教研究』第七八巻第二号、二〇〇四年）、文献目録として中田吉信「回回民族に関する文献」（アジア経済研究所所内資料『現代イスラームの総合研究』〔昭和四四年度中間報告（Ⅱ）〕所収、一九七〇年）、研究課題として店田廣文『戦中期日本におけるイスラーム研究の成果と評価――早稲田大学「イスラム文庫」の分析』（課題番号 15530347 平成一五 － 一六年度科学研究費補助金基盤研究C）等の資料を参考にした。

羽田明の論文では、「わが国における中国イスラームの研究は、一九一一－一二年（明治四四年－大正元年）、遠藤佐々喜、桑原隲蔵《じつぞう》の両氏、とくに桑原博士によって、その口火が切られた」と説明し、桑原隲蔵、田坂興道の研究成果と戦時中の調査報告を初めて簡略に分析し、「ただ、中国イスラームの研究は、全体としてみれば、なお未開拓の感を免れない」[2]と結論づけている。片岡一忠は日本における中国イスラーム研究史を第一期（一九三〇年以前）、第二期（一九三〇－一九四五年）、第三期（一九四五年以後）の三期に分け、一九一〇年から一九八〇年までの研究成果を簡単に紹介しているが、社会科学的視点から具体的に明らかにすることはなされていない。店田廣文の研究課題は、早稲田大学図書館に所蔵されている大日本回教協会（一九三七年設立～一九四五年解散）関係の資料（当大学内では通称「イスラム文庫」）のみの分析をとおして、戦中期日本におけるイスラーム研究の成果を評価するものである。

本書は、日本における中国イスラーム研究史に焦点を当て、日本に散在した基本資料を渉猟、整理し、それらを総合的にまとめあげることに力点を置く。重要資料の収集と保存、紹介は今後の研究や論述に信頼性のある根拠を提供する意味で、大きな意義ある仕事である。戦前・戦中・戦後の各段階における研究の在り方や諸機関の活動、日本における中国イスラーム研究史の継承などを時系列的に追いながら、政治的な背景に依ることなく、国や立場を超えた学問的視点から再評価することは、これまでの研究史と先駆的研究者たちの仕事を総括し、継承するとともに、今後の研究に方向性と課題を与えるものとなる。

研究目的として、以下の四点を挙げる。

①日本における中国イスラーム研究は、一九一一年の遠藤佐々喜、一九一二年の桑原隲蔵の論文で口火が切られたとされるが、それに先立つ戸水寛人「北京張家口間の回回教徒」、伊藤忠太「清真寺――支那に於ける回教寺院」（共に一九〇六年発表）といった、いわば研究前史的著作がある。ここではその全容を紹介し、初期の調査研究は政治的・軍事的活動とは無関係のところから始まったと指摘して、一九二〇年代から三〇年代における現地調査は日本の中国への軍事戦略と切り離せないものでありながら、それとは別に「中国イスラーム研究」という学術的な視点からも重要な価値と意義を持ち得たことを検討する。

②一九三一年以降、「時局」の要請もあって、イスラーム研究専門の機関の設立や専門雑誌の創刊が相つぎ、中国イスラーム研究は活況を呈した。それらの実態調査は満鉄諸機関などの関係者によって蒙疆を中心に行われたものの、その多くは正式な調査報告を発表するまでに至らなかった。「時局」にのって活発化した中国イスラーム研究は、一九四五年の敗戦にともなう満鉄の諸機関の廃止を機に大きく様変わりした。諸研究機関は閉鎖され、その研究員は四散し、また文献・調査資料は戦災に遭うか、そうでないものも多くは分散してしまった。

現在では、日本の中国イスラーム研究の関連資料（名簿、手書き原稿、写真資料などを含む）は、ほとんどが未整理である。そこで本書は、研究対象となる一次資料を出来る限り調査すること、重要資料の全体概要を紹介することを第一義的な目的としたい。

③日清・日露戦争を境とした日本の国際的地位の変化により、イスラーム諸国（中国イスラーム含む）への関心は、中国の社会情勢を植民地統治の視点から把握するという帝国主義的な関心へと変容していった。第二次世界大戦終結までの日本あるいは日本人のイスラームへの関心は、軍国主義の時代にあって極めて功利的なものが主流であったといわれてきた。これらの時代の研究に関しても、できる限り客観的な分析・評価を加えたい。

④戦後、日本における中国イスラーム研究は、中田吉信などの研究者の研究成果に触発される形で展開してきた。また、イスラーム学術研究団体として日本イスラーム協会が設立され、一九六三年に機関雑誌『イスラム世界』が発刊された。この時期、日本のイスラーム研究は新しい時代を迎えた。政府・大学・民間により新しい研究機関が設立され、専門雑誌も発刊されて、多くの研究者が中国イスラームを含め、世界各地のイスラームに関する研究活動に従事している。それぞれの研究領域で、既に多くの研究成果が発表されている。

本書では、戦後の中国イスラーム研究の礎になったと考えられる研究者たちの研究状況を具体的に明らかにすると同時に、個々の研究や諸機関の活動が戦後日本の中国イスラーム研究にどのように継承されたのかを再評価する。このことが、日本におけるイスラーム研究に手薄な部分を補うのみならず、日本におけるイスラーム研究に対しても、まったく新しい研究視点をもたらすことを期待している。

本書は全四章から構成され、第一章「草創期――一九三一年以前」、第二章「戦争の激化時期――一九三一年―一九四五年」、第三章「戦後の変革（転換）時期――一九四五年―一九七九年」、第四章「再構築時期――一九七九年から現代」と、時系列で記述している。日本においてイスラームが注目されたのは二〇世紀に入ってであった。そこには、欧米の影響を受けた明治政府がイスラーム世界への理解を必要不可欠なものと認識し、中国イスラームをはじめ、中央アジア、西アジア、北アフリカといった各地のムスリムに関心を持たざるを得なくなったという背景がある。しかし、当初、日本の関心はイスラーム教信仰文化・ムスリム宗教生活にはなく、イスラーム研究は明治時代に生じた積極的な海外拡張策という時代背景に端を発している。これらは後の満鉄調査部の調査研究姿勢ともつながる重要な点である。

本書の基となった研究活動は以下の四段階に分けられる。

第一段階では徹底した基礎研究を行う。その第一歩として、戦前の研究については、日本各地の大学・研究機関に膨大な関連資料が散在、所蔵されており、その実地精査を行った。とりわけ本テーマの関連資料は、東京大学総合図書館・文学部資料室・東洋文化研究所、早稲田大学中央図書館、国立国会図書館及び東洋文庫等に散在している。「回教圏研究所」などイスラーム研究専門の諸機関の関係資料、または『イスラム（回教文化）』、『回教事情』、『回教圏』、『回教世界』などの専門雑誌、また満鉄諸機関・民族研究所・帝国学士院などの関係者による調査報告（他の雑誌、個人・民間等の研究、名簿、手書き原稿、写真資料など、また戦後の研究成果も含む）をできる限り精査することを最初の課題とした。それによって、所蔵先の限られる学術論文や資料（『支那回教文献の解説』、『満州国の回教徒問題』、『支那・南洋及印度の回教徒』等）を集め、整理・分析した。

　日本における中国イスラーム研究に関する組織構造と活動実態、研究成果を、戦前と戦後に分けて示すため、第二段階では、戦前の研究を「研究の開始から一九三一年以前」と「一九三一年の満州事変勃発から一九四五年まで」に分けて調査を行った。一九三一年以降は全てが軍を軸に変転する時代が長く続くことになるが、それ以前の初期研究者たちには個性ある自由な研究姿勢や成果がみられる。満州事変こそが、中国大陸に対する日本国民全般の関心を集め、回教民族の存在やその宗教的背景、さらに中央アジア草原やアラビア砂漠へと、横一線のつながりへの関心に開眼させたのである。[3]ここでは、支那事変をきっかけに日本の回教研究が初めて組織化されたという野原四郎の指摘を実証していく。イスラーム研究諸機関の設立や機関紙の発行の経緯と内容を収集、紹介し、各調査機関と各々の研究動向、翻訳研究、歴史学、文献学的研究、社会学的民族学的研究とその成果を詳述する。

　第三段階では戦後の研究を「一九四五年の終戦から一九七九年まで」と「一九七九年以降」に分けて調査する。日本の中国イスラーム研究は、一九四五年の敗戦を機に大きく様変わりし、主な調査機関であった満鉄の資料は焼失して、さらに多くの関連資料はアメリカに接収された。

戦後、中断された中国イスラーム研究をいかにして再開するかが、戦後派研究者による研究活動の出発点であった。敗戦を境にして、日本における中国イスラーム研究の中心が明清代の社会史に移り、とくに回民叛乱（起義）を取り上げたことに注目したい。これは中国イスラーム教徒である回民（回族）の中国史上での位置づけの問題を扱うものである。イスラーム学の面からはスーフィズム（Sufisim イスラーム教神秘主義）の役割が問題視され、中国イスラームにおけるスーフィズムの成立やその役割が重視された。その後も中国の文化大革命や日中関係の変化が起こり、日本における中国イスラーム研究がいかにそれらの影響を受けたかを指摘したい。

第四段階では、「日本における中国イスラーム研究の再認識及び特徴」というテーマで総括を試みる。

①日本の中国イスラーム研究史は、日中両国関係と密接に関連している。

②戦前期の研究については日本の軍事的・地政学的な関心が強調され、当時の中国イスラーム認識については十分に研究されているとはいえない。しかし協会そのものの性格に関しては、軍国主義的色彩の濃い機関では必ずしもなかったという言及も戦後なされている。これらの点について、調査されている資料を利用しながら詳しく分析することが重要である。

③戦後の中国イスラーム研究の基礎になったという意味では、戦前期における研究は大きな意義があった。しかし、戦前と戦後の研究には異なる特徴がある。

④政治、経済、文化といった面でのグローバル化の観点から、イスラームを宗教の問題と限

定的に捉えるのではなく、中国イスラームを含む世界イスラーム地域での諸問題を、歴史的視点を踏まえながら基礎的かつ総合的に解明し、さらに具体的に分析・評価する必要がある。

註

〈1〉羽田明「わが国におけるイスラーム研究（一）——中国篇」『西南アジア研究』第三号、一—五頁、一九五八年。
〈2〉同上
〈3〉参考　小村不二男『日本イスラーム史』日本イスラーム友好連盟、一九八八年。

第一章　草創期――一九三一年以前

はじめに

明治以前の日本には、中国イスラームとムスリムに関して情報や知識がほとんどなく、研究成果も乏しかった。小林元は長編「日本と回教圏の文化交流――明治以前における日本人の回教及び回教圏知識」で「明治以前における日本人の回教および回教圏知識は、たとひ時代とともに成長してゐるとはいへ、つひに、系統化ないし纖維化の域に到達してゐない。けだし、これは日本人と回教徒の知識的交流が、かならず直接的ではなく、むしろ間接的であったからであらう。……かくて、日本人は回教徒を回教徒として意識する日を迎へなかったのであらう」と、明治以前の日本人のイスラーム知識不足を指摘している。また片岡一忠は一九八〇年代に発表した論文「日本における中国イスラーム研究小史」（『大阪教育大学紀要』一九八〇年）で「明治以前、日本人で中国のイスラームに注目したものには皆無に等しい[2]」と述べ、日本における中国イスラーム研究は二〇世紀まで「なかなかおこってこなかった」と結論づけた。小村不二男は『日本イスラーム史』（一九八八年）の第七章で「明治日本の幕開けは、同時に日本イスラーム界にとってもその黎明期の幕開けであった」と述べ、続く第八章では「大正から昭和期にかけてイスラームの史学・神学・哲学研究の各分野において華々しく活躍し、多くの著作をそれぞれ世に遺した三名の著名な人物[3]」として、大川周明・内藤智秀・佐久間貞次郎の名前を挙げている。鈴木規夫（鈴木規夫）も中国雑誌で発表した論文で「近代以前日本はイスラーム諸国家と直接な接触をしたことはない[4]」と述べた。

これらの先行研究によって示されるように、日本において中国イスラームが注目されたのは明治以降といえる。明治初頭、日本は欧米の影響により、イスラーム世界に対する理解の必要に迫られ、中国イスラームを含む各ムスリム地域に対して様々な「行動」を展開した。当初、日本の関心はイスラーム教信仰文化・ムスリム宗教生活にはなく、明治時代以降の積極的な海外拡張という時代背景のなかで、中央アジアや西アジアのイスラーム諸国家の政治・経済の状況を考察することを動機としていた。

本章では、「一九三一年以前」の研究を中心に考察する。日本における中国イスラーム研究史は日中関係史と緊密な関係がある。近代以降、日本は中国を侵略しはじめ、一九三一年に

「満洲事変」が勃発した。翌一九三二年、中国東北部に日本の支援のもとで溥儀（清朝最後の皇帝）が「満洲国」を建国した。事変以後、中国国内で反日感情は高まり、日本に対する抗日事件が多発した。『日本イスラーム史』の「昭和六年（一九三一）イスラーム旋風の吹く初年次」では以下のように述べられている。

本年秋から昭和二十年夏の敗戦の年までの十五年間は政治・外交・産業・経済・教育・文化その他諸事百般すべて「軍」を軸心に回転した。（…）もう少し分かり易く具体的に説明すると、この昭和六年秋に勃発した「満洲事変」が北方中国大陸に対する日本国民全般の関心を集め、そこに住む現地民族の名の回教民族のことや、それが宗教的には遠くアラビア砂漠やトルキスタン草原に向って横一線につながっていることにはじめて開眼され、やっと日本でも回教に対する研究熱が盛り上る誘因となったのである。[5]

このように、日本の中国イスラーム研究史にとって一九三一年はきわめて重要な年であった。

第一節　初期の研究と成果

一　研究史の嚆矢

本節では、二〇世紀初め（一九〇六年）から一九三一年までの二五年間の研究を対象とする。

イスラーム教は千年以上の長い歴史をもつものの、イスラーム教・イスラーム文化に関する日本における研究は、明治から始まった。つまり明治初期、近代日本と清朝中国との関係が生じてからも、中国イスラーム研究はなかなかおこってこなかった。一八九五・九六年に甘粛で回民叛乱が起こり、日本の新聞紙上にも関係記事が散見されるが、これはいわゆる事件（暴動）記事であって、とくにイスラーム教徒の叛乱であるという理由でとりあげられたものではなかった[6]。中国イスラームについての日本における最初の論文は、一九〇六年に発表された戸水寛人の「北京張家口間の回回教徒」（『外交時報』第六一号）である。

この「北京張家口間の回回教徒」の全文を挙げる。

> 回々教徒に付て少しく申しますが、北京の西四牌楼に回々教の礼拝堂がありましてアラビヤの坊主が此に居ると云ふことですが、果して真のアラビヤ人か何うか私は能く知りて居りませぬ。貫市に三礼拝堂がありて昔時此にアラビヤの坊主が居りたさうですが今日は居らぬと云ふことです。近い頃まで貫市に居りたアラビヤの坊主は支那語で書いた経典を

読んだけれども、支那語を話さなかつたさうです。元来支那人は風呂には余り這入りませぬが、此のアラビヤの坊主は水で身体を拭ふたさうで、支那人に頗る清潔な人だと云はれて感心せられて居ます。目今は貫市の礼拝堂に十七八名の坊主が居る。是が皆支那人ださうです。総て回々教徒の坊主を同宗教のものが老師と云って尊んで居ますが、右の十七八名のものどもも矢張老師です。懐来にも回々教の礼拝堂が一つありて三四名の老師が居り、宣化府にも回々教の礼拝堂が二つあり、張家口にも回々教の礼拝堂がありて十七八名の老師が居ると云ふことです。又回々教の礼拝堂は鶏鳴には無いさうですが、新褒安城にも又道にも南口の城外にも砂城子の城外にも砂河にも一つづゝ有るさうです。

書籍の中で北京張家口の間には回々教徒が沢山居りて交通機関の中心となりて貨物の運搬に従事して居る。是等は皆アラビヤ人の子孫だと云ふことを読んだことがありますが、実際是等の地方を旅行して其地方で聞いて見ると云ふと、是等は皆アラビヤ人の子孫で無いと云ふことです。其方が本当でせう。少しのアラビヤ人は昔時此辺に這入りたことは有るかも知れませぬが、若し斯ふ云ふことがありたとすれば、其人数は少かりだが為め支那人中に埋没したに相違無い。現今回々教徒だと言って居るものは皆全く支那人で、言語に於ても容貌に於ても他の支那人と異なりて居りませぬ。

回々教徒に妙なことがある。回々教徒の用ひた器具は同教徒は之を用ひますけれども、他教の人をして之を用ひしめない。又其代他教の人の器具を用ふると云ふことは有りませぬ。又回々教徒は豚の肉を食はず、酒も飲みませぬ。而して回々教徒の飲んで居るお茶は之を他教の人に分て興ふることは無いです。[7]

これは、権威ある雑誌『外交時報』に発表された二頁足らずの文章である。北京のモスクの情況が簡単に紹介され、同時にモスクと関連するアラブ人の出処の問題等が簡単に分析されている。片岡は「中国イスラームに関する最初の公開の報告であった[8]」と評価するが、学術的視点から見れば「研究成果」とは言えない、個人的な紹介記述である。

同年（一九〇六年）には伊東忠太の「清真寺——支那に於ける回教寺院」（『歴史地理』第八巻第一二号）が発表された。

支那内地を旅行した人は必ず到る処の大なる都会に一種の建築を見るのであらう、それは一寸見た所では純然たる支那式で、入口の門には必ず清真寺と云ふ三字を書いた扁額がかけてある、之が即ち回教伽藍である、清真寺と云ふ名称は何時から始まったものか、又何故に清真寺と云ふ語を用ゐたかは我輩はまだ知らない、之は其道の人に教を乞ひたいのである、回教の支那に伝来した経歴に就いても我輩はよく知らない、只回紇が漢土に伝へたので、回教の名は即ちこれから起つたと聞て居る許りで詳細のことは知らないのである、元来土耳其民族は大底みな回教に帰依したもので、支那賽外の回教徒の勢力の現著であったことは彼の元の至正五年の銘のある居庸関の六ヶ国の銘の中にも畏古児文字がある、畏古児は即ち回紇である、又満州奉天の北陵及興京の袁陵の参道の入口なる下馬碑には

諸王以下管員人等至此下馬

と云ふ文句を五ヶ国の文字で鐫刻してある、夫は漢、蒙、西蔵及土耳其である、即ち土耳其語を話す所の回教徒の勢力が決して少なくなかつた事を証明するものだらうと思ふ、

（…）

要するに回教藝術が支那に及ばした影響と云ふ問題は中々難解であるが、其代り又非常に面白いことと考へる、茲には取敢ず清真寺建築の一斑を紹介して置くに止めるが、追ひ追ひこの問題を押し広めて、支那に於ける回教藝術と云ふことを諸君と共に研究して見ようと思ふて居るのである。[9]

この論文では「モスク」（清真寺）の「言葉」の由来を簡単に分析し、モスクにある各種石碑を引用し、その内容が紹介されている。「これは中国イスラームを直接の対象としたというよりは、むしろイスラーム寺院（清真寺）を特異な建築様式として紹介したものである」[10]と評されているように、本論文は中国モスクの歴史・建築・芸術等の研究に対して価値ある啓発的資料となるだろう。

この二つは中国イスラーム研究分野での最初の文献である。しかし、その内容は、アカデミ

ックな「研究論文」とは言いがたい。

では、日本の中国イスラームに関する研究はいつから始まったのか。

序章でも触れたように、羽田明は日本における中国イスラーム研究は一九一一－一二年に遠藤佐々喜と桑原隲蔵に桑原によって口火が切られたと説明し、桑原と田坂興道の研究成果と戦時中の調査報告を研究史の起点としている。[11] ここでは彼らの研究を見ていこう。

遠藤佐々喜が一九一一年に発表した論文「支那の回回教に就て」（『東洋学報』第一巻第三号）では次のように記されている。

吾人が此見解を抱くに至れるより其日未だ浅い、従て一般回教に就て知る所も甚だ狭し。特に支那の回教に就いては、事々しく之が研究など丶称するものを発表するの機未だ熟せず、目下漸く其研究材料蒐集の緒につきたるに過ぎざれとも、我邦の東洋学者乃至一般読書子の間に這般の回教研究頗る閑却せられたるを遺憾とするが故に、敢て平凡なる豫準研究の雑録一篇を草し、以て同好の士を促し、併せて吾人管見の及ばざる大方先覚の誘掖を乞はんとす。[12]

遠藤の論文は、中国「回教の異名」、「回教寺の異名」、「初来の年代」、「広東初来のアラビア回教徒の名」、「回教教理の系統」、「回教徒の人種系統」等につき若干の考察と解説を試みたもので、最後は「同じく亜細亜人にしてトルコ的ならず、従て一度も回教を奉じたる歴史を有せる吾人日本人は回教研究者として最も興味ある地位を占む[13]」と結論づけている。支那回教の政治的、経済的、社会的、文化的事項について述べようとするこの論文は、残念ながら完結しなかった。しかし、「とりあげた事項がその後の本格的研究のテーマとなった点で、充分本研究史の第一席をしめる専論であるといえよう[14]」と示されるように、日本における中国イスラーム研究の嚆矢といえるものである。

翌年、桑原隲蔵は「創建清真寺碑」（『藝文』第三巻第七号）を発表し、中国イスラーム研究の必要性を力説した。片岡はこの桑原の論文を「唐代に創建されたといわれる西安の清真寺にある碑文の内容を検討し、用語・暦法の問題から、その碑が明代に建立されたものであることを論証したものである」とし、Broomhall や Deveria からの影響を指摘している。[15]

さらに、桑原は中国イスラームに関する論文「宋末の提挙市舶使西域人蒲寿庚に就いて」を、一九一五年から一九一八年にかけて五回に分けて『史学雑誌』に連載した。各回の本文は二一三頁で、その他の部分は詳しい註釈である。例えば、第一回論文の三五頁のうち、二頁が本文で他の三三頁は註釈である。この論文には学術的価値の高い研究が含まれている。

桑原の「宋末の提挙市舶使西域人蒲寿庚に就いて」（第一回）には以下のようにある。

吾が輩は是處に掲げてある標題の通り、南宋の末頃に提挙市舶使といふ管職を務めて居つた――市舶とは互市舶のことで当時支那沿海に出掛けて来た、外国貿易船を指すのであるが、その外国貿易船に関する一切の事務を管理する役所が提挙市舶司で、その長管が提挙市舶使である。――アラブ出身かと想はれる蒲寿庚といふ人の御話をいたす積りである。[16]

第一回の文章では、唐代から、通商目的で中国に来たアラビア人が広州・交州・揚州等の地で居留した事実が指摘され、同時に通商活動等の事蹟の調査が試みられている。とくに、註釈では唐宋時期イスラーム教徒の存在状況等の重要な問題を提起し、分析が加えられている。片岡は「その後も桑原は東西交通史研究の一環として、イスラームと中国との交流史の解明に力を注ぎ、重要な論考をのこした。（…）単に蒲寿庚一人の事をあきらかにしえたのみならず、唐宋時代のイスラーム教徒の中国での存在状態や東西交通史上に機多の問題について有意義な解釈を呈した[17]」と評価している。この論文は現在の研究者の間でも中国イスラーム研究に関する重要な史料とされている。

桑原は「隋唐時代に支那に来住した西域人に就いて」（『支那学論叢――内藤博士還暦記念』一九二六年）でも、多くのイスラーム関係史料を発掘、提示した。桑原の業績について、羽田は以下のように高い評価を示している。

つとに東西通史に多大の関心をもたれた〔桑原〕博士は、イスラム教の中国伝来の問題に関連して、唐代のものといわれる西安の創建清真寺碑の内容を検討し、暦法上の問題を中心に、これが明代の偽作にほかならないことを明快に論証されたが、名著「蒲寿庚の事蹟」（一九二三、再版一九三五）においては、泉州在住のアラブ人蒲寿庚の閲歴を明らかにされただけでなく、唐宋時代の中国におけるイスラム教徒の状態や東西交通史上の多くの難問を解決されたし、『隋唐時代に支那に来住した西域人に就いて』のうちでも、イスラム教徒の東来についていくつかのすぐれた見解を提示された。東宋時代の中国イスラムの研究は、桑原博士によって、ほとんどその基礎が築かれたといってもよい。[18]

日本における中国イスラーム研究史は二〇世紀頭から始まった。とりわけ一九一一年に発表された遠藤佐々喜の論文「支那の回回教に就て」は研究史の嚆矢になるものであった。

二　初期の調査研究と著作

中国イスラーム教徒、とくに回族ムスリムに関する初期の多くの調査研究は、当初は玄洋社、[19]黒龍会[20]等のいくつかの民間組織によって担われた。しかし二〇世紀初めから、調査研究の原動力や目的は当時の日中戦争と緊密な関係をもつようになる。

王柯が中国で発表した論文「日本侵华战争与「回教工作」」（日本の侵華戦争と「回教工作」）」は、櫻井好孝や中久喜信周らが行った調査内容を分析し、以下のように述べている。

一八九〇年代，有两三位在海外接触到伊斯兰教的日本人皈依伊斯兰教，尽管如此，日本国内并不存在一个穆斯林群体。直到进入二〇世纪，日本才开始关注伊斯兰教。这种关注，与宗教信仰无关，完全是出于官方的，即外务省及军部的政治需要。[21]（一八九〇年代、海外でイスラーム教に接触した二、三人の日本人がイスラーム教に帰依したが、日本国内にはムスリムが存在しなかった。二〇世紀に入ってから、日本は初めてイスラーム教に関心を持つようになった。このような関心は、宗教信仰と関係なく、外務省や軍部等の政治的な要請で発生した。）

櫻井好孝は、一九〇五年五月に新疆からモンゴルまでの一帯で実地調査を進め、一九〇六年一二月日本に帰国後、調査資料に基づいて新疆とモンゴルの地理関係、交通事情、居民成分、宗教信仰、商業状況等に関して調査報告をまとめ、外務省に提出した。また、外務省調査員の中久喜信周は、一九一〇年河南省の「回教徒」の状況について調査を進めた。さらに一九一三年、日本関東督府は、占領した地域と管理区に分け、仏教・キリスト教・道教・イスラーム教等の宗教に対して「宗教調査」を進めた。[22]

満洲事変以前の調査研究と著作のうち、大林一之『支那の回教問題』（青島守備軍参謀本部、一九二二年）と『満鉄調査資料第二十六篇――支那回教徒の研究』という二つの調査報告はとくに重要なものである。

一九二二年七月、大林の『支那の回教問題』が刊行された。その背景には一九一四年の第一次世界大戦の勃発がある。開戦の翌年に日本が権益拡大のために中国に受諾させた二十一カ条の要求は、関東州租借期限・南満州権益期限の延長、南満州・東部内蒙古における日本の優越性の確立、中国沿岸の港湾・諸島の他列強に対する割譲・貸与の禁止などを求めたもので、中国の排日運動をまきおこした。一九一八年には、大戦によるドイツ・オーストリア勢力の進出を防止する名目で、日本と中華民国両軍の協定を約束した秘密軍事協定「日華共同防敵軍事協定」が結ばれた。これは一九一八年五月一六日に調印された陸軍協定と同年五月一九日に調印された海軍協定とから成る。[23] 片岡が「研究者の個人的関心から純学問的研究が少人数の間ですすめられていた頃、日本の大陸侵略への野心から将来の「大陸経営」にそなえてか、関係機関においてイスラーム教徒研究がはじまった[24]」と述べるように、それ以降、日本の勢力範囲は中国の東北部から山東まで広がり、最終的には中国全土の占領を企図した。日本は中国に対して強硬な外交を推進し、また経済侵略までに拡大した。具体的には、中国の東北で軍隊を自由に出入させる権利を得、東北半島に上がって青島を占領し、また山東の利権を独占する企てで軍隊を常駐させたのである。

一九一八年三月、日本陸軍参謀本部は、新疆等の地域を理解する重要性を認識し、軍事費を用いて、張家口、陝西、新疆方面に研究者を派遣し、「宗教調査」活動を進めた。例えば、佐田繁治は新疆の宗教研究調査を実施した。新疆の住民はイスラーム信徒であるから、必然的に彼の研究の中心もイスラームに関する調査となった。

大林の調査報告は、日本の青島守備軍参謀部がこのイスラーム信徒の勢力に注目し、それを把握することを目的とするものである。

その記述の要点は、「自序」に記されている。

回教なるものに対する単なる宗教的観察ではなくて、第一には支那国家社会を構成する一因子である所の回教徒の性質、地位、及価値を知ること、第二にはそれ等の回教徒が如何なる趨向を以て現今沸騰しつゝある世界回教徒の思潮及運動と如何なる連絡関係があるかどうか、第三には支那回教徒問題は支那問題の解釈上如何に取扱ふべきであるか、と云ふ点に在るのである。[25]

『支那の回教問題』の目次は次のようになっている。

一　緒言
二　史実より観たる回教拡布の大勢
三　民族的観察
四　宗教的観察
五　文化的並教義的風俗習慣の観察

六　社会的地位
七　回教の世界的趨勢と支那分布
八　支那回教の代表的地方と其勢力
九　民族運動より観たる支那回教徒
十　支那の統治と回教徒
十一　五族の現状と回教徒の将来
十二　回教徒と猶太人との提携
十三　支那回教徒問題の帰結

本書の資料的な意義について片岡は、「歴史研究ではなく現状分析的書物であるためか、史実の誤りが多く、学問的批判にたえうるものではないが、「支那回教の代表的地方と其の勢力」と付図のひとつ「新彊、甘粛官回軍比較概見図」は、一九二〇年頃の西北中国の政治軍事勢力状況を知る上で参考となる（この部分は大林自身の甘粛での見聞にもとづく箇所であろう）[26]」と評価している。

一九二四年には、南満洲鉄道株式会社庶務部調査課の太宰松三郎が執筆した『支那回教徒の研究』（満鉄調査資料第二十六篇）が出版された。この凡例には次のように記されている。

一、自分としては、本書を以て、支那回教徒研究の第一歩を踏み出したものに過ぎないと思ってゐる。これ以上のものが将来に於て必ず出来上るとは敢て自ら保証し得る限りではないが、自分は決して本書に満足してゐるものではないことを私の自惚れから御断りしたい。従って機会ある毎に此の研究は怠らない積りでゐる。

一、今自分の研究――といふのもおこがましいが――してゐるのは支那政治である。私の回教徒研究も亦、此の範囲内であることは申すまでもない。

目次は下記の通りである。

第一章　緒言
第二章　支那回教史考
第一節　回教の支那伝来（第一項 海路より伝来せる経路、第二項 陸路よりせる回教の伝来）
第二節　回教徒と回紇との関係
第三節　其後の西域と回教
第四節　元代に於ける回教徒の地位
第五節　明代に於ける回教徒の地位
第六節　近代支那と回教徒（第一項 清朝の初期に於ける回部、第二項 清朝と回教徒、第三項 新

疆に於ける回教徒の乱、第四項 雲南及び陝甘に於ける回匪の乱、第五項 阿古柏伯克の乱）
第三章　支那回教徒の現勢
第一節　中華民国と回教徒
第二節　新疆に於ける回教徒
第三節　最近新疆に於ける回教徒同盟国建設運動の真相
第四節　回教徒の各省分布数
第四章　支那回教徒の慣習
第一節　寺院及び教育
第二節　回教徒の生活（第一項 その宗教的儀礼、第二項 彼等の職業とその実生活）
第五章　結言

第二章では、イスラーム教の中国への伝来、新疆イスラームの歴史問題を中心として、第三章では社会的、政治的観点から回族、ウイグル族などムスリム教徒の現勢、第四章では文化的、風俗的特徴について調査研究が行われている。本書は佐久間貞次郎の著書を参考にし、前掲『支那の回教問題』との内容とも相補的関係があった。現在の中国イスラーム文献研究にとって重要な資料として、五二点の「回教文献」が挙げられ、さらに後藤英男執筆の「満州に於ける回々教」が付篇として収録されている（全三八頁）。この付録を片岡は「「満州」のイスラーム教徒の現状をつたえた最初の文章である」[27]と記している。

調査研究成果の一部として、一九二六年の「西北支那回教徒に関する調査報告」がある。この報告の第四章は

第一節　支那回教徒の数
第二節　西北支那各省の回教徒（河南省、陝西省、甘粛省、新疆省、綏遠及び山西省の回教徒の数、種類等の調査）
第三節　甘粛、新疆両省回教徒の政治的状勢（甘粛省回教徒の政治的状勢、新疆省回教徒の政治的状勢、新疆独立問題）
第四節　西北支那回教徒の社会的状態（社会的地位、漢人との関係、民度及教育、団結等）

このうち第一節では以下のように述べられている。

現在支那に於ける回教徒の勢力に関する見解の相違に従つて其の数に就いての推定も幾多の内外人に依て試みられた。併し乍ら其の何れも単なる推定の域を出ない。今日では適確に当否を判断するの資料とは為し得ないけれども従来の様々なる推定を通観することによつて朧気乍ら支那回教徒の数が考へられる。蓋し人口統計でさへも不確定に止る現在に於

てはこの回教徒の数に関しても亦推定に満足せざるを得ないのだ。以下私は自分自身の推定を試みるに先だち内外幾多の回教徒研究者によって発表せられた支那回教徒数なるものを列挙して見やう。[28]

第三節では、「甘粛に於ける回教徒の特色は回教徒の殆んど全部が色目人型であり漢人と一見其の趣を殊にすることである」と延べ、「デー・フインダレー・アンドリウ」の著“The Crescent in North-Western China”における甘粛省の回教徒の三種の区別「アラブ回々」「タ―キッシ回々」「蒙古回々」と、小林元による三種の区分「漢回」「蒙古回」「サラ回」を比較して、「後説を取るべきであらう」[29]としている。

これは、社会、人類学的な視点から中国イスラームとムスリムに関する史料を系統的に整理し、諸外国の研究成果も取り入れて索引を作った重要な資料と言える。

一九二〇、三〇年代日本の中国イスラーム、ムスリムに対する現地調査資料は、単純に政治的角度から見れば、当然日本の中国への侵略という歴史と関係をもつものである。しかし、中国イスラーム研究という学術的な観点からすれば、そこにはきわめて重要な価値と意義を認めることができよう。

第二節　経典整理と概念の提出及び研究

一　国外研究成果の紹介

日本におけるイスラーム研究の初期には、欧米の研究成果の翻訳と注釈から研究の基礎が築かれた。

許淑杰は博士論文で以下のように述べる。

在这一过程中、产生了大批的以回回伊斯兰文献为主的中国伊斯兰文献、这些伊斯兰文献无疑是中国伊斯兰文化的重要载体、是我们今天了解中国伊斯兰文化发展的重要历史资料。但是、长期以来、尤其民国以前、由于旧封建统治以及伊斯兰教文化在中国传统文化格局中的边缘化、中国伊斯兰文献的整理工作缺乏像对中国传统文献那样、由政府统一组织或至少有政府参与的、有系统的有组织的整理刊印及保存。例如《四库全书》只存目了一部中国回回伊斯兰文献——刘智的《天方典礼》。而且中国伊斯兰文献的刊印发行大都是以清真寺为中心、由伊斯兰教界民间自发筹备资刊刻印行、文献的流通业主要在伊斯兰教界内部、这就造成了中国伊斯兰文献长期以来处于小范围中因宗教需要而自发流通的状态、伊斯兰文献的整理保存工作相当的时间里也就一直成为一个被忽视的问题。[30]（その過程で、回回イスラーム文献を主体とした中国イスラーム文献が生まれた。これらのイスラーム文献は間違いなく中国イスラーム文

化の重要な研究実績であり、現在は中国イスラーム文化の発展を理解するのに重要な歴史資料である。しかし長い間、とくに中華民国建国以前は旧封建統治の時代で、イスラーム文化は中国伝統文化構造の中では末端であった。中国のイスラーム文献の整理作業は、中国の伝統文献のようには、政府の統一組織や少なくとも政府が参加したようなシステム的、組織的な整理や保存がなされなかった。例えば、「四庫全書」では、中国回回文献の一部――劉智『天方性理』だけが保存された。中国イスラーム文献の印刷発行は清真寺を中心に行われ、イスラームを信仰する民間の間で刊行された、文献が主にイスラーム界の内部にだけ流通していたのは、中国イスラーム文献が長い間、生活の規範として自発的に流通していたためであり、イスラーム文献の整理保存の仕事は長期間軽視されている状態であった。)

この文章によれば、中国イスラーム文化は元代に起因し、明清時代に栄えた。その間には大量の文献が作成されたものの、一九世紀までこれらの文献は整理や研究がなされなかった。事実、中国イスラーム文献の整理と研究は欧米人によって始められた。例えば、一九世紀後期から二〇世紀初期にかけて、中国で活動した宣教師たちは、中国イスラーム教に注目し、中国イスラーム文献等の史料を整理した（表1）。

この時期の欧米における研究と日本における研究との関わりの一例として、片岡は一九二五年に発表されたアイザック・メイソン（Isaac Mason）の「中国イスラム教文献註解」（Notes on Chinese Mohamedan Literature, JNCBRAS. vol.56, pp.192-215）を挙げている。キリスト教文献協会の

表1　ヨーロッパ・アメリカにおける初期の代表的な中国イスラーム研究

<table>
<tr><th>年代</th><th>国</th><th>著者</th><th>書名</th></tr>
<tr><td rowspan="4">1867</td><td>ロシア</td><td>Василий Павлович Васильев</td><td>『中国イスラーム教徒の運動について』</td></tr>
<tr><td colspan="3">О движении магометанства в Китае, 1867
中国イスラームに関する最初の専門書（ロシア語）。第2部は監子義の経典『清真正教条規』翻訳</td></tr>
<tr><td>イギリス</td><td>Alexander Wyllie(宣教師、漢学者)</td><td>『中国文献記略』</td></tr>
<tr><td colspan="3">Notes on Chinese Literature, Shanghai: American Presbyterian Mission Press, London: Trubner & Co, 1867.
『修真蒙引』、『天方典礼礼择要解』、『回回原来』、『清真原始阐义』等の中国イスラーム文献を紹介</td></tr>
<tr><td rowspan="2">1878</td><td>フランス</td><td>Dabry de Thiersant</td><td>『中国と新彊のイスラーム教』</td></tr>
<tr><td colspan="3">回教文献に関する様々な問題を分析</td></tr>
<tr><td rowspan="2">1887</td><td>ロシア</td><td>Paladii（宣教師、漢学者）</td><td>『中国イスラーム教文献』</td></tr>
<tr><td colspan="3">Kitaiskaia Literatura Magaometan, Sanktpeterburg, tio, Imperatorsko Akademii Nauk, 1887.
中国語、アラビア語、中ーアラビア語で書かれた36点の中国イスラーム経典の紹介</td></tr>
<tr><td rowspan="2">1908</td><td>ドイツ</td><td>Martin Hartmann（東洋学者）</td><td>『中国新彊――歴史・行政・精神生活と経済』</td></tr>
<tr><td colspan="3">Chinesisch-Turkestan: Geschichte, Verwaltung, Geistesleben und Wirtschaft, Halle a.s. 1908
新彊のアシュガル等の地域のモラ（イスラーム教指導者）たちの協力を得て経典を調査</td></tr>
<tr><td rowspan="2">1910</td><td>イギリス</td><td>Broomhall Marshall（宣教師）</td><td>『清真教』</td></tr>
<tr><td colspan="3">Islam in China, a Neglected Problem, London: Morgan Scuttled, 1910
中国イスラームの状況調査、中国イスラーム経典の目録</td></tr>
<tr><td rowspan="2">1911</td><td>フランス</td><td>DOROME 調査団</td><td>『中国イスラム教徒研究』</td></tr>
<tr><td colspan="3">Recherches sur les musulmans chinois, Paris: E. Leroux, 1911</td></tr>
<tr><td rowspan="2">1917</td><td>アメリカ</td><td>C. L. Ogilvie（宣教師）
S. M. Zwemer（イスラーム学者）</td><td>『漢文及び漢文 - アラビア文イスラム文献目録』</td></tr>
<tr><td colspan="3">A Classified Bibliography of Books on Islam in Chinese and Chinese-Arabic, The Chinese Recorder, Vol. XL-VIII, No10, 1917, pp.632-659
90点の中国イスラーム文献の分類・列挙</td></tr>
</table>

編輯局のメンバーで中国イスラーム問題に関心をもち、劉智の『天方至聖室録年譜』の英訳（The Arabian Prophet, A Life of Mohammed from Chinese and Arabic Sources, 1921）もしているメイソンはこの目録に、三一八種という従来発表されたどの目録よりも多くの文献を収めている。一九三三年に佐久間貞次郎によって発表された『支那回教文献の解説』（東亜研究会、六三頁、収録文献数三二七種）はこのメイソンの目録の翻訳らしい。[31]

日本でも一九一〇年代から研究が開始され、海外における中国イスラーム文献の整理と研究が進められた。その最初の成果としては桑田六郎と石田幹之助の研究があげられる。石田幹之助の「支那に於いて出版されたる回教文献に就いて」（『東洋学報』第八巻第二号、一九一八年）は、日本で最初に「回教文献」を紹介した論文であった。この論文では九五点の文献の目録が収録されており、日本の研究者たちにとって中国イスラームを研究するうえで有益な資料となっている。

中国イスラームに関する研究では、文献研究は重要な基礎である。日本のイスラーム研究者も二〇世紀以降の欧米の研究成果を積極的に取り入れていた。

二　桑田六郎らの研究

桑田六郎は一八九四年生まれの東洋史学者である。一九一八年に東洋大学東洋史学科を卒業し、一九二八年に台北帝国大学教授となり、一九三〇年に台湾総督府海外研究員となった。一九三〇－三二年までドイツ、フランス、イギリスで遊学し、一九四三年に台湾で文学博士学位を取得、一九四五年に南方人文研究所の所長に就任した。一九四八年の帰国後は大阪大学、東洋大学の教授となり、一九八七年一〇月に没した。主要な研究業績は東西交渉史、南方史、東南アジアを中心した南方諸国と南海交通史等である。[32]

桑田は中国イスラーム研究者にはよく知られている。とくに彼の短篇論文「明末清初の回儒」（『東洋史論叢――白鳥博士還暦記念』岩波書店、一九二五年）は研究者たちに多大な影響を与えた。

桑田は「明末清初の回儒」を発表する前に、この分野に関係がある何編かの論文を発表している。最初に発表したのは「回回に就きて」（『史学雑誌』第三〇編第一二号、一九一九年）という歴史的考察の成果である。彼はそこで、突厥族の一部としてのウイグル（Uiguris あるいは Uighurs）の名称の変遷、ブレトシュナイダー（Bretschneider）ら西方学者の観点、回纥と回回名称の関係についての一般認識を批判する。

最後に一言蛇足を加へんに、人概ね云はく、回纥人がイスラム教を信じたるが故に、イスラム教を回教と云ふと。されと此の説は誤り。何となれば回纥人は悉くイスラム教徒にあらず、殊に支那に接近せる回纥人は概ねイスラム教徒にあらず。加ふるに、若し此の説の如くんば、回教と云ふ名の起る前に回纥教の名なかるべからず。然るに回纥教の名は未だ嘗つて聞かず。按ずるに回教は回々教の略称なり。されど元代には未だ回々教の名なきもの如し。汪大源淵の島夷志略には回々歴を云へど回々教を云はず。明の馬歓の瀛涯勝覧に至りて爪哇、満刺加等に「尚回々教」と云ふ。回々教の名此の頃より起これるか。回教の文字何時より起るか明らかならざるも、もとより明以前には発見せず。明史巻三二六は或は回々教と云ふ（古里 Quilon 阿丹 Aden 等の條参照。）回教は回々の略なること明らなり。[33]

桑田は元明以来の漢文史料からイスラーム教徒の「回回」と呼ばれる起源を考察し、文字から分析すれば「回回」と「回纥」は関連があるように見えるが、実際は「回纥」人がイスラーム教を信仰したことでイスラーム教が「回教」（回回教）と呼ばれたとするのは誤りであると結論した。

桑田は一九二四年に中国で実地調査を行うと同時に、「礼拝寺巡り」と題する論文を発表した。ここでは桑田は広東、泉州、西安、杭州、蘇州、鎮江、南京、済南、北京、三里河、天津、滄州の主要な都市で礼拝寺を実地調査し、中国イスラーム教宗教古典等の研究史料を収集した。桑田は上記の文献と調査研究に基づき、一九二五年に論文「明末清初の回儒」を発表した。内容を見ると、

然るに明清鼎革の際から康熙に亙って、彼等の間に一種の自覚が起って来た、そして数多の回々学者が輩出して、盛に回教経典及び儀律の翻訳が行はれた。是は確に支那回々の歴

史に一時期を画するもので、余は此の時代を支那回々史のルネサンス時代と名づけて見たい。これは種々の原因があらう。鼎革と云ふ人心機動の大きな背景も勿論関係あるが、又一面には明末の耶蘇会の支那伝道の態度やその方法、及び清朝は塞外民族であるが、中原占領後、漢文化を尊重し学術の奨励に努め、因循固陋であった明代風潮を一洗したことが、此のルネサンスの現出に大に興って居ると思はれる。余が注目したのは此の点であって、先輩の研究が未だ此の点に及んで居ないのを遺憾に思ひ、当時の回儒の略伝とその著述の一斑を次に列挙し、以て回々研究の一助ともしたい。[34]

これは、「回儒」概論に関する最初の解説である。中国イスラーム教徒の宗教学者たちが、イスラーム古典を中国語に翻訳する過程で儒佛道学を研究し、とくに大量の儒教（儒学）学術用語を引用して、多くの中国イスラーム文献を著述した。このような宗教学者たちを呼ぶ言葉として「回儒」という言葉が使われている。文中では、王岱與、張時中、馬明龍、馬注、劉智、金天柱、馬複初等の回儒学者の略伝及び著書について概説が加えられている。

野原四郎は「『天方典礼択要解』の邦訳に際して」という論文で桑田と同様の意見を述べる。

この時代の、回教学者の開花については、種々の理由があることであらうが、その学傾向から見て、丁度、この回教学勃興期の全期間に亙って、ジェズイットとフランジスカン、ドミニカンとの間に行はれた、典礼問題に関する論争、すなはち、前者か祖先崇拝と孔子祭典など容認し、後者がこれに反対した論争が、宣教師たちのキルスト教典支那訳事業とともに、回民知識層を刺戟したといふ事情が働いてみないであらうか。上記の論争には、支那の読書人がまた別個な立場から参加してゐる。回民としては、天主教と混同されるのを警戒し、進んで儒教との結合を求めたのではないか。[35]

後に田坂興道も桑田の意見を認めた上で自身の見解を述べている。

桑田は「回儒」という言葉を定義し、中国イスラーム古典文献の整理と研究において重要な成果を挙げた。「劉智の採経書目に就いて」(『東洋史論叢——市村博士古稀記念』一九三三年)はその一例であり、「回儒」学者劉智が著わした『天方典礼』、『天方性理』を取りあげ、その参照文献の原書名等を比較・分析したうえで、劉智はアラビア語・ペルシア語に通じており、その内容にはスーフィズムの影響が多く見られると結論づけている。

桑原隲蔵と桑田六郎の中国イスラーム研究の契機が自身の中国旅行、清真寺訪問、碑文・文献資料の入手にあったことから、片岡は「これは「関心」が格好の資料を得て、科学的「研究」に発展できた例といえよう[36]」としている。

第三節　日本人ムスリム先駆者の研究

日本における中国イスラーム研究の初期の現地調査は、日本の中国への侵略と切り離せないものでありながら、それとは別個に「中国イスラーム研究」という学術的な視点から重要な価値と意義を持ち得た。一九三一年以降は全てが「軍」を軸足に回転する時代が長く続くことになるが、それ以前の初期研究者たちの個性ある自由な研究姿勢やその成果には、それぞれ興味深いものがある。

当時、イスラームに関する調査研究や啓蒙活動がきわめて活発に行われ、研究者のみならず、日本人ムスリムや日本在住の外国人ムスリム、実務家、軍人がこれらの活動に参加した。日本の中国イスラームとムスリムに関する研究では、イスラーム教に帰依した日本人の研究業績が重要な部分を占めている。片岡は、中国イスラームに注目した日本人ムスリムたちについて、「当時日本国内ではイスラーム教はなお「市民権」を得ておらず、ここにいう日本人ムスリムの多くはそれぞれの個人的理由によって中国でイスラームに改宗した人々である[37]」と述べている。小村不二男の『日本イスラーム史』によれば、中国イスラーム研究と関係がある初期のムスリムたちは、推賀文八郎（一八六八―一九四六年）、山岡光太郎（一八八〇―一九三三年）、山田寅次郎（一八六六―一九五七年）、三田了一（一八九二―一九八三年）、佐久間貞次郎（一八八六―一九七九年）、田中逸平（一八八三―一九三三年）、川村狂堂（一八七七―一九四二年）である[38]。彼らの研究について、ここでは史学的視点から分析・評価する。

一　三田了一、佐久間貞次郎の研究

(一) 三田了一

三田了一は一八九二年に山口県下関市で生まれた。山口高商を卒業し、一九四一年、満鉄調査部員として中国にいたとき「アラーの神の前にはみな平等」という教義に魅せられてイスラーム教に帰依した。同年中国回教連合会最高顧問に就任し、一九四五年帰国。関西学院大学講師として中国語を教え、一九五一年に退職した。のち上京し、宗教活動のかたわら「コーラン」の日本語訳を始め、一二年がかりで仕上げた。五〇〇字詰め原稿用紙で約三〇〇〇枚ものこの翻訳は、ムスリムによる初めての日本語訳として世界で公認されている。日本ムスリム協会等で顧問も務めた[39]。

三田については様々な意見がある。例えば片岡は彼を「日本イスラーム界の重鎮の一人」と呼び、一九二〇年当時に三田がイスラムに改宗していたかどうかは確認していないが、「どちらにしても当時三田が中国イスラーム教徒の身近にいたことは確かである[40]」と述べている。

三田の中国イスラーム研究業績としては、一九二〇年に『東亜経済研究』(山口高等商業学校)に「支那ノ回回教徒」と題して三度にわたり発表した論文がある。ここでは中国イスラーム教徒の宗教生活の一面が紹介されており、これは中国イスラーム教徒の宗教生活を紹介する文章として日本語で書かれた最初のものということになる。
三田の「支那ノ回回教徒」の目次は次のようなものである。[41]

第一章　支那の回回教
第二章　回回教と支那の回回教徒（回回教の根本精神、回回徒の儀礼、支那回回教徒の信仰 等）
第三章　回々と清真寺（清真寺の地位、清真寺の経済、清真寺の僧侶 等）
第四章　支那回回教徒魂（性の陶冶、財貨に対する観念、回々教徒魂の力 等）
第五章　回々教徒と支那（支那回々教徒の現状、回々教徒の社会上の地位、回々教徒覚世論 等）

この論文では、二〇世紀初めの中国イスラーム及びムスリムの事情、ムスリムの宗教生活等が深く紹介され、当時の華北地方の中国ムスリムに対する日本の活動のための資料を提供していた。現在の中国イスラーム社会や歴史の研究でも重要な資料として参照する価値が十分にある。

(二)　佐久間貞次郎

『日本イスラーム史』第三部「人物編」の第三章「孤高の士」は、「佐久間貞次郎小伝」をテーマとしている。

中国回教通としてはナンバーワンの東山イリヤス佐久間貞次郎は、明治十九年十一月十七日、東京日本橋浜町河岸に生まれた。のちに同じイスラームの道を歩いた文学博士内藤智秀やアジア民族問題の大川周明や大日本回教協会の専務理事をつとめて戦後も日本イスラム協会を中野区の江古田で開設した大村謙太郎と、ほとんど同年輩であったのも何かの奇縁であろう。[42]

ここでは「少にして一人前の新聞記者」、「上海でイスラームに帰依」、「戦後のイスラーム活動」の三つのテーマに分けて、佐久間の人生と研究に関して述べられている。

松本ますみは「佐久間貞次郎の対中国イスラーム工作と上海ムスリム」（『上智アジア学』第二七号、二〇〇九年）で佐久間を中心として研究した。

本論は、一九二〇年代にイスラームに改宗したアジア主義者佐久間貞次郎とその仲間がめざした対中国イスラーム工作と「イスラーム運動」の方向性を考えることにする。さらにはその活動の一環として結成した「光社」と上海で発行した雑誌『回光』（一九二四－一九二五）を手がかりに、その雑誌の内容が上海ムスリムに与えた「衝撃」、その結果としての中国イスラーム新文化運動の発展、さらには、後日、日中全面戦争に抗日側中国ムスリムの文献に現れた対中国イスラーム工作（いわゆる対回工作）の評価についての「語り」を考えることにする。それによって、中国ムスリムにとっての日本の「対回工作」とは何だったのかを再考することを目的とする。[43]

松本の論文は「先行研究の問題点」、「佐久間貞次郎の対中国イスラーム工作」（佐久間貞次郎の略歴、光社とその目的、彼の中国イスラーム研究の背景）、「雑誌『回光』」、「一九二〇年代上海イスラーム界の状況」、「『回光』以降の佐久間」の節に分けられている。

小村は佐久間の研究生活について以下のように述べる。

明治中期から大正初期へかけて日中両国間を幾度か往復し、文字通り「南船北馬」の生活をつづけた佐久間は、今度はこの上海で当分の間は腰を落ちつけて中国大陸の動静を観察することに決まった。[44]

昭和十年頃に出版された「回教の動き」をはじめとする数冊の執筆作業は、実はこの上海時代にその底本ができていたのである。また英文と華文でつづられた「回光」は七十余年後の現在でも広東に遺っているという。[45]

具体的には、佐久間は一九二三年八月に上海で「光社」というイスラーム団体を創立し、「光社の規則」を作った。規則では、「光社」の重要な目的はイスラーム教の宣伝、教育、啓蒙と公言されている（『光社章程』出版地、出版社不明）。同年に佐久間は『支那回教徒の過去及現在と光社の前進運動』を出版した。

『支那回教徒の過去及現在と光社の前進運動』の冒頭には、満鉄の松岡洋右理事、佐田弘次郎調査課長、外務省の松岡新一郎、山岡光太郎、クルバンガリエフなどへの謝辞が連ねられている。その上で、この小冊子には中国のイスラーム史、統計、重要人物、欧米勢力の中国イスラームへの関心、中国ムスリムを取り巻く政治・経済的現状分析などが網羅されている。[46]

佐久間にはほかに『回教解説』（言海書房、一九三五年）、『回教の動き』（春日書房、一九三八年）、『支那風俗春秋』（立命館出版部、一九三一年）等の著作がある。

佐久間貞次郎については学者として様々な評価がある。中国の柴亚林の論文では以下のように、佐久間と中国ムスリムとの間の不和、彼の中国イスラーム研究の業績が述べられている。

一九二八年、佐久间贞次郎受到了上海穆斯林的抵制与反对，他几乎是被驱逐出了上海，最终离开中国返回东京。但是，佐久间贞次郎并未停止对中国伊斯兰教的研究工作，在此后的一〇年间，他还陆续发布、出版了有关中国伊斯兰教的文章和书籍。[47]（一九二八年、佐久間貞次郎は上海のムスリムのボイコットと反対を受け、上海から追放され、最終的には中国を離れて東京に戻った。しかし、佐久間貞次郎は中国イスラーム教の研究活動は中止しなかった。その後一〇年間、彼は中国イスラームに関する文章や、出版物を続々と発表した。）

片岡一忠は佐久間の「『支那の回教問題』（一九二二年）、『支那回教徒の過去及現在と光社の前進運動』（一九二三年）、『支那回教徒の研究』（一九二四年）はそれぞれ日本の中国イスラーム研究史の初期の著書で、その執筆背景等、貴重な「研究」である」と高く評価しながら、「その発行事情から一般研究者に利用されることはその後ほとんどなかったといえる」[48]としている。

二　田中逸平、川村狂堂の研究

（一）田中逸平

田中逸平は、一八八二年二月二日、東京府下小金井村に生まれた。一九〇〇年九月、台湾協会学校に第一期生として入学した。田中は、中国語を学ぶとともに、鹽谷時敏の門下生となり、儒学を学んだ。一九〇四年に日露戦争が勃発し、田中は広島第五師団陸軍高等通訳官として満州に出征した。戦後、満州の地下資源調査に関わり、三年間にわたって調査を続けた。任務が終わった後も帰国せず、済南に居を定め、儒教文化の研究を続けた。田中にとっての次の転機は一九一四年八月に訪れ、彼は翌年軍政署調査部主任兼教育課主主任を務めた。一九一七年、中西正樹らと済南日報社の設立について議論し、『済南日報』を刊行した。当時、田中は儒学研究を経て次第にイスラーム研究へと傾斜していく過程にあった。イスラームへの関心を持った一つのきっかけは、山東省がムスリムの多数居住する地域だったことである。彼は一九二四年済南でイスラーム教に帰依し、中国信徒と一緒にメッカに巡礼に行った。一九三四年に二回目の巡礼に行き、日本に帰る途中に病気になって、同年に日本で没した[49]。

田中についても様々な評価がある。小村の『日本イスラーム史』では以下のように描かれている。

昭和の初頭から十年前後までの日本イスラーム界の先頭に立ち、日本イスラーム運動の旗手となって活躍した最も代表的な人物が二名いる。その一人は田中逸平であり、他の一人はクルバンガリーであった[50]。

田中の研究生活について、二〇〇二年に出版された『田中逸平――イスラーム日本の先駆』（拓殖大学）では以下のように評価されている。

田中の存在はほんの一部の日本イスラーム界の人間にしか語り継がれていなかった。それは、戦時のイスラーム研究が大東亜戦争（第二次世界大戦）における占領地域の統治政策に密接に関わっていたことから、長い間、戦後のイスラーム研究者は、戦時を含めた戦前の日本におけるイスラーム研究に目を背けてきていた為である。戦後、五十年にして徐々に、現在はその呪縛から解き放たれ、ようやく戦前のイスラーム研究にまで目が向き出した状況である。田中は第一回目の巡礼を終えた後、日本とイスラーム世界の関係を常に考え、日本はイスラームに関する正しい認識をもたねばならないとして、全国イスラーム講演会行脚を行った。こうして田中はイスラームの種を日本全国に播いてきた。田中の播いた種は後々日本のイスラーム発展に貢献する人物、組織へと育っていった。[51]

長谷部茂（长谷部茂）は中国で発表した論文で以下のように述べている。

若田中逸平所接受的伊斯兰教是这种「格义回教」、我们有必要从另外一个角度重新提起「田中逸平是否真正的穆斯林？」这个问题。因为他皈依伊斯兰教前的伊斯兰知识几乎全是从刘智的著作得来、他又是一位「汉学」出身的儒者、他理解伊斯兰教时、很可能偏向儒家的立场。[52]（田中逸平が帰依したイスラーム教が「格義回教」だとしたら、我々は別の角度から「田中逸平は本当にムスリムかどうか」という問題をもう一度提起する必要があった。彼が身に付けたイスラーム知識は、ほとんどが劉智の著作から取った。彼は「漢学」出身の儒学者でもあり、彼のイスラーム教理解は、儒家の立場からの可能性があった。）

この論文では、彼のイスラーム教帰依についてはこのように認識されている。

他平生对宗教信仰一向认真、绝不苟且。他皈依伊斯兰教、应是百般思考之后的一大决心、但晚年、身为信奉惟一真主的穆斯林、他还继续深造、宣扬儒家、管子学及日本神道、甚至主张五教合一、但自己似乎没有感到矛盾。田中对伊斯兰教的这种态度令人费解、也带给我困惑。我开始怀疑田中逸平不是真正的穆斯林、他之皈依伊斯兰教另有所图[53]。（彼の日常は信仰に対してまじめで、イスラーム教に帰依したのは、厳しく考え極めた後の一大決心であった。晩年は、ムスリムとして唯一の真主を信奉し、儒学、管子学及び日本神道を深く研究し、五教合一という意見を主張し、彼自身は矛盾を感じていなかった。田中のイスラーム教に対する態度は難解であり、私（筆者）も困惑している。私は田中は本当のムスリムではないと疑っている。）

もう一つの意見は、田中のイスラーム教帰依とその研究活動を戦争と連関させて分析し、田中のイスラーム信仰を完全に否定して、田中のイスラーム教帰依とイスラームについての研究の目的を日本の侵略戦争と結びつけるものである。

田中逸平是第二位到麦加朝觐的日本人、他是在中国青岛的日本驻屯军中供职期间改信伊斯兰教的。「支那回教研究家」若林半、在他一九三五年向日本外务省提交的履历书中这样回

忆道：「大正五年（一九一六年——笔者）时，我去到青岛陆军访问翻译官、同志田中逸平氏（故人），共同谈起东亚的百年大计，我恳请他改宗为回教徒以研究支那回教。在促使该氏下定了决心，并互相约定顺从天意之后，我回了国。」若林半在吹嘘自己的功绩时甚至说道，田中逸平之所以在一九二四年、一九三五年两次麦加进行朝觐，就是因为他的劝说[54]。（田中逸平はメッカへ参拝した二番目の日本人で、中国の青島にある日本の駐屯軍に勤務している間にイスラーム教に帰依した。「支那回教研究家」の若林半は、一九三五年日本外務省に提出した履歴書で次のように回想している。「大正五年、私は青島陸軍に行って、通訳官田中逸平を訪問した。東亜百年大計を共に話した。私は、彼に回教徒に帰依し、支那回教を研究するようにと懇請した。彼が決意を決め、天意に従うことを約束した後、私は帰国した」。若林半は、田中逸平が一九二四年と一九三五年の二回メッカに巡礼したのは彼の説得によるものである、と自分の功績を吹聴した。）

有日本研究者认为田中逸平之所以该信伊斯兰教，不是〝企图从政治和军事的角度利用伊斯兰教〞，而是〝试图理解伊斯兰教的本质，在兴亚的理学基础上尝试与伊斯兰教进行交流〞。在没有看到以上田中逸平在青岛活动记录的情况下，这位研究者得出这样的结论，缺乏依据[55]。（日本には、田中逸平は「政治や軍事の角度からイスラームを利用しようとした」としたのではなく、「イスラームの本質を理解しようと、興亜の理学（儒学）に基づいてイスラームと交流を進めた」という学者がいる。田中逸平の青島での活動記録を見ていれば、このように結論することはできないはずだ。）

『田中逸平――イスラーム日本の先駆』（拓殖大学、二〇〇二年）には、田中の大部分の研究成果が掲載されている。目録を以下に挙げる。

「支那回教の発達と劉介廉」大正一一（一九二二）年一〇月
「回教徒と猪問題」大正一二（一九二三）年三月
「白雲遊記」（上篇）大正一二（一九二三）年一二月－翌年五月
「白雲遊記」（中篇）大正一三（一九二四）年八月
「白雲遊記」（下篇）大正一三（一九二四）年八月－一二月
「支那に於けるイスラム概論」昭和三（一九二八）年四月
「回儒融通考」昭和三（一九二八）年一二月
「回教徒の生活及メッカ巡礼に就いて」昭和五（一九三〇）年四月
「支那回教と五教会同運動の一瞥」昭和六（一九三一）年一月
「満州国と回教（三嶽草堂雑記（七））」昭和七（一九三二）年
「亜細亜遍路」昭和八（一九三三）年
「伊壽蘭雑記（一－七）昭和八（一九三三）年五月－一一月
「アラビアの聖都／メッカ巡礼記」昭和八（一九三三）年一一月

「中央亜細亜巡歴の旅に上る前に」昭和九（一九三四）年一月
「回教世界を廻りて」昭和九（一九三四）年一〇月
「回教及回教問題」昭和一〇（一九三五）年六月
資料：田中逸平の回想六篇／『追悼録』、田中逸平 略年譜

本書は田中の研究活動と思想を研究するにあたって重要な資料となる。田中逸平の中国イスラームを含む世界イスラームに関する研究業績は数こそ少ないが、現在中国イスラーム研究の大切な参考資料になっている。

（二）川村狂堂

日本ムスリム青年同盟代表丹羽茂による小村不二男宛の「川村狂堂について」という書簡が『日本イスラーム史』の「第八部　回想記（寄稿）」に転載されている。

「川村狂堂翁」に関して、旧制第四高等学校（現金沢大学）中退としてありましたので、明治から大正時代にかけて「川村」または「河村」と名の付く学生名を四高一覧（…）中退しているのは二人だけですが、両者は北陸地方出身者では無い事が気にかかります。（…）そうすると「川村乙麿」氏が有力になるのではないでしょうか。[56]

彼は同窓会名簿に記載された木村乙麿という人物が川村狂堂ではないかと推測し、川村の背景について調べた。保坂修司の研究によると、

実はこの推測は正しい。前回引用したイギリスのインド政庁の公文書では、川村が中国人からChuan Chung Yimaと呼ばれていたと書かれている（R/15/2/539）。Chuan Chungは「川村」、Yimaは「乙麿」の中国語読みであるから、川村狂堂が川村乙麿であることは間違いない。[57]

保坂は「甘粛におけるムスリム反乱」、「黒龍会と川村狂堂」、「満州における川村狂堂」等のテーマに分けて川村狂堂について論じる。川村は戦前に中国・日本を往来し、中国および満州で対ムスリム工作を行っていたらしい。彼は北京に居住し、イスラーム研究にたずさわっていたが、一九二七年には独力で回教研究会を設立し、ただちに月刊の機関誌『回教』を創刊した（五月一五日発行）。『回教』一巻一号の目次と執筆者は次の通りである。

一　御挨拶（川村狂堂）
二　回教年中行事表、回教研究会設立の趣旨

三　回教とは何ぞ（一）（川村狂堂）
四　回教歴の話（一）（川村狂堂）
五　回教の断食（一）（川村狂堂）
六　回教紀元に就て（一）（川村狂堂）
七　回教と回族の辨（尹伯清）
八　小伝小説（一）（川村狂堂）
九　アーミナイ（川村狂堂）
十　回教の泰斗王阿訇逝く

この雑誌について片岡は「日本語による最初のイスラーム教専門雑誌である」、「掲載文の大部分は川村の筆になるもので、その内容は紹介・啓蒙をもっぱらにして、日本との関係を強調したり、大アジア主義を声高らかに叫ぶものでなかった」[58]と評価する。この雑誌は第一巻（共七号、一九二七年五月－一二月）、第二巻（共八号、一九二八年一月－一二月）、第三巻（共三号、一九二九年一月－五月）が刊行された（第三巻四号以降は確認できていない）。

川村狂堂は『回教』第三巻三号（一九二九年五月）の「編集後記」でこう述べる。

近著の『伊光』（天津の回教月刊）に『歓迎張君皈依伊斯蘭』の一文があるが、其の中にある左の一節は、非常に目に立って見へる。曩きには佐久間君が北京の『穆聲報』上海の『回教学会月刊』天津の『明徳報』奉天の『醒時報月刊』等（何れも回教月刊）の攻撃に会ひ、教徒の反感を買ふた為めに、とうとう回教から手を引かれた様だが、今又此の文を見るのは、私としては、将来日本人の回教に皈依する者ある場合を顧慮して、痛心に堪へない。

片岡は、中国のムスリムに必ずしも好意的に観られていなかった田中や佐久間と比べて「川村は当時も、また一九三三年「満州国」に赴いても、中国イスラーム教徒の信頼を得ていたといわれる[59]」と述べる。

川村狂堂についての研究は、保坂が「彼は日本よりも中国で有名なようだ[60]」と述べるように、日本ではあまり行われていなかった。

註

〈1〉小林元「日本と回教圏の文化交流――明治以前における日本人の回教及び回教圏知識」『中東通報』第二二九号、一-六二頁、一九七五年。

〈2〉片岡一忠「日本における中国イスラーム研究小史」『大阪教育大学紀要』第二部門第二九巻第一号、二一-四二頁、一九八〇年。

〈3〉小村不二男『日本イスラーム史』日本イスラーム友好連盟、四一・四四頁、一九八八年。

〈4〉鈴木规夫「日本伊斯兰研究的回顾与反思」（高明洁译）『国際政治研究』第四期、六八‐七五页、二〇〇四年。

〈5〉小村不二男『日本イスラーム史』日本イスラーム友好連盟、七四‐七五頁、一九八八年。

〈6〉片岡一忠「日本における中国イスラーム研究小史」『大阪教育大学紀要』第二部門第二九巻第一号、二一‐四二頁、一九八〇年。

〈7〉戸水寛人「北京張家口間の回回教徒」『外交時報』第六一号、一四‐一五頁、一九〇六年。

〈8〉片岡一忠「日本における中国イスラーム研究小史」『大阪教育大学紀要』第二部門第二九巻第一号、二一‐四二頁、一九八〇年。

〈9〉伊東忠太「清真寺――支那に於ける回教寺院」『歴史地理』第八巻第一二号、八‐一六頁、一九〇六年。

〈10〉片岡一忠「日本における中国イスラーム研究小史」『大阪教育大学紀要』第二部門第二九巻第一号、二一‐四二頁、一九八〇年。

〈11〉羽田明「わが国におけるイスラム研究（一）――中国篇」『西南アジア研究』第三号、一九五八年。

〈12〉遠藤佐々喜「支那の回回教に就て」『東洋学報』第一巻第三号（東洋協会調査部）、四一七‐四二一頁、一九一一年。

〈13〉同上
〈14〉片岡一忠「日本における中国イスラーム研究小史」『大阪教育大学紀要』第二部門第二九巻第一号、二一‐四二頁、一九八〇年。

〈15〉同上
〈16〉桑原隲蔵「宋末の提挙市舶使西域人蒲寿庚に就いて」（第一回）『史学雑誌』一‐三五頁、一九一五年。

〈17〉片岡一忠「日本における中国イスラーム研究小史」『大阪教育大学紀要』第二部門第二九巻第一号、二一－四二頁、一九八〇年。

〈18〉羽田明「わが国におけるイスラム研究（一）――中国篇」『西南アジア研究』第三号、一－五頁、一九五八年。

〈19〉明治時代の国家主義、大アジア主義の草分け的団体。一八八一年平岡浩太郎（一八五一－一九〇六）を社長として創立。母体は筑前の没落不平士族の結社たる向陽社。初め自由民権運動に参加したが、一八八六年頃炭鉱を所有して財政を固めた同社は大陸進出の綱領を掲げて次第に国権主義的性格を強め、条約改正反対・対露強硬策を主張、大隈重信襲撃事件などもひき起こした。参謀本部と密接な関係をもち日清・日露戦争には裏面協力、初期の中国革命にも参画。以後も実質的な最高指導者であった頭山満が中心となって右翼・政界の裏面で力を振るった。一九四六年ＧＨＱの指令により解散。（引用――百科事典マイペディア）

〈20〉玄洋社の流れをくみ、一九〇一年内田良平らが創立した政治結社。頭山満を顧問とし、大陸浪人を集めて大アジア主義を掲げ、日露戦争時の密偵活動、日韓併合推進、アギナルド、孫文らの支援、自由主義思想や労働運動・社会主義運動排斥などを通じて軍部に呼応したが、少数精鋭主義の非近代的組織であったため大衆的基盤を欠き、一九三一年大日本生産党を組織して再編成をねらったが一九四六年解散した。（引用――百科事典マイペディア）

〈21〉王柯「日本侵华战争与「回教工作」」『历史研究』第五期、八七－一〇五页、二〇〇九年。

〈22〉参考　同上

〈23〉参考　ブリタニカ国際大百科事典　小項目事典。

〈24〉片岡一忠「日本における中国イスラーム研究小史」『大阪教育大学紀要』第二部門第二九巻第一号、

二一一四二頁、一九八〇年。
〈25〉大林一之『支那の回教問題』青島守備軍参謀部、一頁、一九二二年。
〈26〉同上
〈27〉同上
〈28〉下林厚之「西北支那回教徒に関する調査報告」『支那研究』東亜同文書院支那研究部、一〇号、一七七－二四一頁、一九二六年。
〈29〉同上
〈30〉许淑杰「元代以来国内外中国伊斯兰典籍调查整理研究」『回族研究』第一期、一五七－一六〇页、二〇〇六年。
〈31〉片岡一忠「日本における中国イスラーム研究小史」『大阪教育大学紀要』第二部門第二九巻第一号、二一一－四二頁、一九八〇年。
〈32〉参考『二〇世紀日本人名辞典』
〈33〉桑田六郎「回回に就きて」『史学雑誌』第三〇編第一二号、史学会、五〇－六三頁、一九一九年。
〈34〉桑田六郎「明末清初の回儒」池内宏編『東洋史論叢――白鳥博士還暦記念』岩波書店、三七七－三八六頁、一九二五年。
〈35〉野原四郎「『天方典礼択要解』の邦訳に際して」『回教圏』第四巻第二号、回教圏研究所、二一－三頁、一九四〇年。
〈36〉片岡一忠「日本における中国イスラーム研究小史」『大阪教育大学紀要』第二部門第二九巻第一号、二一一－四二頁、一九八〇年。
〈37〉同上

〈38〉参考　小村不二男『日本イスラーム史』日本イスラーム友好連盟、一九八八年。

〈39〉参考『二〇世紀日本人名辞典』

〈40〉片岡一忠「日本における中国イスラーム研究小史」『大阪教育大学紀要』第二部門第二九巻第一号、二一一―四二頁、一九八〇年。

〈41〉三田了一「支那ノ回回教徒」『東亜経済研究』第四巻第一号、一二〇―一二七頁。第四巻第二号、一六九―一七六頁。第四巻第三号、一五二―一六二頁、いずれも一九二〇年。

〈42〉小村不二男『日本イスラーム史』日本イスラーム友好連盟、一九〇頁、一九八八年。

〈43〉松本ますみ「佐久間貞次郎の対中国イスラーム工作と上海ムスリム」『上智アジア学』第二七号、一一六―一三四頁、二〇〇九年。

〈44〉小村不二男『日本イスラーム史』日本イスラーム友好連盟、一九二頁、一九八八年。

〈45〉同上
〈46〉松本ますみ「佐久間貞次郎の対中国イスラーム工作と上海ムスリム」『上智アジア学』第二七号、一一五―一三四頁、二〇〇九年。

〈47〉参考　柴亚林「简论抗战爆发前日本大陆浪人对中国伊斯兰教展开的活动与研究」『丝绸之路』第二〇期、五五―五六页、二〇一一年。

〈48〉片岡一忠「日本における中国イスラーム研究小史」『大阪教育大学紀要』第二部門第二九巻第一号、二一一―四二頁、一九八〇年。

〈49〉坪内隆彦「イスラーム先駆者田中逸平・試論」『拓殖大学百年史研究』八号、一―五六頁、二〇〇一年。

〈50〉小村不二男『日本イスラーム史』日本イスラーム友好連盟、三〇七頁、一九八八年。

〈51〉拓殖大学創立一〇〇年記念編『田中逸平――イスラーム日本の先駆』拓殖大学、二〇〇二年。

〈52〉长谷部茂「试论伊斯兰哲学对宋明儒学的影响」『海交史研究』第二期、九八－一〇三页、二〇〇九年。
〈53〉同上
〈54〉王柯「日本侵华战争与「回教工作」」『历史研究』第五期、八七－一〇五页、二〇〇九年。
〈55〉同上
〈56〉丹波茂「川村狂堂について」（小村不二男宛　掲載 小村不二男『日本イスラーム史』日本イスラーム友好連盟、「第八部　回想記（寄稿）」、四九六－四九八頁、一九八八年。
〈57〉保坂修司「アラビアの日本人――日本のムジャーヒディーン」『中東協力センターニュース』二〇〇七年一二月・二〇〇八年一月。
〈58〉片岡一忠「日本における中国イスラーム研究小史」『大阪教育大学紀要』第二部門第二九巻第一号、二一－四二頁、一九八〇年。
〈59〉同上
〈60〉保坂修司「アラビアの日本人――日本のムジャーヒディーン」『中東協力センターニュース』二〇〇七年一二月・二〇〇八年一月。

第二章　戦争の激化時期――一九三一年―一九四五年

はじめに

一九三〇年代は、三一年の満洲事変の勃発、翌三二年の上海事変、満洲国の成立、五・一五事件、三六年の二・二六事件、三七年の盧溝橋事件、日華事変と、まさしく日本の帝国主義的膨脹に伴い軍部専制が進んでいった時代であった。

野原四郎は一九四二年に『回教圏』で発表した論文「回教研究の役割」で、当時の日本におけるイスラーム研究の状況を分析、評価している。

支那事変をきっかけに、日本の回教研究は、初めて組織化された。（…）回教研究は、日本の東洋学を、大東亜戦争の目ざす建設に対応して、このやうに飛躍させる、重要な手段の一つである。かくて、支那やインドネシアも、初めて完全に理解されるであらう。か、る東洋学に包づけられて、日本人のアジア観が成長すれば、早晩再開せらるべき西アジアと現実的交渉に、それがまた必ず報ひるであらう。されば、支那事変をきっかけに組織化の始まった回教研究は、この大東亜戦争の新展開に際し、なかだるみを一掃して、さらに一層組織化される必要に迫られてゐる。[1]

片岡も、日本の中国イスラーム研究と時局を関連させて分析し、以下のように述べる。

一九三一年九月に勃発した「満州事変」、次いで「満州国」の成立、そして日本軍の華北侵攻とかいらい政権の樹立といった状勢は、日本の大陸研究を飛躍的に発展させたが、中国イスラーム研究もここに新しい時代を迎え、とくに一九三七年以降の中国との全面戦争に突入してからは、かつてない段階に入った。[2]

中国大陸の西北へと侵略を進める日本陸軍にとって、この地域とそこに在住するイスラム教徒に関する情報収集、調査、研究が急務となる。なかでもイスラム研究は東洋史、西洋史、日本史に分別されている明治以降の歴史学研究の間隙にあり、従来その重要性は指摘されながらも研究の遅れている分野であった。明治以降のアカデミズム体制の閉鎖性そのものの中に、この時期にイスラム研究が陸軍の対外関心と結びつき発展する素地があったといえよう。その意味で、この時期のイスラム研究への急激な関心の高まりは陸軍の対外関心の高まりと連動していた。[3]

小村の『日本イスラーム史』は、「満州事変」から敗戦までの一五年は「政治・外交・産業・経済・教育・文化その他諸事百般すべて「軍」を軸心に回転した」[4]と分析し、戦争の影響を述べている。

その反面まことに皮肉にも、この軍国調の異常なまでの高揚に正比例するかのように、わが国におけるイスラーム研究熱はとみに旺盛となり、その必然的結果として明治・大正期以来かつて見ることのできなかったイスラーム関係機関、諸団体がつぎつぎと誕生をみるに至った。[5]

この昭和六年秋に勃発した「満洲事変」が北方中国大陸に対する日本国民全般の関心を集め、そこに住む現地民族の名の回教民族のことや、それが宗教的には遠くアラビア砂漠やトルキスタン草原に向って横一線につながっていることにはじめて開眼され、やっと日本でも回教に対する研究熱が盛り上る誘因となったのである。（…）この年以降昭和十六・七年を頂点とする現地事情視察旅行団、学術研究調査団、イスラーム関係の論文、論考、随筆、随想類がつぎつぎと出版され読む者の人気を呼ぶに至った。[6]

このように、戦争が原因で中国イスラーム研究熱が盛り上がり、現地調査や論文研究等の研究動向は活発化した。その後、第二次世界大戦が終結するまでは、日本あるいは日本人のイスラームへの関心は、軍国主義の時代にあって国策によって形作られたものが主流であった。[7]島田大輔によれば、明治・大正期のイスラームへの注目は小規模かつ散発的なものであったのに対し、満洲事変に伴って変化が起きた。

大陸政策の本格化は、満洲・華北・蒙疆のムスリムへの着目を生み出した。第一に、反漢民勢力として、回民が注目された。第二に、反共勢力としてムスリムは注目された。（…）イスラームへの関心の高まりとともに、イスラーム研究機関が相次いで組織化された。[8]

とりわけ一九三一年満洲事変勃発から一九四五年第二次世界大戦終戦、日本の敗戦までにかけては、イスラーム文化協会をはじめ、大日本回教協会、回教圏研究所、満鉄東亜経済調査局回教班、外務省調査部回教班などが設立され、イスラームに関する調査研究や啓蒙活動がきわめて活発に行われた。研究者のみならず、日本人ムスリムや日本在住の外国人ムスリム、実務家、軍人がこれらの活動に参加した。もちろん、これらいわば国策の要請に基づいて設立されたイスラーム研究諸機関はそれにともなう様々な特色を持っていた。

第一節　イスラーム研究機関の設置及び機関紙創刊

小村の『日本イスラーム史』では、「昭和七年（一九三二）イスラーム研究機関誕生の第一号」という見出しが設けられている。

こうした内外ともに緊張した社会情勢下に対応して日本イスラーム界はどうであったか。雄心勃々たるクルバンガリーは日本国内だけでのイスラーム宣教運動には飽き足らず、川村狂堂の訪満の向を張るかのように彼は東京から満州へ直行し、ハルビンに「満洲回教協進会」を組織したのである。これには、そのパトロンであり、かつよきパートナーでもある中国回教の権威田中逸平やロシア・イスラームの須田正継らの背後からの強力な支援があったことは言うまでもない[9]。

内藤智秀、大久保幸次、小林元らのトルコ・イスラーム専攻の先進学者グループも、この趨勢をいたずらに漫然と座視していたわけではない。協義の結果、ここに誕生したのが「日本イスラーム文化協会」（別名、日本イスラーム文化研究所）で、東京駅前の八重洲で機関誌「イスラーム文化」の編集刊行、アラビア語とトルコ語の短期講習会を開催していた。これが、この種の施設開幕の皮切りで、これから数年間はこの協会を母胎に、つぎつぎとあるいは脱皮し、あるいは更新したイスラーム機関が断続的に名乗りを上げることになる。[10]

このように、日本におけるイスラーム研究機関のうち最初に設立されたのは「日本イスラーム文化協会」であった。戦中期には、大日本回教協会、イスラーム文化協会、回教圏攷究所（後、回教圏研究所）が設立され、同時に、これら組織は、『イスラム（回教文化）』、『回教世界』、『回教圏』、『回教事情』、『新亜細亜』などの資料を刊行した。ここにいたって、イスラームに関する調査研究や啓蒙活動がきわめて活発に行われた。いわば、この時期は「わが国に於けるイスラム研究の第一のブーム」[11]であったと、店田廣文は前嶋信次を引用しつつ評価した。

以下では「イスラム文化協会」及び『イスラム（回教文化）』、「回教圏研究所」及び『回教圏』、「大日本回教協会」及び『回教世界』を、そこで論じられたテーマを中心に分析を試みる。

一　「イスラム文化協会」と『イスラム（回教文化）』

（一）「イスラム文化協会」

表2-1 「イスラム文化協会」役員

理事長	遠藤柳作
理事	江藤夏雄
同	笠間杲雄
同（常務）	内藤智秀
同（常務）	匝瑳胤次
理事	渡邊銕藏
同	山下知彦
監事	中村庸

一九三六年に設立された佐久間貞次郎の「日本回教文化協会」は発展的に解消し、一九三七年五月、内務省の遠藤柳作を理事長とする「イスラム文化協会」が新設された。[12] この協会には遠藤のほか、外務省の笠間杲雄、内藤智秀、海軍の匝瑳胤次、それに佐久間貞次郎らが集まっている（表2－1）。

政治家、官僚、実業家であり、一九三三年に満洲国国務総務庁長に就任した経歴を持つ遠藤柳作が理事長になったことは、中国イスラーム教やムスリム問題との様々な直接の関係を示している。前章で分析したように、佐久間貞次郎も中国イスラーム研究に関して多くの業績を持っていた。

「イスラム文化協会」規約の第二章「目的及び事業」には以下のように記されている。

第二章　目的及び事業

第三条　本会は回教諸国民との間に文化交換を為し相互の研究と理解認知とを確め世界文化の進展人類の福祉に貢献することを目的とす

第四条　本会は其目的遂行の為め左の事業を行ふものとす

一、回教諸国に対し我国文化並に経済社会事情等の紹介

二、回教諸国及国民の文化、経済、政治、社会状態の調査、研究、紹介
三、以上の目的を遂行するに必要なる定期刊行物（年約四回邦文雑誌）及び不定期刊行物（年約三回、支那語、トルコ語、アラビア語、イラン語、マレー語及びウルドウ語等）の発行、文献の蒐集、研究会、講習会、講演会、展覧会等随時開催
四、回教諸国よりの来客接待、教授学生の交換、留学生の世話各種回教文化刊行物及び情報の交換並に翻訳其の他回教文化団体又は個人との連絡
五、会館、図書館又は研究室の設置
六、其の他本会に於て必要と認めたる事業

協会設立の目的として、『イスラム』第一輯には「イスラム文化協会趣意並に規約」が掲載されている。

回教諸國民の實情を探り回教文化の眞髄を研究し、且つ我國の文化と國情とを是等の國民に知らしむるの極めて必要なる事は何人も疑はざる所である。満支に多数の回教徒あるは勿論、中部西部亜細亜（インド、アフガニスタン、イラン、イラク、トルコ、シリア、アラビア）、阿弗利加、南洋等に於ける我國通商の新市場は多く回教徒の居住地方である。然るに我國に於ては在来の方面の知識が一般に缺けてをり偶〻之に興味を有するも的確なる資料に乏

しく久しきに亘って我等は不純な回教文化的知識を以て迷はされてゐた感があつた。然るに世界を通じて各種文運の進歩及び其の情勢は意味深き激動中に渦まいて斯くの如き吾等の知識を以て満足する能はざるに至った。他方に於て是等の諸國民は我國の文化や國情に就いて認識を深むるの機関を有せず、多くは東洋民族として東を仰ぎ乍ら我國に関しては何等の信憑すべき資料も文献も自國語に存在せざる有様である。[13]

ここからは「回教文化の正しき理解と其の国民の実情」の調査・研究・紹介を目的として、「イスラム文化協会」を設立したという意義が理解できる。もちろん、ここでは中国イスラーム教とムスリム問題の研究が最も重要な目的であった。協会会報には、研究部の研究成果は毎月一回公開の発表会にて行われるとある。その第一回、第二回は以下のようであった。

第一回　昭和十二年六月十二日、於日本倶楽部
　演題：回教の支那伝来
　　スフイーズムの発達
　　中世アラビアの社会
第二回　昭和十二年七月三十一日、大阪ビル内、於レインボウ・グリル
演題：契丹語の十干について

ペルシヤの織物
回々教名称考
なほ同時に慶應大学々生武田信近氏の旅行談「新京より君府まで」ありたり。

以上協会の規約（目的）、行われた研究と発表会等の記録から、この「イスラム文化協会」を理解することができる。第一回と第二回の発表には「回教の支那伝来」、「契丹語の十干について」、「回々教名称考」が含まれ、中国イスラーム研究が発表の約半分を占めることが分かる。

㈡『イスラム（回教文化）』

『イスラム（回教文化）』は「イスラム文化協会」が刊行した機関雑誌で、一九三七年一〇月に創刊号を発行し、一九三九年一月の六号をもって停刊した。創刊にあたって山下知彦は述べる。

全世界三億二千萬人回教徒の堅き信仰、敬虔なる祈禱、嚴格なる戒律、其の一絲亂れざる宗教勢力は驚くべきである。
然も回教徒なるが故に無條件に握手するあたり佛教基督教の如き他の宗教と大に趣を異にしてる。
而して其の勢力は決して宗教のみの勢力でなくして一つの政治勢力として之を見なけれ

ばならぬ所に更に大なる意義を持っている。
其の信徒の分布は亜細亜、阿弗利加、南洋諸島に多いが歐洲に迄及んで居る。人類的に之を區分すれば印度人、支那人、ペルシヤ人、アラビヤ人、トルコ人等で其の大部分は亜細亜人類であるが其の他の種族にも及んで居る状況である。
斯くの如く地域に見ても種族の點より見ても亦等閑視出来ない情勢である。況や其の種族、其の地域の多くが東洋に屬するに於てをやである。

（…）

特に彼等回教徒の大多數は文化的にも政治経済的にも水準線低く吾等文明國民から見ると氣の毒に堪へぬ状況であるので彼等をして世界文明に浴せしめる事は緊急事である。[14]

また、「機関誌発刊に際して」では以下のように述べられている。

方今宇内の形勢を観察するに支那、満洲、南洋、印度、中央亜細亜、近東、亜剌比亜及び阿弗利加等に分布されたる約三億の回教民族の覚醒は、近年に至って特に顕著なるものを観る。（…）
由来、回教民族は異教徒異民族との接觸に當って、其の宗教上の教義と戒律とに束縛せらるゝ関係上、甚しき不便に禍せられ、為めに相互の認識を深むべき機会を逸すること少からざりしも、近年に至っては回教民族の政治的復活を共に、其の宗教的擡頭も亦た日に月に活潑ならんとする兆候を示して来た。これ等政治的接觸を要望するものに印度、蘭領印度、西北支那、新彊等の各回教民族及びソーテイ・アラビヤ、埃及、伊蘭、土耳古、阿富汗に至るまで亜細亜的自覚を以て政治的聯繫せんと欲するものも決して少からざる状況に進展したことは、我國にとっても輕視すべからざる現象である。

（…）之を我国の近隣について観ても、支那及び満洲國に於て約三千萬の回教徒とあり、ソ連また三千五百萬の回教徒を包有し、更に南洋方面にありて馬来半島、蘭領印度を通じて六千萬の回教徒の定住するあり、印度また八千萬の回教徒あり、それ等の回教徒は往々にして各本國に於て政治的動揺を惹起するの因をなしてゐる。

（…）既に満洲國に於てさへ約二百五十萬回教徒あり、北支、南洋への進出には今後一層彼等の向背に重大なる關心を拂ふの必要あるべく、若し夫れ少くともスエズ以東における我が通商貿易の促進を国際政局の進移を洞察せば、今後年と共に支那及び南洋、印度を始め各地域の回教民族への關心と接觸とが益々緊切の度を加ふべきは、拒み難き趨向を信ずる次第である。[15]

二つの文章からは、中国イスラーム教とムスリム問題の研究への関心の高さがうかがえる。各巻の編集は論説、研究、翻訳、紹介報告等の項目に分けられる。表2－2はこの雑誌で発

表 2-2 『イスラム（回教文化）』で発表された中国イスラームに関する文章

題目	著者	輯	年・月
回教の支那傳來に就いて	村上正二	一	一九三七・一〇
新京より君府まで	武田信近	一	一九三七・一〇
西康異聞考（上）	竹内夏積	一	一九三七・一〇
皇国の大陸政策と支那回教徒問題について	松室孝良	二	一九三八・一
満州回教民族と現在の動向	佐久間貞次郎	二	一九三八・一
燕京感懐	東山布衣甫	二	一九三八・一
巻頭言　支那の回教徒	無記名	三	一九三八・四
北支並びに蒙彊に於ける回教徒の現状	佐久間貞次郎	三	一九三八・四
明朝と帖木児帝国との関係について	村上正二	三	一九三八・四
新彊における回教徒の動き	村田孜郎	四	一九三八・七
支那回教徒の教育情勢	佐久間貞次郎	四	一九三八・七
西康異聞考（下）	竹内夏積	四	一九三八・七
支那トルキスタンの過去現在将来	エリック・タイチマン	四	一九三八・七
廸化獄中記（一）	G・ファーゼル	四	一九三八・七
回教名稱考	村上正二	五	一九三八・一〇
廸化獄中記（二）	G・ファーゼル	五	一九三八・一〇

表 2-3　論文総数に対する中国イスラームとムスリム問題に関する論文の割合

	1937.10	1938.1	1938.4	1938.7	1938.10	1939.1	
	一輯	二輯	三輯	四輯	五輯	六輯	計
論文総数	10	11	12	10	9	8	60
支那（含満蒙）	2	4	3	5	2	0	16
割合	20%	36%	25%	50%	22%		27%

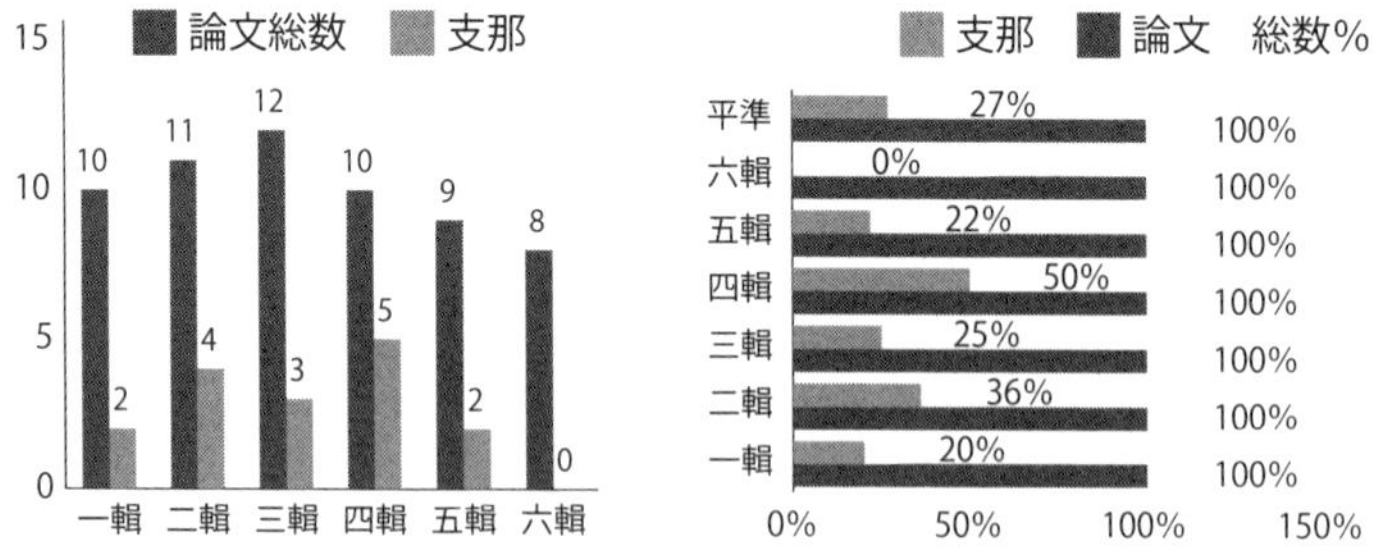

グラフ 2-1　論文総数に対する中国イスラームとムスリム問題に関する論文の割合

表された中国イスラームに関する文章で、表2－3（グラフ2－1）は『イスラム（回教文化）』における、論文総数に対する中国イスラームとムスリム問題に関する論文の割合である。『イスラム（回教文化）』では、新疆を含む中国イスラーム教とムスリム問題に関する論文数が総論文の三分の一を占めており、重点が置かれていることが分かる。

二 「回教圏研究所」と『回教圏』[16]

(一) 回教圏研究所

小村『日本イスラーム史』によれば、回教圏研究所は一九三三年一〇月に大久保幸次所長が設立した「イスラム学会」を母体とし、一九三八年三月にその組織を拡大して「回教圏攷究所」として誕生した。そして、同年五月一〇日より財団法人善隣協会の経営するところとなった。[17] さらに一九四〇年四月、内部機構の一大改革を図り、「回教圏研究所」と改称した。回教圏研究所のメンバー（事務職員を除く）は表2－4のように変化した。この変化を契機として、一九三八－三九年の攷究所時代と一九四〇年の改称後の研究所時代を分けることができる。

回教圏研究所設立から活動停止まで所長を務めた大久保幸次は、一八八七年に東京に生まれた。一九一三年に東京外国語学校ドイツ語本科を卒業した後、一九一八年東京帝国大学東洋史

表 2-4-1　回教圏研究所メンバー（設立時）

所長兼 文化事業部長	大久保幸次
攷究調査部部長	小林元
資料部長	松田壽男
攷究員	野原四郎、宮城良造
嘱託	蒲生礼一
攷究生	井岡峻一、中田善水

表 2-4-2　同（1939 年 4 月）

所長	大久保幸次
攷究調査部部長	小林元
攷究員	野原四郎、蒲生礼一
助手	幾志直方、小出正、岩永博、服部信彦、金沢誠、小出松雄
嘱託	佐木秋夫、川寅雄、荒川忠明、宮坂好安
書記	福島一郎

表 2-4-3　同（1940 年 4 月 研究所改称以降）

所長	大久保幸次
研究部	野原四郎、蒲生礼一、宮坂好安、幾志直方、佐木秋夫、鈴木朝英、村野孝、勝静夫、竹内好、鏡島寛之、井筒俊彦、幼方直吉、田辺穂積、御園桂一郎
編集部	石井茂晴

表2-5　回教圏研究所の活動（1938年4月〜1941年3月）[18]

講習会	夏期回教圏講座（昭和十三年七月十四日—十九日） コーラン研究会（昭和十六年一月以降） トルコ語講座（昭和十六年二月以降）
出版物	月刊・回教圏（昭和十三年七月創刊・昭和十六年三月を以て通巻三一号） 回教読本（昭和十四年六月） 回教圏史要（昭和十五年一月） 回教圏の経済的現勢（昭和十五年四月） 日本書観（アラビア・マレイ・ペルシャ・ヒンドスターニー・トルコ・フランス語解説付、昭和十五年四月） 回教圏要図（昭和十五年九月） 初等トルコ語読本（昭和十五年十一月）
出張	第一回満支回教徒視察（昭和十三年四月—五月） 第二回満支回教徒視察（昭和十三年八月—一〇月）
講習会	回教圏における国際問題（五月） トルコ語講座（継続） アラビア語講座（新設） コーラン研究会（継続）
出版	トルコ文「日本文化史」、回教圏展開、回教法、回教通説、回教学概論、回教読本、ペルシヤ語文典、蘭印回教問題、回教文献目録

科専科を卒業した。帝大在学中からトルコに関心を持ち、トルコ語とトルコの歴史を独習したようである。一九三三年、小林元、松田壽男らとともに「イスラム学会」を設立し、一九三六年に日土協会と外務省の文化使節として三月にトルコに派遣された。一九三八年三月には白金三光町に家屋を購入し、回教圏攷究所を発足させた。しかし、研究所として活動していくには充分でなく、同年五月に回教圏攷究所は財団法人善隣協会の経営傘下に入ることになった。

たまたま回教徒問題に対して深甚な関心を寄せてゐた財団

法人善隣協会は、アジアに対する国策的見地から本攷究所との提携を熱望してきたのである。かくて、大久保所長は、国策に対する大乗的立場において、同協会の井上理事長及び大島常任理事と数回にわたり懇談の結果、純学術調査機関としての本攷究所の面目を維持することを条件として一切の経営を、同協会に移管することに両者の意見は一致したしだいである。[19]

回教圏研究所が行った講習会、出版物、出張等事業報告は表2―5の通りである。このうち「日本書観」は非売品で、外務省その他を通じて回教圏諸国各方面に頒布し、非常な好評を得た。他の業績として、一九三八年の二回の出張では中国東方地方のイスラーム教とムスリム問題に関した調査を行った。

一九四五年五月に東京空襲により全焼するまで活動を続けたこの研究所については、大久保幸次「支那回民諸君に告ぐ」(『回教圏』第三巻第一号、一九三九年)、野原四郎・蒲生礼一「回教圏研究所の思い出」(『東洋文化』三八号、一九六五年;のち『アジア歴史と思想』一九六六年)、田村愛理「回教圏研究所をめぐって――その人と時代」(『学習院史学』二五号、一九八七年)、大澤広嗣「昭和前期におけるイスラーム研究――回教圏研究所と大久保幸次」(『宗教研究』第七八巻第二号、二〇〇四年)、臼杵陽「戦時下回教研究の遺産――戦後日本のイスラーム地域研究プロトタイプとして」(『思想』九四一号、二〇〇二年)、「戦前日本の「回教徒問題」研究――回教圏研究所を中心として」（『東洋学の磁場』岩波書店、二〇〇六年）等の先行研究がある。

(二)『回教圏』

田村愛理によれば、『回教圏』は「日本で最初の回教圏を対象とする学術誌であり、当時の時流に乗ってその後次々に発行された回教圏専門誌の中で最後まで続いたものである」。攷究所創立時には『回教圏』とは別に紀要を発行するつもりであったらしいが、実現されなかったという。そのため『回教圏』は「回教圏に対する学術研究の成果を発表するのみならず、同時に回教圏知識を国内に普及する啓蒙的役割の担当も目的としていた[20]」。

表 2-6 『回教圏』各巻

1	6号6冊	1938年7～12月
2	6号5冊	1939年1～5月
3	6号5冊	1939年～12月
4	12号11冊	1940年1～12月
5	12号12冊	1941年1～12月
6	10冊	1942年1～12月
7	11号11冊	1943年1～12月
8	9号9冊	1944年1～12月

各巻の編集は設題、論考、説苑資料、翻訳、紀行、書評、回教圏情報・日誌、語学講座、伝記、回教知識の栞、研究所の彙報等の項目に分けられる。田村はとくに「支那（満蒙を含む）及び南洋の回教徒に関する研究」を、「地域研究の中で最も水準が高く、今日の研究状況と比較してみても注目される」と高く評価する。これらの研究では、中国語やマレー語等の原典からの研究のみならず、現地調査に基づく、専門的なテーマの質の高い研究が行われていた。「単なる異風土紹介以上の興味深い論考が発表され、他の地域に比べると現

況分析も大変ビビイツドである。即ち地域研究の質からみると圧倒的に支那、南洋の回教圏に研究が偏重していることが明白である」[21]。具体的なテーマと執筆者は表2－7の通りである。[22]

これらのうち、当時の人々が回教圏のどの地域に関心を抱いていたのかを知るために、『回教圏』の論考、説苑・資料、翻訳、紀行、書評の項目の中から、比較的地域名がはっきりしているものを選び出し、各地域の地域研究全体に対する割合を試算してみよう（表2－8、グラフ2－2）。ここからは、中国の西北地域で生活しているムスリムとその民族・宗教に関する問題を中心に諸研究が展開していることがわかる。中国の各地で積極的な活動をしていた回教組織、回民状況などの情報も数多く紹介されている。また、田坂興道「大同清真寺の『勅建清真寺碑記』に就いて」、石田英一郎「東干に対する若干の考察」、仁井田陞「北京の回教徒商工人と其の仲間的結合」等、文献学や社会学的調査研究等の多角度から行われた研究成果も少なくない。これらの分析からわかるように、雑誌『回教圏』では世界のイスラーム圏の中でも、中国イスラーム教とムスリム問題の研究に重点が置かれていた。

三 「大日本回教協会」と『回教世界』

(一) 大日本回教協会

小村の『日本イスラーム史』が「昭和十三年（一九三八）内外地に続々イスラーム機関誕生」という見出しでこの年に「東京モスク創建と大日本回教協会設立という二大イベントが日本内

タイトル	著者	巻・号	年・月
燕都に清真寺を訪ねて	松田壽男	第一巻第一号	一九三八・七
雲南回教徒の叛乱	野原四郎	第一巻第一号	一九三八・七
天方解義	松田壽男	第一巻第二号	一九三八・七
支那「回民」の由来	松田壽男	第一巻第三号	一九三八・九
支那回教餘談	大久保幸次	第二巻第一号	一九三九・一
支那回民の声	唐至中	第二巻第二・三号	一九三九・三
回彊	小林元	第二巻第四号	一九三九・四
日本語と回民児童（東回教圏管見1）	小林元	第二巻第四号	一九三九・四
支那的回民言語葉聞（東回教圏管見2）	小林元	第二巻第五号	一九三九・五
舎利別考	前嶋信次	第二巻第六号	一九三九・六
支那回教諸君に告ぐ	大久保幸次	第三巻第一号	一九三九・七
元代の回回人寶典赤贍思丁	島崎昌	第三巻第一号	一九三九・七
支那におけるキリスト教教会の対回教徒工作	クロード・L・ピッケンズ	第三巻第二号	一九三九・八
中部支那の回教について	佐木秋夫	第三巻第二号	一九三八・八
『天方典礼択要解』の邦訳に際して	野原四郎	第四巻第二号	一九四〇・二
三〇年来の中国回教文化概況	趙振武	第四巻第五号	一九四〇・五
回漢紛糾経緯録	蘇盛華	第四巻第七号	一九四〇・七
オウエン・ラティモア　後藤富男訳『農業支那の遊牧民族』（書評）	幾志直方	第四巻第一〇号	一九四〇・一〇

表 2-7 『回教圏』テーマと執筆者

比屋根安定『支那基督教史』（書評）	幾志直方	第四巻第一一・一二号	一九四〇・一二
中国回教徒の牙城	Y・P・梅	第五巻第三号	一九四一・三
顧頡剛と回教徒問題	竹内好	第五巻第三号	一九四一・三
最近の支那民族問題	西雅雄	第五巻第三号	一九四一・三
「清真大学」考	角野達堂	第五巻第四号	一九四一・四
大食と唐との交渉にかんする一史料	田坂興道	第五巻第八号	一九四一・八
甘粛青海省境における回教徒の生活	西雅雄	第五巻第一二号	一九四一・一二
大東亜戦争と回教圏	大久保幸次	第六巻第一号	一九四二・一
チンギスハン西征年代辨疑	小林高四郎	第六巻第一号	一九四二・三
大同清真寺の「敕建清真寺碑記」について	田坂興道	第六巻第二号	一九四二・二
「回回館訳語」にかんする覚書	田坂興道	第六巻第五号	一九四二・五
西北回教問題における馬鴻達の地位	三橋富治男	第六巻第五号	一九四二・五
大東亜戦争と南洋華僑の動向――主として重慶援助に関連して	糟谷賢三郎	第六巻第六号	一九四二・六
北支・豪彊の回教	竹内好	第六巻第八・九号	一九四二・八
南京の回教徒に関する覚書	湯銭鉱二	第七巻第二号	一九四三・二
東干に対する若干の考察	石田英一郎	第七巻第四号	一九四三・四
回教音楽東漸史考――元朝の回教楽器	岸辺成雄	第七巻第四号	一九四三・四
豪新彊において採録せる二三の回教説話	野村正良	第七巻第四号	一九四三・四
回教と支那思想	田坂興道	第八巻第四号	一九四四・三
北京の回教徒商工人とその仲間的結合	仁井田陞	第八巻第六号	一九四四・八

表 2-8 『回教圏』の地域研究（各地域論考の地域関係総論考数に対する割合）[23]

	1938	1939		1940	1941	1942	1943	1944		
	1巻	2巻	3巻	4巻	5巻	6巻	7巻	8巻	計	平均（%）
総論考数	91	66	46	59	61	39	42	26	430	
回教一般の論考数	22	25	4	17	14	11	17	16	126	
地域関係の論考数	69	41	42	42	47	28	25	10	304	
年毎の%	100	100	100	100	100	100	100	100	100	
支那（満蒙を含む）	8	11	5	8	8	4	4	2	50	16.4
年毎の%	11.5	26.8	11.9	19.0	17.0	14.2	16.0	20.0		
中央アジア	8	0	2	4	3	2	1	1	21	6.9
年毎の%	11.5		4.7	9.5	6.3	7.1	4.0	10.0		
南洋	1	3	1	3	11	6	3	1	29	9.5
年毎の%	1.4	7.3	2.3	7.1	23.4	21.4	12.0	10.0		
インド・パキスタン	4	3	3	5	3	2	2	2	24	9.2
アフガニスタン	1	0	1	1	0	0	1	0	4	
年毎の%	7.2	7.3	9.5	14.2	6.3	7.1	12.0	20.0		
イラン	5	0	1	2	4	2	1	0	15	7.5
アゼルバイジャン	1	0	0	3	1	0	0	3	8	
年毎の%	8.6		2.3	11.9	0.8	7.1	4.0	30.0		
中東	11	6	5	6	7	4	5	0		
年毎の%	15.9	14.6	11.9	14.2	14.8	14.2	20.0			
トルコ	28	7	19	3	5	3	3	1	69	22.6
年毎の%	40.0	17.0	45.2	7.1	10.6	10.7	12.0	10.0		
バルカン	3	3	0	0	0	0	0	0	6	8.2
ヨーロッパ・ソ連	1	3	2	6	1	4	2	0	19	
年毎の%	5.7	14.6	4.7	14.2	2.1	14.2	8.0			
アフリカ	1	4	6	1	2	1	2	0	17	5.5
年毎の%	1.4	9.7	14.2	2.3	4.2	3.5	8.0			

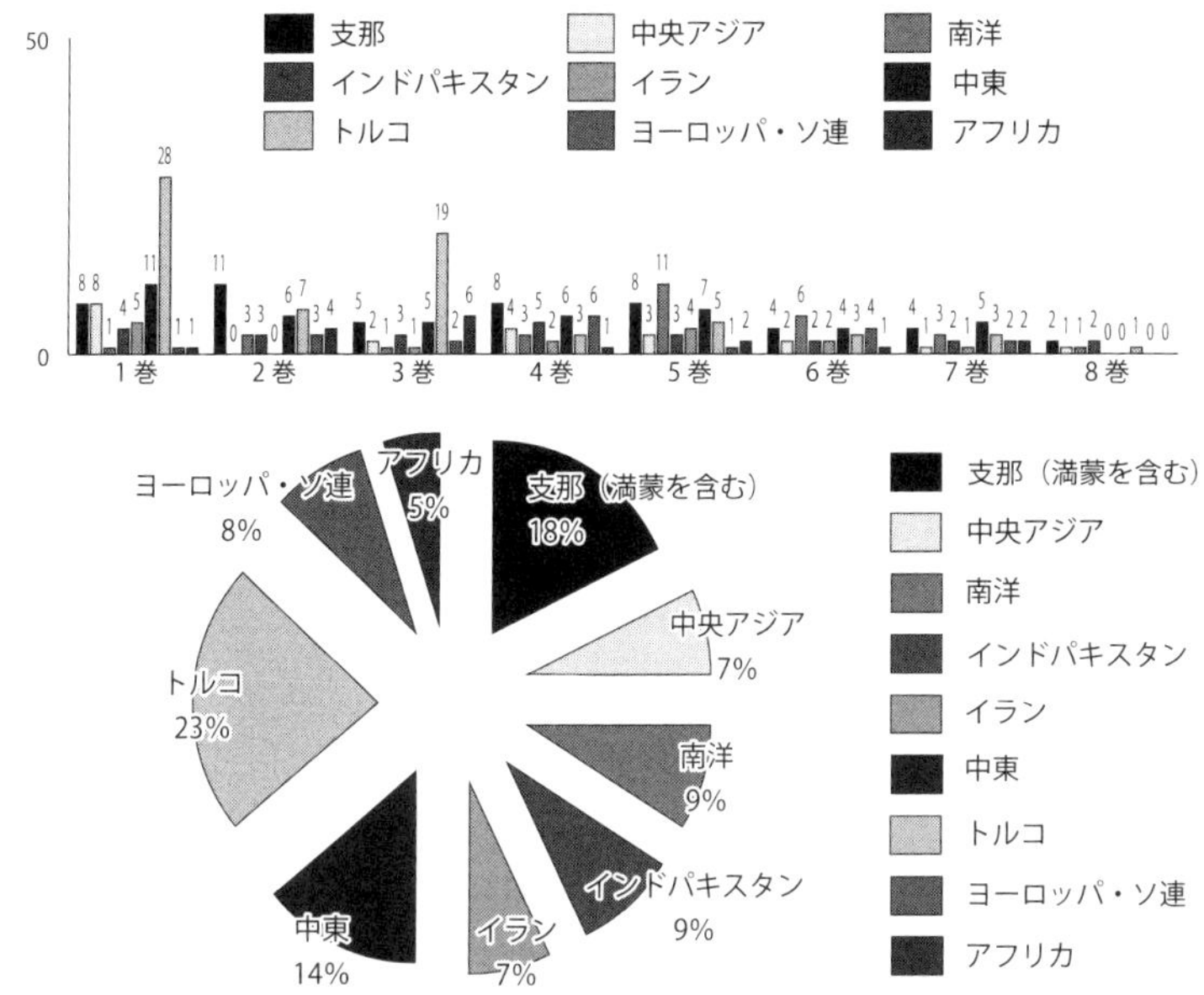

グラフ 2-2 『回教圏』の地域研究（各地域論考の地域関係総論考数に対する割合）[23]

地に華々しく展開[24]」されたと述べたように、「大日本回教協会」は一九三八年九月一九日、東京府麴町区麴町一町目八番地（現・千代田区麴町二丁目八）で開設された（表2－9）。

小村は大日本回教協会の関係者――初代会長である林銑十郎、二代目会長・四王天延孝、子爵海軍中将・小笠原長生、協会理事・匝瑳胤次、協会理事・松室孝良等を紹介し、大日本回教協会創立趣意、方針、主要事業等は以下のように示されている。

〈大日本回教協会創立趣意〉

回教ハ単ニ世界三大宗教ノ一

表 2-9　大日本回教協会沿革

初代会長	林銑十郎（元内閣総理、大臣・陸軍大将）
機関誌	回教世界（創刊昭和 13 年 4 月、廃刊昭和 16 年 1 月 1 日第 3 巻 12 号）
第二代会長	四王天延孝陸軍中将（昭和 17 年 12 月）
副会長	小笠原長生（海軍中将）
副会長	村田省蔵（小阪商船社長、逓信大臣）
理事長	松島肇（駐イタリア大使）
常務理事	大村謙太郎
解散	昭和 20 年 10 月 15 日

タルニ止マラズ其ノ信條ニ基ク特殊ノ社会規範ハ回教徒ヲシテ世界ニ属ケル一種ノ宗教民族タラシメタリ。而カモ嘗テ歴史上ニ光輝ヲ放チ世界ノ文化ニ貢献スル所アリジ此等回教民族ノ数ハ現ニ三億ノ多数ヲ算シ其ノ分布地域ハ発祥アラビアヲ始メトシアジア中心トシテ廣ク全世界ニ亘レル現状ニシテアジアニ國ヲナス我ガ日本ガ回教徒及ビ回教圏ノ實情ヲ等閑視スベカラザルハ何人ト雖モ疑デ容レザル所ナリ。

顧ルニ従来我国ニ於テハ一般ニ回教ニ関スル知識ヲ欽如シ他方回教徒モ亦タ我国文化躍進ノ眞姿ニ就テ認識ヲ深ムルノ機会乏シカリシハ甚ダ遺憾ヲ感ゼザルヲ得ザル所ナリ。然ルニ輓近回教民族ノ自覚復興特ニ活撥ニシテ彼我ノ来往頻繁ヲ加ヘ復タ襲来ノ如キ事態ノ放置ヲ許サザルニ至レリ。伋テ我等ハ回教問題ノ根本的調査研究ヲ行ヒ我ガ國民ニ回教諸國ノ實情ヲ知ラシムルト共ニ世界ノ回教徒ニ向ツテ我國文通ノ眞相ヲ傳ヘ相互ノ通商貿易ヲ助長シ以テ彼我ノ親善係ヲ増進シ併セテ世界ノ平和ニ寄與スル所アラムト。

是レ本協会設立ノ趣意ニシテ我等ハ此ノ企図ガ時運ノ要求スル急務トシテ大方ノ賛同ヲ得ベキヲ信ジテ疑ハズ。

〈方針〉

一、皇道精神ニ基キ回教諸民族ト近接ナル融和デ図リ相互ノ文化通商、親善及福祉ヲ増進シ以テ世界平和、人類幸福ニ寄興セントス

一、回教ニ関する調査研究ノ基礎デ確立シ國内ニ於ケル各般事業ノ指導、統制及援助等ヲ行フ

一、世界ノ現状ニ鑑ミ回教徒トノ関係デ密接ナラシムル為メノ諸準備事業ヲ為ス

〈主要事業〉

1、回教会館ノ設立（本部、礼拝所、集会所、図書館、回教圏地ニ関スル参考館、宿泊所及附属学校等ヲ併置ス）

2、親善代表ノ交換及彼我観光往来ノ斡旋

3、回教地方留学生ノ招致及指導並ニ世話

4、回教地方ニ医療並ニ日本語教授ヲ施ス親講交機関ノ設置

5、メッカ巡礼及回教大会等へ代表ノ派遣[25]

『回教世界』第一巻第五号で発表された「大日本回教協会業務報告」では「一、昭和十三年十

月蒙彊回教徒視察団の入京を期として九段階行社に本協会主催の歓迎会を催し、朝野有力者の臨席を得、本協会より林会長以下各役員出彼我の意志疏通を計れり[26]」とし、調査部業績報告でも中国イスラームとムスリムに対する調査事項を紹介している。

店田廣文は『戦中期日本におけるイスラーム研究の成果と評価――早稲田大学「イスラム文庫」の分析』の報告書で、早稲田大学図書館に所蔵されている「大日本回教協会」関係資料（通称「イスラム文庫」）を中心に研究した。この資料は「同協会解散後、早稲田大学図書館に寄託された所内資料や名簿、手書き原稿、写真資料などを含むおよそ一八〇〇点と、ほぼ同量の手書き資料」を指す。この研究はこれらの資料を用いて「戦中期の一九三〇年代後半から第二次世界大戦後までの大日本回教協会の組織構造と活動実態[27]」を明らかにしている。

（二）『回教世界』

大日本回教協会調査部が発行した『回教世界』は、一九三九年四月の第一号から一九四一年一二月の第四巻第三号まで一四冊が出されている。『回教世界』第一巻第一号の冒頭の「発刊に際して」では以下のように述べられている。

> 回教は単に世界三大宗教の一たるに止まらず、其の信条に基く特殊の社会規範は、回教徒をして世界における一種の宗教民族として固き靱帯に結ばしめてゐるのである。而かも

嘗て世界の人文史上に偉大な足跡を残した此等回教民族の数は、現に三億数千万の多き算し、其の分布地域は亜細亜を中心として広く全世界に亘れる現状である。

而して、此等分布地域中の主なるものを挙ぐれば、近くの支那に於ては西北各省及び西北辺彊に約三千万、江蘇、安徽、雲南省に於て数百万の回教徒を包擁しあり、満洲国亦二百五万の回教徒を有し、而かも満洲より内外満古の南縁、北支諸省、甘粛省を経て新彊省に通ずる地域こそは、実に支那国民の不可分的紐帯であつて、回教的色彩の最も濃厚なる所である。従つて北支の安定は此の特殊の回教圏を等閑視しては考慮し得ざるものがあるのである。[28]

ここでは、中国イスラーム教とムスリム問題に加え、ソ連、「中亜細亜」の五共和国、「西亜細亜」のトルコやイランなどの国々、アフリカ諸国等、イスラーム地域の基礎的な状況が説明されている。もちろん、『回教世界』では中国イスラームとムスリムに関する研究は最も重要な対象になった。表2－10は雑誌で発表された論文の記録である[29]（調査・研究論文、論説等含む）。『回教世界』に掲載された調査、翻訳論文の項目の中から比較的地域名がはっきりしているものを選び出し、各地域の地域研究全体に対する割合を試算した（表2－11、グラフ2－3）。

これらの論文は「中国の回教民族」（白今愚）等の外国の研究成果の紹介、「支那にかんするアラビアの記録」（石田幹之助）等の文献学方法からの研究、「満蒙に於ける諸民族の動向」（無

タイトル	作者	巻・号	年月
清末西北辺に於ける回教徒の叛乱	無記名	第一巻第一号	一九三九・四
粘り強き支那回教徒	ライマン・フーバー	第一巻第一号	一九三九・四
基督教会と支那の回教	クロード・エル・ビキンス	第一巻第一号	一九三九・四
成都に於ける回教徒の現状	無記名	第一巻第二号	一九三九・五
新疆及び甘粛の産業	無記名	第一巻第三号	一九三九・六
支那の回教婦人	オリーウ・ボサム	第一巻第三号	一九三九・六
満蒙に於ける諸民族の動向（一）	無記名	第一巻第四号	一九三九・七
新中国再建設に於ける回教の重要性	伯言	第一巻第四号	一九三九・七
経済情報――（北支）最近の包頭に於ける西北貿易概況	無記名	第一巻第四号	一九三九・七
満蒙に於ける諸民族の動向（二）	無記名	第一巻第五号	一九三九・八
支那回教徒の生活概況	趙雲陞	第一巻第五号	一九三九・八
哈密変乱始末記	呉藹宸 （服部四郎訳）	第一巻第六号	一九三九・九
支那近代の回教徒	石井道男	第一巻第八号	一九三九・一一
南海島の回教徒	中山一三	第一巻第八号	一九三九・一一
回教圏経済情報――（支那）九月中の支那海関収入	無記名	第一巻第八号	一九三九・一一
支那西北回教徒の共産化	ラシード・ジャハーソ （藤村三近訳）	第一巻第九号	一九三九・一二

表 2-10 『回教世界』に掲載された中国イスラームとムスリムに関する研究

寄譚 印度・支那見聞記	清瀬誠一	第一巻第九号	一九三九・一二
抗戦下支那回教徒の動向	馬淵脩	第二巻第八号	一九四〇・八
支那にかんするアラビアの記録	石田幹之助	第二巻第八号	一九四〇・八
支那にかんするアラビアの記録（完）	石田幹之助	第二巻第九号	一九四〇・九
寧夏省磴口県における回民	馬元儀	第二巻第一一号	一九四〇・一一
中世支那における南海の知識	田中肇	第二巻第一一号	一九四〇・一一
中国の回教民族	白今愚	第二巻第一二号	一九四〇・一二
雲南省の回教徒	ブルムホール	第二巻第一二号	一九四〇・一二
欧米人の支那回教研究	田坂興道	第二巻第一二号	一九四〇・一二
欧米人の支那回教研究（完）	田坂興道	第三巻第一号	一九四一・一
中国の回教民族（二）	白今愚	第三巻第一号	一九四一・一
新疆省の回教	オーエン・ラチモア	第三巻第二号	一九四一・二
中国の回教民族（三）	白今愚	第三巻第二号	一九四一・二
西南支那回民生活の現状	馬淵脩	第三巻第二号	一九四一・三
中国の回教民族（四）	白今愚	第三巻第三号	一九四一・三
中国の回教民族	白今愚	第三巻第四号	一九四一・四
回教の先見者 田中逸平	加藤久	第三巻第七号	一九四一・七
トルコタタール民族	ムーサ・ペイ・ジャルラー	第三巻第一一号	一九四一・一一

表 2-11 『回教世界』第 3 巻までに掲載された研究の対象地域

	1939	1940	1941		
	第一巻	第二巻	第三巻	計	平均（%）
総論考数	82	100	47	229	
理論研究	10	17	6	33	14
支那（満蒙を含む）	14	9	12	35	15
中央アジア	5	3	3	11	4
南洋	1	6	6	13	5
インド・パキスタン・アフガニスタン	3	9	7	19	8
イラン・アゼルバイジャン	2	1	2	5	2
中東	15	3		18	8
トルコ	2	2		4	1
バルカン・ヨーロッパ・ソ連	8	5		13	6
アフリカ	4	4	1	9	4
その他（巡礼、手紙、断記）	11	31	7	49	2

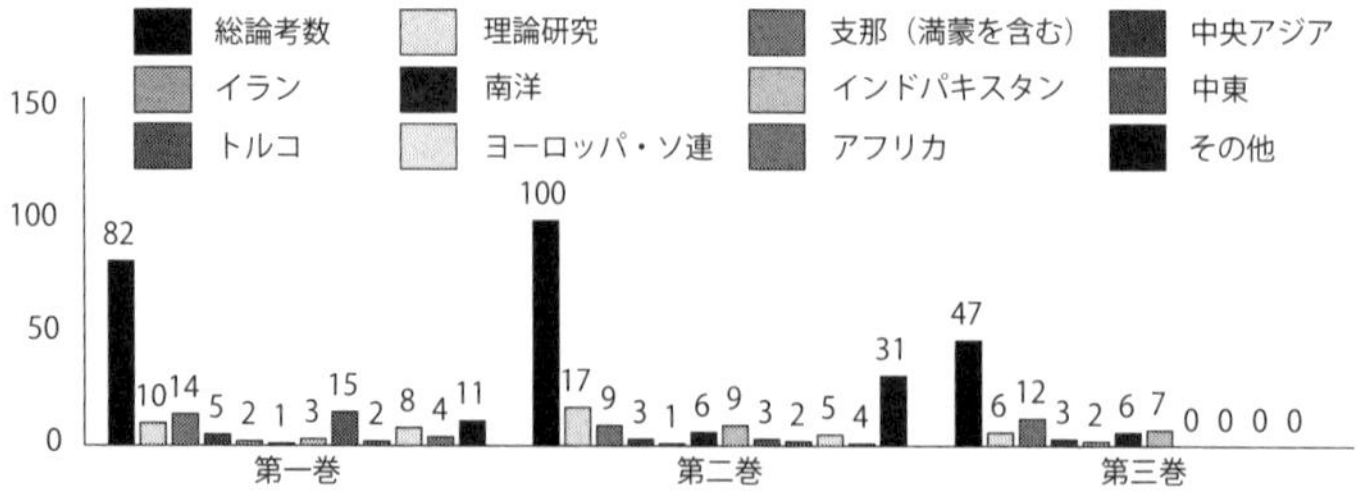

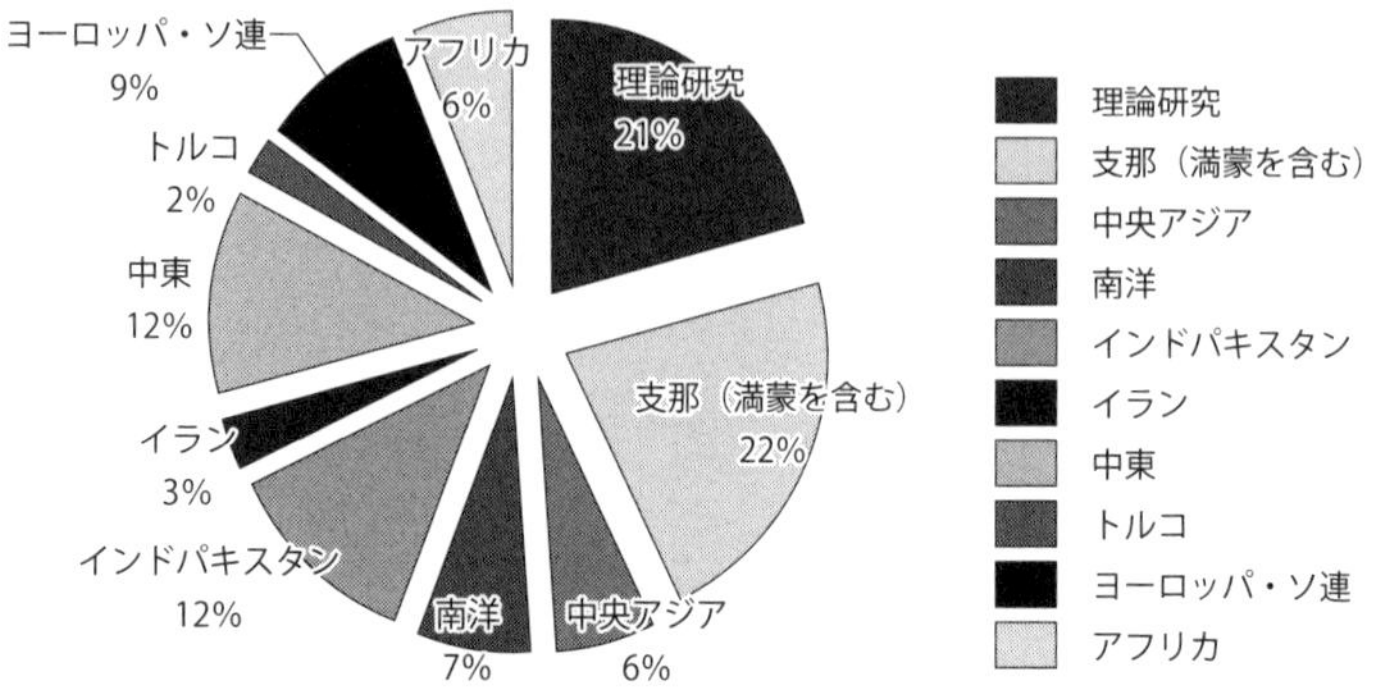

グラフ 2-3 『回教世界』第 3 巻までに掲載された研究の対象地域

記名）等の関東軍占領地域のフィールドワークに分けられる。その他の多くの文献学的業績や調査研究論文・資料紹介は、中国イスラーム教・ムスリムと民族問題というテーマをめぐって展開している。

第二節　調査機関及び研究

『回教圏』に掲載された野原四郎「回教研究の役割」では、「現実の要求から、今後回教徒に関する実体調査が行はれるやうになるであらう。さうして獲られた資料こそ、実質的に日本の回教研究に独創性を斉すであらう」[30]と述べられている。

この時代を振り返り、店田の調査は、一九三〇年代後半から一九四五年までの戦中期には「満鉄東亜経済調査局回教班、外務省調査部回教班などが設立され、イスラームに関する調査研究や啓蒙活動がきわめて活溌におこなわれた」[31]としている。また、坂本勉編著の『日中戦争とイスラーム――満蒙・アジア地域における統治・懐柔政策』（慶應義塾大学出版会、二〇〇八年）は「序」において、日中戦争の時期は「日本のイスラームに対する関心が飛躍的に高まり、調査・研究とそれを踏まえた政策が進捗した時代」であったとし、以下のように述べる。

日本は、戦いを有利に進めていくために中国の各地、モンゴル高原、中央アジア、東南アジアに住む数多くのイスラーム教徒を日本の側に引きつけていかなければならない必要に迫られた。この結果、現実的な外交的、戦略的要請から国を挙げてイスラームに関する調査、研究の組織化が図られ、それに応じたイスラーム政策が行われていった。（…）一九三一年の満洲事変後、日本は本格的なイスラーム政策に着手する。新たに建国された満洲国は、長大な国境線で接壌することになったソ連に対する国防という見地から国内のイスラーム教徒のみならず、国外の内モンゴル、中国の西北地方、すなわち陝西、寧夏、甘粛、新疆の各省に多く住む回民、漢回（トウンガン）、纏頭回（ウイグル）などのイスラーム教徒をその対ソ包囲網のなかに組みこんでいこうとした。（…）

以上のようなイスラーム政策は、軍部のみならず外務省、そして一九四二年以降は新たに設立された大東亜省がそれぞれ競合するかたちで進めていった。[32]

同書の第二章「南満洲鉄道株式会社の諜報ネットワークと情報伝達システム」（白岩一彦）では、戦争中に日本が行った中国イスラームとムスリム問題の現地調査について述べられている。白岩は、戦後アメリカ占領軍の接収を免れ、国立国会図書館に購入されてその飯田橋倉庫に眠っていた満鉄関係文書に拠り、二つの点を論じる。第一は、「蒙彊政権の委託を受けて京綏鉄道等の運輸交通事業を行っていた満鉄が、内モンゴルにおいて独自に収集したイスラーム関係を含む情報をどのような経路で社内で伝達していたのか」、第二は、「『上海情報』と題された資料に基づいて蔣介石政権が日本のイスラーム政策に対抗してソ連との友好政策に踏みきり、その過程で中国西北地方において勢威を張る回民軍閥に対して懐柔工作を行うとともに軍用道路の整備等の経済開発を進め、結果として回民が蔣介石の抗日運動のなかに取り込まれていく状況」である。[33] ここでは蔣介石の兄がイスラーム教徒であることも指摘されている。

以下は外務省調査部回教班及び『回教事情』の研究、満鉄東亜経済調査局回教班及び研究、民族研究所等機関及び研究等をテーマの中心として分析を進める。

一　外務省調査部回教班と『回教事情』

一九三八年五月には、外務省調査部が季刊雑誌『回教事情』を創刊した。発刊の辞には外務省調査部部長であった米沢菊二が次のように述べている。

現今世界に於ける回教徒の数は約三億と称せられ、其居住地域は、満洲国を初め、支那、ソ連邦、南洋、中央亜細亜、印度、西亜細亜、阿弗利加等我が国にとり、地理的人種的文化的に将又政治経済上密接なる関係を有する亜細亜の大部分を占むるが、従来回教徒及び回教国に関する研究調査は、遺憾ながら殆んど西欧人の手に委ねられてきたと称するも過言でなかつた。然るに回教徒の間には日露戦争以来我に欽慕の念を抱くものが少くなかつたが、我が国に於て彼等を理解するものの如き極めて寥々たる次第であつた。

偶々満洲事変以後我が国力の躍進に伴ひ回教問題研究の急務が叫ばれるに至つたことは遅蒔ながら欣賀するに足るが、猶少数識者の注目惹きたるに過ぎず、本問題に関する紹介も不充分なる今日、多くの人は回教の何たるやを捕捉するにすら困難を感ずる有様である。是れ当部に於て今回季刊「回教事情」を発刊し、回教圏及び回教問題に関する正確なる紹述を試みんとするに至つた所以である。

一言所懐を記し発刊の辞に代へる次第である。[34]

この雑誌は「満洲国」含む中国イスラームとムスリム問題の調査研究を第一の目的とした。雑誌で発表された論文は、ほとんどは外務省調査部調査員が執筆した無記名の文章であった。中国イスラームとムスリム問題を対象とした社会学的角度から研究した現状分析論文が多いが、こまかい分析や典拠が示されておらず、啓蒙書としては十分通用するとしても、研究に利用するには注意を要する。本誌は一九四一年一二月の第四巻第三号まで、一四冊であった。中国イスラーム研究と関係がある論文は表2－12の通りである。

これらのうち、論考論説、資料、彙報、解題の項目の中から比較的地域名がはっきりしているものを選び出し、中国地域の研究が全体に占める割合を試算した（表2－13、グラフ2－4）。

中国イスラーム教ムスリムと民族問題というテーマをめぐる論文は、「王岱與著「清真大学」」、「金天柱著「清真釈疑補輯」」等の文献学的方法からの研究、「清初の対回教政策――特に新疆纏

表2-13　『回教事情』第3巻までに掲載された研究の対象地域

	1938	1939	1940	1941	総数・%
	1巻	2巻	3巻	4巻	
論文総数	45	13	7	8	73
支那（満蒙を含む）	15	4	4	2	25
年毎の%	33%	30%	57%	25%	34%

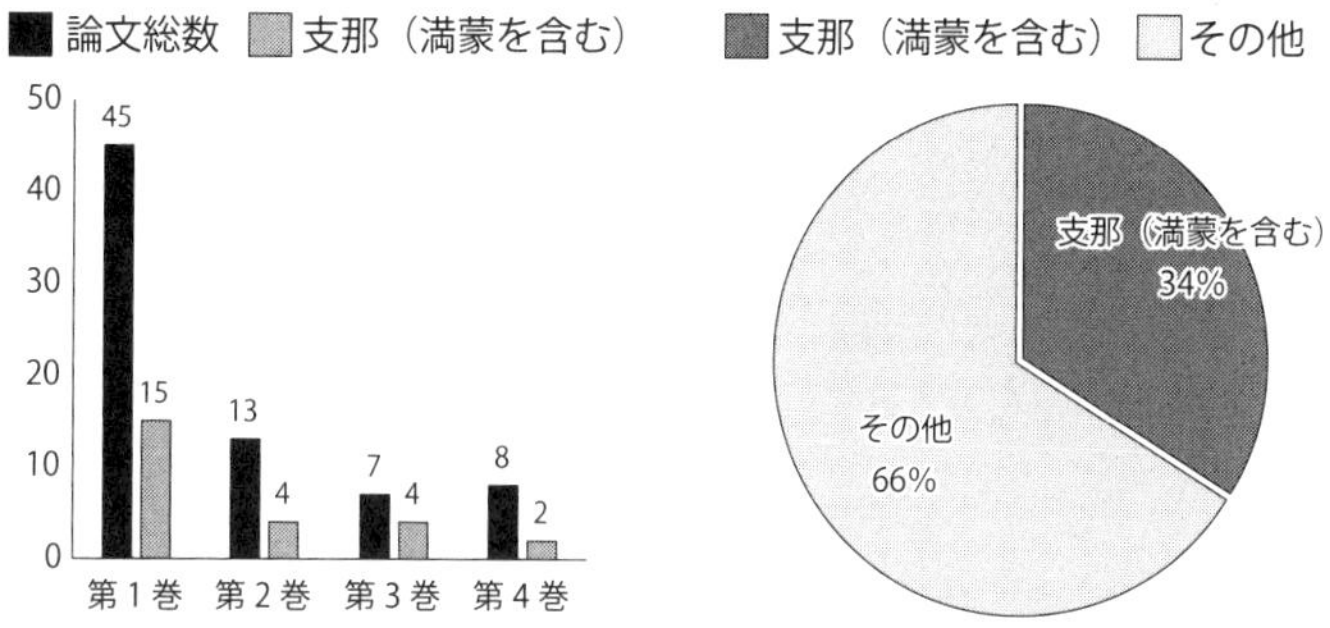

グラフ2-4　『回教事情』第3巻までに掲載された研究の対象地域

回について」等の歴史学的研究、「西北漢回の社会」等の社会学的現地調査研究、外国の研究成果の紹介等に分けられる。

二　満鉄東亜経済調査局回教班

一九〇六年に南満州鉄道が発足した翌年、満鉄調査部が設置された。当初は満鉄経営のための調査として、中国東北地区などの政治、経済、地誌等の基礎的調査・研究を行ったが、その後の日本の中国進出の拡大に呼応してその対象を広げ、中国そのものを対象とした本格的な調査研究も行うようになっていった（表2－14）。

満鉄東亜経済調査局は一九〇八年に満鉄の調査機関の一つとして東京支社の管轄下に設置され、当初は世界経済の調査分析を担当していたが、一九二〇年代以

タイトル	巻・号	年・月	ジャンル
「五馬連盟」について	第一巻第一号	一九三八・五	論説
雲南に於ける回教徒	第一巻第一号	一九三八・五	論説
西北漢回の社会	第一巻第一号	一九三八・五	資料
中国回教総連合会組織約	第一巻第一号	一九三八・五	資料
中国回教史の一齣	第一巻第二号	一九三八・八	論考
中国西北回教の赤化傾向	第一巻第二号	一九三八・八	論考
満州国回教概観	第一巻第二号	一九三八・八	資料
新彊事情一斑	第一巻第二号	一九三八・八	資料
蔣政権下中国回教徒の西亜細亜における策	第一巻第二号	一九三八・八	彙報
四川西康の回教徒	第一巻第三号	一九三八・一一	論説
支那における一賜楽業（猶太）教・回教	第一巻第三号	一九三八・一一	論説
撒拉回及び蒙古回回	第一巻第三号	一九三八・一一	解説
甘粛青海省境における回教徒の動向	第一巻第三号	一九三八・一一	彙報
支那回教使節印度訪問	第一巻第三号	一九三八・一一	彙報
回漢対立問題と其解決について	第二巻第一号	一九三九・二	論説
支那回教社会の成因	第二巻第一号	一九三九・二	論説
回・佛両教の関係に就いて	第二巻第一号	一九三九・二	論説
回教都市西寧	第二巻第一号	一九三九・二	資料
西北回民の現況	第二巻第一号	一九三九・二	彙報
西北回民公会包頭支部結成	第二巻第一号	一九三九・二	彙報
西北回民公会厚和支部結成	第二巻第一号	一九三九・二	彙報
支那辺彊回民教育の現勢	第二巻第二号	一九三九・五	論説
金天柱著「清真釈疑補輯」	第二巻第二号	一九三九・五	解題
王岱與著「清真大学」	第二巻第二号	一九三九・五	解題

表 2-12 『回教事情』に掲載された中国イスラーム関連論文（第一巻から第四巻第三号まで）

成吉思汗と回教徒	第二巻第二号	一九三九・五	資料
包頭に於ける回民概況	第二巻第二号	一九三九・五	資料
廣東回民情況	第二巻第二号	一九三九・五	彙報
アズハル大学支那回教徒留学生の策動	第二巻第二号	一九三九・五	彙報
新疆政府の印度商人圧迫	第二巻第二号	一九三九・五	彙報
中国回教総聯合会回教徒のメッカ巡禮	第二巻第二号	一九三九・五	彙報
明代の回教について	第二巻第三号	一九三九・八	論説
河南に於ける回民状況	第二巻第三号	一九三九・八	資料
赤色都市蘭州	第二巻第三号	一九三九・八	資料
清初の対回教政策――特に新疆纏回について	第二巻第四号	一九三九・一二	論説
支那文献に現はれたる西方回教圏言語	第二巻第四号	一九三九・一二	資料
新疆の東部前線「哈密」	第二巻第四号	一九三九・一二	資料
武漢回民の現状	第二巻第四号	一九三九・一二	彙報
清末の対回教政策	第三巻第一号	一九四〇・三	論説
支那回教に於ける新教と舊教に就いて	第三巻第一号	一九四〇・三	解説
支那に於けるコーラン（古蘭）教典の翻訳事業	第三巻第一号	一九四〇・三	解説
楊増新の対回教政策	第三巻第二号	一九四〇・六	論説
清初の新疆に於ける燕斉と回屯	第三巻第二号	一九四〇・六	解説
明末清初に於ける回耶の抗争と其の文化的意義に就いて	第三巻第二号	一九四〇・六	資料
白崇禧の回教徒煽動	第三巻第二号	一九四〇・六	彙報
支那回教史雑考	第三巻第三号	一九四〇・九	論説
帝政露西亜の新疆経略の態様とその特性	第三巻第三号	一九四〇・九	論説
内面より見た重慶晩近の回教工作	第三巻第三号	一九四〇・九	資料
林則徐と其回教徒政策	第三巻第四五	一九四〇・九	論説
左宗棠の西北経営一斑	第三巻第四五	一九四〇・九	資料

表 2-14　満鉄の沿革

1907	大連本社に調査部設立
1908	調査部を調査課に改称 東京支社に東亜経済調査局・満州及朝鮮歴史地理調査部設立
1910	中央試験所を満鉄に移管。地質研究所設立
1918	大連図書館設立
1919	地質研究所を地質調査所と改称
1927	臨時経済調査委員会設立
1930	同上廃止
1932	経済調査会（経調）を新設。調査課を資料課と改称
1936	経調を廃止し資料課などを統合して産業部を設置
1938	産業部を調査部と改称
1939	調査部・東亜経済調査局・中央試験所・大連図書館などを統合し「大調査部」発足
1943	調査部は調査局に改編され新京に移転

表 2-15　満鉄東亜経済調査局の沿革

1908	東京本社に設立
1929	財団法人東亜経済調査局として満鉄から独立
1935	従来の支那課に加えて南洋課を新設
1938	付属研究所（瑞光寮）の設置
1939	満鉄に復帰し調査部に統合 庶務・南洋・西南亜細亜・資料・編輯の四班で構成
1943	東京支社調査室を統合 総務・資料・第一～第三調査・交通調査の六課で構成
1945	敗戦により解体

表2-16　満鉄東亜経済調査局の調査活動と業績

1908～1914	満州朝鮮歴史地理調査
1935～1936	華北資源調査
1939～1940	冀東農村実態調査
1939～1940	支那抗戦力調査
1940～1941	日満支ブロック・インフレ・ジョン調査
1940～1944	華北農村慣行調査（中国農村慣行調査）
1940～1943	華中慣行調査
1941～1942	戦時経済調査
1942～	南方占領地調査

降に大川周明によって主宰されるようになると、次第に東南アジア地域の調査研究に活動の重心を移した。一九二九年には財団法人として満鉄から独立し、大川を理事長とした。一九三九年の満鉄調査部の拡充に伴い再び満鉄に統合され、「大調査部」に属してイスラーム世界・東南アジア・オーストラリアを担当地域とする分局となった（表2－15）。

満鉄東亜経済調査局の主宰であった大川周明は日本思想家で、満鉄調査部に勤務し、イスラーム研究に従事して、『回教概論』等を著した。中国イスラーム研究についても一定の業績を持っていた。彼は満鉄東亜経済調査局の研究活動を指導し、様々な成績業績を示した（表2－16）。

満鉄調査部の調査活動の中には、満鉄大連図書館編『支那回教文献目録』（一九三九年）等、中国イスラームとムスリム問題に関する調査研究も含まれている（表2－17）。

満鉄東亜経済調査局についての先行研究には上述の白岩一彦「南満洲鉄道株式会社の諜報ネットワークと情報伝達システム」のほかに、原覚天『現代アジア研究成立史論

表 2-17　満鉄調査部の主要刊行物

発行	雑誌名（担当：年代）
調査課 経調 産業部 調査部 調査局	調査時報（調査課：1919 年 1 月－ 1930 年 1 月） 満蒙事情（調査課：1930 年 2 月－ 1931 年 8 月） 満鉄調査月報（調査課→調査局資料課：1931 年 9 月－ 1944 年 2 月）
北京公所 上海事務所	北京満鉄月報（北京公所研究室：1924 年－ 1929 年） 満鉄支那月誌（上海事務所研究室：1929 年－ 1933 年） 上海満鉄季刊（上海事務所：1937 年）
図書館	書香（奉大連図書館：1929 年－ 1944 年） 収書月報（天図書館：1935 年－ 1943 年） 北窓（ハルビン図書館：1939 年－ 1944 年）
年報	満州経済年報（経済調査会→産業部：1933 年版－ 1935 年版）
東亜経済調 査局の主要 逐次刊行物	経済資料（1915 年 3 月－） 新亜細亜（1939 年 8 月－ 1945 年 1 月）？

――満鉄調査部・東亜研究所・IPRの研究』（勁草書房、一九八四年）、中村孝志「私説「満鉄東亜経済調査局」」（天理南方文化研究会『南方文化』、第一三輯、一九八六年）、解学诗「「七七」事変前后的満铁华北经済调査」（『历史学研究』一九九八年六期）、斯日古楞「満鉄の華北への進出」（『現代社会文化研究』第二一号、二〇〇一年）、武向平「三十年来日本満铁研究现状述评」（『日本问题研究』二〇一二年第三期第二六巻）、秦书媛「试论南満洲铁道株式会社调査机构的演変及作用」（『延边大学硕士学位论文』二〇一二年）などがある。

白岩一彦の研究は、近年の日本と中国における満鉄の歴史への関心の高まりの中でも見過ごされがちな「会社組織として意志決定の基になる情報の収集・伝達システム」に注目し、「これまでほとんど研究されてこなかった国立国会図書館所蔵の満鉄文書の分析によって「満鉄の諜報ネットワークと情報伝達システムを明らかにしたうえで、そのルートに乗って流れた情報の例として、日中両国の対イスラーム政策に関わる満鉄文書を分析・検討」するものである。[35]「日本および中国における満鉄文書の所蔵情況」、「国立国会図書館所蔵満鉄文書の概要」、「満鉄の諜報ネットワークと情報伝達システム——満鉄東京支社・東亜経済調査局の送受信文書を例として」、「満鉄文書からみた日本の対イスラーム政策——内蒙・回民工作ならびに西北工作をめぐって」、「満鉄文書からみた中華民国の対イスラーム政策」の五つに分けて論じられるうちの「満鉄文書からみた日本の対イスラーム政策」では、「蒙彊地帯事情」という資料が引用され、「日本はアジア主義、すなわち、日本の指導のもとにおけるアジア諸国の団結、という目的のために内モンゴルや中国西北部のイスラーム教徒を利用しようとしていた」と指摘されている。

この文書が満鉄社内で閲覧に供されてから三ヶ月後の昭和一三年二月には北京の懐仁堂で日本側の後押しを受けた中国回教総聯会が開催され、同年一二月に内モンゴルの厚和（フフホト）で日本側の工作による西北回教聯合会の設立総会が挙行されるなど、日本側の回民工作・西北工作は着々と進められた。この西北回教聯合会設立総会の開催にあたっては『日本イスラーム史』の著者である小村不二男がその一年前に新京（長春）から来て現地のイスラーム教徒の実力者たちと内々に接触、会見し、準備して開催にこぎつけたものであるという。

先に引用した「蒙彊地帯事情」のなかで言及されている「回回教徒ノ大会」のうち、綏遠で開かれる予定とされているものが、綏遠すなわち厚和であることからし、西北回教聯合を指していることは間違いないと思われる。(…)他の場所でのこうした日本主導のイスラーム教徒の大会としては、北京の中国回教総聯会開催のほかには、大日本回教協会設立の翌年の一九三九年に東京で開催された全世界回教徒第一次大会が唯一のものである。この大会には、西北回教聯合会のイスラーム教徒も代表として参加しているので、ここにも今触れたような日本の対イスラーム戦略の影響を見ることができよう。

いずれにしても、一九三七年時点での内モンゴルにおける日本の対イスラーム政策は、関東軍が中心となって内蒙・回民工作および西北工作を行い、満鉄は主として運輸・交通面でそれを支援するという構図であったことが、この「蒙彊地帯事情」の記述から窺える。[36]これは満鉄東亜経済調査局の調査研究等活動を理解するのに格好の資料である。

三　民族研究所等の機関

(一) 民族研究所及び研究

表 2-18　民族研究所の組織と研究員

組織
総務部：企画・連絡を担当
第一部：民族理論・民族政策・民族研究を担当
第二部：シベリア・モンゴル・スラブ圏など北部・東部アジアを担当
第三部：中国西北辺境・中央アジア・近東など中部・西部アジアを担当
第四部：中国西南辺境などチベットを担当
第五部：インドシナ半島・ビルマ・アッサム・インド・南太平洋・東アフリカなど東南アジア・インド太平洋圏を担当
研究員
総務部・第二部部長：岡正雄
第一部・第四部部長：小山栄三
第三部・第五部部長：古野清人
所員：八番一郎、江上波夫、杉浦健一、牧野巽、岩村忍
助手：佐口透、徳永康元
嘱託：小野忍、関啓五、石田栄一郎（西北研究所所員）、今西錦司（西北研究所所員）

一九四二年に「民族研究所」の設立が決定され、一九四三年一月一八日に勅令第二〇号「民族研究所官制」により文部省管轄の研究機関として設立、所長には民族社会学の権威として知られていた京都帝国大学教授・高田保馬が就任した。この研究所は「民族政策ニ寄与スル為諸民族ニ関スル研究ヲ行フ」（「官制」第一条）ことを目的とした日本最初の官立人類学研究機関であり、先述の岡正雄を筆頭に当時の代表的民族学者が参加し、主として大東亜共栄圏の啓蒙活動など国策への協力と並行して、質の高い実証研究が行われた。

民族研究所は戦時中の短い期間のみ存続した（表2-18）。一九四五年八月の日本の敗戦にともない同年一〇月民族研究

表 2-19　民族研究所の現地調査

1943 年 4 ～ 6 月	北支・蒙彊・満州（江上波夫・徳永康元）
7 月	満州・中北支・蒙彊（小山栄三、服部親行、佐口透）、西蔵・青海・雲南・西康・四川（？）
8 月	海南島・南支（牧野巽）
1944 年 1 月	満州・蒙彊（岡正雄）：民族研究調査連絡のため
1 月	満州・関東州（松浦素）
1 月～ 7 月	セレベス・ジャワ・マライ・仏印・泰（古野清人・及川宏）
3 月	満州・北支・蒙彊（岡正雄）：民族研究調査連絡のため
4 月～ 6 月	西蔵・青海、雲南・西康・四川（浅野忠允）：土司制度の調査
4 月～ 6 月	満州・北支（小山栄三）：満州に於ける民族問題の調査
5 月～ 8 月	西北支那・華北（岩村忍・佐口透・小野忍・川西正巳）：蒙彊回民調査
5 月～ 8 月	蒙彊（江上波夫）：蒙彊ラマ朝・ラマ僧の調査
7 月～ 10 月	満州（坂井実）：満ソ国境地帯の土着諸民族
1945 年 7 月下旬	満蒙・北支（八番一郎・江上波夫・岩村忍・杉浦健一・渡辺照宏・小島公一郎・徳永康元・佐口透・河部利夫・鈴木二郎・川久保悌朗・小野忍・薬師正男・本田彌太郎）

所は廃止されたが、日本民族学協会は活動を続け、一九六四年四月には日本民族学会が復活した。

民族研究所は現地調査を重視し、とくに五つの調査部に分けられたうちの二部の組織は中国イスラームとムスリム問題を中心に調査していた。民族研究所の海外調査は大きく分けて二種類あった。第一は現地に赴き実態調査を行うものである。これは岩村忍等の蒙彊回民の調査と、牧野巽の海南島調査がある。これがいわゆるフィールドワークであり、戦後、回民調査団の業績が単行本や論文として出版されたため、民族研究所の調査のイメージとなった（表2－19）。

中国回民調査について中生勝美は、

「民族研究所の組織と活動――戦争中の日本民族学」（『民族学研究』第六二巻第一号、一九九七年）で論じている。

1943年2月19日の帝国議会で「全世界回教圏に対する帝国政府の方針に関する再質問」が四王天延孝議員から提出され、イスラム教徒への対策を立案するための基礎調査を、新しくできた民族研究所にさせるべきだとの要望が出た。それに対して政府委員は、民族研究所に進んでイスラム教徒全般の調査研究をさせると答弁している。岩村忍・佐口透・小野忍・川西正巳の4人が調査しているのは、翌年の5月から4ヶ月間で、文部省が急遽プロジェクトを組んだ様子がうかがえる[37]。

中生によれば、中国回民調査の詳細な調査項目は小野忍の提案で作成された。小野と佐口が日本語で作成した項目を中国語に翻訳して調査に持参し、通訳にその調査項目を示しながらインタビューを行い、応答内容をカード化したという。調査団を統轄していた岩村は現地のインタビューには参加しなかったが、調査カードと中間報告書はすべて彼に手渡された。このプロジェクトは、一九四四年に張家口で設立された西北研究所との共同調査であった[38]。

民族研究所の研究活動業績としては、『民族研究所紀要』第一輯から第四輯（第二輯は所在不

表 2-20 『民族研究所紀要』出版形態と、掲載された中国イスラーム現地調査に関する論文

第一冊	一九四四年八月、彰考書院 岩村忍「甘粛回民の二類型」
第二冊	(不明) (不明)
第三冊(上)	一九四五年九月、出版社記載なし、手書き謄写印刷(次号以下同じ) 岩村忍「蒙彊回民の社会構造」
第三冊(下)	一九四五年一〇月 小野忍「支那に於ける回教教団」

明)が出版されている。このうち第三冊上(一九四五年九月)と第三冊下(同年一〇月)、第四冊(同年一一月)には奥付があり、民族研究所が廃庁された前後に出版された謄写印刷である。紀要には、中国回民調査の成果を二本掲載した以外は、現地調査の報告をほとんど掲載せず、大半の論文は、文献研究か民族研究所設立以前の調査で集めた資料に基づいて執筆されている(表2-20)。

研究所の岩村忍・佐口透・小野忍らが行った蒙彊での回民調査業績については、一九四四年に民族研究所・西北研究所共編『第一期蒙彊回民調査項目』で印刷された。一九四五年、岩村は調査カードと中間報告を基に『民族研究所紀要』第三冊(上)に「蒙彊回民の社会構造」を発表している。これは戦後に上下二冊の著作にまとめられた。戦中の現地調査で手に入れた数

少ないデータは、戦後に個人の研究論文の形で公開された。中生は、彼らが東京帝国大学の『大学新聞』に簡単な調査成果を発表したこと、そしてこのグループが戦後になって最も多く調査成果を論文にしたことを指摘する。戦後も専門の東洋史の研究を続けた佐口は、民族研究所での調査体験は文献を読む上で非常に役立っており、「民族研究所の時代が自分の学問の基礎を確立したと語っていた」[39]という。

民族研究所についての先行研究として、中生勝美の「民族研究所の構造と「民族研究講座」」(『国際常民文化研究叢書11「民族研究講座」講義録』二〇一五年)、「民族研究所の組織と活動――戦争中の日本民族学」(『民族学研究』第六二巻第一号、一九九七年)があり、民族研究所の設立の経緯から研究活動と海外調査、戦後処理まで具体的にまとめられている。中生には『植民地人類学の展望』(風響社、二〇〇〇年)もある。さらに、佐口透「中国穆斯林研究之回顾与展望――民族研究所及其遺产」(鲁忠慧 译『回族研究』第四期、一九九七年)、福間良明「民族知の制度化――日本民族学会の成立と変容」(猪木武徳編『戦間期日本の社会集団とネットワーク』NTT出版、二〇〇八年)、山路勝彦『近代日本の海外学術調査』(日本史リブレット、山川出版社、二〇〇六年)等の先行研究がある。

(二) 他の研究所及び研究

東亜研究所は一九三八年九月に設立された東アジア全域に関する基礎的・総合的な調査機関

である。総裁は内閣総理大臣の近衛文麿であった。

東亜研究所は、人文・社会・自然科学の総合的視点に立ち、東アジア全般の地域研究に加え、ソ連・南方（東南アジア）・中近東など、当時の日本の地域研究において諸地域の研究を進め、日中戦争の遂行およびこれらの地域に対する国策の樹立に貢献することが期待された。

研究所の調査活動は、日本が敗戦を迎える一九四五年までの七年間、中国関係を中心に展開された。研究員は一〇〇〇名を数え、調査成果は敗戦まで一〇〇〇点弱を数えた。刊行物は『東亜研究所報』（一九三九年五月－一九四四年）である。代表的調査として、一九四〇年以降、満鉄調査部と共同で、中国社会に対する最初の総合的現地調査である「中国農村慣行調査」（華北農村慣行調査）を行ったことで知られている。

一九四五年八月の敗戦後も東亜研究所はしばらく存続し、戦後も資料収集を継続していたが、敗戦時の混乱で政府から正式な解散認可も出ないまま一九四六年に解散、その所蔵資料と土地資産は財団法人政治経済研究所に継承された。

東亜研究所の研究業績には以下のものがある。

幾志直方『支那西北羊毛貿易と回教徒の役割』（全一二二頁、一九四〇年一〇月）

小林宗三郎『北京回民小本借貸に就いて』（全三三頁、一九四一年五月）

山本登『満州国の回教調査資料』（六一＋五二頁、一九四一年五月改訂）

東亜研究所についての先行研究には柘植秀臣『東亜研究所と私――戦中知識人の証言』（勁草書房、一九七九年）、原覚天『現代アジア研究成立史論――満鉄調査部・東亜研究所・IPRの研究』（勁草書房、一九八四年）等がある。

また、国立の機関として帝国学士院に一九四〇年に設けられた東亜諸民族調査委員会は東アジア全域の民族を対象とした研究機関であった。同委員会は一九四二年に、石田英一郎（調査室調査員、民族学）、野村正良（調査員、言語学）、須田昭義（東京帝大、体質人類学）らを派遣して蒙彊の回民調査を行った。戦災によって原稿が焼失し、報告書が陽の目をみることはなかったが、その調査の概要は『昭和十六・七年度東亜諸民族調査事業報告』（一九四三年）にある。また『回教圏』第七巻四号（一九四三年）に掲載された、石田英一郎の「東干に対する若干の考察」、野村正良の「蒙彊に於いて採録せる二三の回教説話」は、この調査成果にもとづくものである。

さらに、興亜院華中連絡部「南京及蘇州に於ける儒教、道教の実情調査（附 回教の現状）」（『華中連絡部調査報告シアリーズ』第四二輯、一九四〇年）文教部教化司「満州国の回教徒問題」（『宗教調査資料』第一三輯、一二四六頁、一九四四年）等の調査成果もある。

第三節　研究動向

一　翻訳研究

日本におけるイスラーム圏研究の歴史において、海外の研究成果の翻訳は実に重要な部分であった。野原四郎はこう分析する。

日本の東洋学のなかに、全然伝統を欠いてゐる回教学の場合、当分翻訳時代を免れまい。（…）昨年度「回教世界」や本雑誌が、毎号翻訳で相当の部分を費してゐるのは、一つはさういふ已むを得ない事情からも来てゐる。（…）日本の回教研究所が、発展の一段階として、広い意味で翻訳時代を前提としてゐる以上、翻訳の問題はこの研究の本質に関係しており、不用意な手当り次第の翻訳は警戒しなければならない。[40]

初期の学者の一人として、フランスの外交官かつ漢学者であり、一八八二年に中国を訪れた後上海の総領事を務めたArnold Jaques Antoine Vissiere（中国語訳：微席叶、一八五八－一九三〇）がいる。彼は『ムスリム世界雑誌（*Revue du monde musulman*）』で「賽典赤及び中国の墓地（Le seyyid Edjell Chams ed-Din Omar［1210-1279］et ses deux sepultures en Chine）」という論文を発表し、一九一一年から一三年にかけてパリで『中国ムスリム（*Etudes Sino-Mahometanes, Deuxieme Serie*）』を出版した。この本には一九一一年から一九一三年に雑誌で発表した論文に加え、彼とA. C. Moule（一八七三―一九五七）が書いた『杭州イスラム教（*L'Islamisme a Hang-tcheou*）』の一部も掲載されている。一九一四年には、彼は「福州中国ムスリムの碑銘」という論文を『ムスリム世界雑誌』に発表した。

フランス布教団は甘粛のイスラーム教経典も調査し、一一種類の中国イスラーム経典を掲載した。G. Findlay Andrew（安徳魯）の著書『中国西北の回族ムスリム（*The Crescent in North-West China*）』（志賀勉訳、新東満洲事情内所、一九四一年）は一九二一年にロンドンで出版された、宣教師である著者が甘粛や青海の回民の調査を基礎として書いたものである。R. B. Ekval（依克維耳）の著書『甘粛、西蔵辺界（漢、回、蔵）の文化関係（*Cultural Relations on the Kansu-Tibetan Border*）』（シカゴ、一九三九年）は蓮井一雄が『甘粛西蔵辺彊地帯の民族』（帝国書院、一九四三年）として、さらに川西正己が『甘粛、西蔵辺界漢、回、蔵文化的関係』（東亜研究所資料、一九四三年）として翻訳した。Ekvalは一九二七―一九三五年に中国西北の甘粛と西蔵の交界地で教会教育に従事し、同時に夏河、狄道等地域の漢人、蔵人及び回民の間の文化関係を調査研究した。

Martin Hartmann（馬丁・哈特曼）が著した『支那の回教史（*Zur Geschichte des Islam in China*）』（ライプツィヒ、一九二一年）は日本人研究者の注目を集め、一部は土方定一により『支那の回教』（興亜院政務部、一九四一年七月、『興亜資料』政治篇、第二〇号）として翻訳された。『ムスリム世界』に掲載されたPickens、Zwemer、Hayward、Harris等の文章も相次いで日本語に翻訳された。[41]

また、翻訳は中国の文献についても行われた。二〇世紀初期の中国学者による中国イスラームに関する研究動向について、许淑杰は「元代以来国内外中国伊斯兰典籍调查整理研究概述」という論文で詳しい研究を行った[42]。最初期に日本で翻訳された中国のイスラーム本には、金吉堂『中国回教史研究』（北京、成達師範学校出版部、一九三五年。外務省調査部訳『支那回教史』生活社、一九四〇年）と傳統先『中国回教史』（長沙、商務印書館、一九四〇年。井東憲訳『支那回教史』岡倉書房、一九四二年）がある。後者を訳した井東憲は一九四二年に「新興東亜研究所」を主宰する在野の研究者である。

金吉堂の『支那回教史』（原題『中国回教史研究』）は上下の二巻で、目次は以下の通りである。

〈上巻〉

第一章　支那回教史上解決すべき諸問題（回回と回紇の区別、回教民族説の歴史上の証拠、回教は何時初めて支那に伝来したか等）

第二章　支那回教史上の認識すべき各問題（支那歴代の回教徒に対する種々な称謂、重要名詞の同音異訳表、支那歴代の回教に対する誤認、清真、支那歴と回教歴との不同等）

第三章　支那回教史の構造（以前の支那回教史に関する著作と其の評価、将来の支那回教史の構造、如何にして史料を蒐集するか）

〈下巻〉

第一章　回民の支那史上に於ける留寓時代（回教の支那伝来、回教徒商賈東来の道路と東土に於ける発展、古代回教商人の支那留治・外交・軍事等の関係、回教徒が支那風俗・制度の上に及ぼせる影響）

第二章　回民の支那史上に於ける同化時代（蒙古統治下の支那回民の概況、元代の回教人物、回教徒が支那に伝来した学術、明代前期の回教徒概況、元明両代の回回発展の趨勢等）

第三章　回民の支那史上に於ける普遍時代（普遍、衰落、清人の回教排斥と康熙・雍正・乾隆三大帝の回回に対する態度、清代の回民大事件、近代教民の人材と著述、清代の回回等節）

本書の「支那回教史邦訳序」にはこう書かれている。

支那の回教問題は極めて古いが、而も又新しい問題であり、最近頓に識者の関心を昂め、喧しく論議せらるゝに至つたが、我が国には之が正鵠なる理解の基礎たるべき専書を欠いた。成程、佛のエム・ティルサン、ブィシエール、ドロンメ、エマ・ハルトマン、英のブルームホールの諸著には卓れた支那回教に関する専論はあっても、史的に一貫せる系統的な研究は求められず、纏まつたものは纔かに太宰松三郎氏著「支那回教徒の研究」（大正十三年二月刊行、満鉄庶務部調査課）を挙げ得るに過ぎないが、これとても十数年前の著作となつている。……けれども回教所関の漢籍を旁捜博引し、殆んど餘す所なく、且つ教徒のみ能くし得る点も間々あり、その構想に於いて、単なる教史に止らず、将来の回教史の構造を提示せる点は、示唆する所に富み、本書一部はひとり回教の支那伝来、弘布の史実を稽ふる学者のみに止まらず、回教徒問題の衝に当る人士の津梁として永く遺るべき好著であると信ずる。それ邦訳上梓して江湖に送る所以である。[43]

傳統先の『支那回教史』(原題『中国回教史』)の目次は以下の通りである。

第一章　回教とマホメット(回教の起源、マホメットの経歴、回教の信仰、支那回教の一般現象)
第二章　回教の支那伝入(回教入支の年代、回教の支那に入りし経路、回教徒の支那僑居の情勢、回教の入支に対する西方文化上の貢献)
第三章　宋代の回教(上海交通の繁昌、回教徒の香料貿易、回教徒の富豪、回教の宋代文化上に対する影響、清真寺の創建)
第四章　元代の回教の隆盛(蒙古の西征、元代の回教の概況、回教の元代政治に対する影響、元代の重要な長官中の回教徒、回教徒の元代軍事上に対する援助、元代回教徒の商賈の情勢、回教の元代文化に対する貢献、回教徒の元代文学上の地位、回教徒の元代美術上の貢献、元代の回教婦女)
第五章　明代の回教(回教徒の同化、明代帝王の回教崇拝、明代の回回歴、鄭和の西洋行、明代の回

教学者、回教の明代技術上に対する貢献）

第六章　清代の回教（当時の回教徒概況、清代朝野の回教徒に対する阻隔、回教徒の反清の役、回疆の大小教長の役、烏什の民変、張格爾の役、清廷の回疆に対する束縛政策、蘭州と石峯堡役、陝西甘粛、同治年間の回疆の役、雲南の役、清廷に忠義なりし回教武人、支那回教の学術）

第七章　中華民国の回教（現在の支那回教の一一班、回教と支那軍事政治の関係、侮事件、支那回教の組織、支那回教の教育、コーランの翻訳と支那の回教刊行物、支那回教の復興）

巻末に「回教参考書一覧」が正歴類、雑記類、考証類、通史類、雑誌類に分けて記述されている。あとがきでは、日本のイスラーム研究における本書の翻訳の重要性が述べられる。

支那事変の初頭、最も多く書いたのは、アジアの回教の問題であった。特に、支那及び太平洋の回教徒の最近の動向に就いては、四五年の間に上梓した拙著には、必ず入れて置いた。（…）私は、先づ支那の回教史を訳出して見た。しかし、原著の序文にも有るやうに、支那回教の全般に渉る著作は殆どなく、本著が最初のものである。而も、原著者は、回教徒であると共に、支那政治史、文化史、風俗史に通じた学者である上に、非教徒にも分り易く書いたものだけに、甚だ好適な参考書である。[44]

中国におけるイスラーム研究はある面では日本と同じく、満州事変を契機に「時局」の要請もあっておこったものである。中国古代史家の顧頡剛は、日本の領土侵略に直面した中華民族の再興のためにイスラーム教徒の担うべき役割を説き、そのためには非イスラーム教徒がイスラーム教・イスラーム教徒をよく理解しなければならないとして、彼の主宰する雑誌『禹貢』（隔週刊）は一九三六と三七年の二度にわたって「回教特輯号」を出した（『禹贡』五巻一一期「回教興民族専号」、同七巻四期「回教専号」）。二期とも執筆者の大半はイスラーム教徒で、イスラーム教徒の現状とイスラーム研究の動向の紹介につとめた。『禹貢』両号掲載論文のうちいくつかは邦訳され、日本での研究を促進した。[45]

・《禹贡》五巻一一期　趙振武〝三十年来之中国回教文化概況〟（「三十年来の中国回教文化概況」（『回教圏』四巻五号、一九四〇年））
・《禹贡》七巻四期　蘇盛華〝回汉纠纷经历录〟（『回漢糾紛経歴録』（『回教圏』四巻七、八、九号、一九四〇年））
・虎世文〝成都回民现状〟（「成都に於ける回教徒の現状」（『回教世界』一巻二号、一九三九年））
・顧頡剛〝回汉问题和目前应有的工作〟（大谷生訳「回漢問題とその対策」（『書香』一一八号、一九三九年一〇月））
・白寿彝〝论设立回教研究机关之需要〟（大谷生訳「回教文化研究機関設立の必要を論ず」（同上））

片岡によれば、中国のイスラーム教徒の間で醸成された意識の高まりは、それまで教徒の組織化、教育機関の設立、刊行物の出版などとなって具体化されてきた。それらは本格的な学問研究の基礎となり、『禹贡』特集号の前後には二つの中国イスラーム教史の概説が教徒によって著わされた。それが先述の金吉堂〝中国回教史研究〟と傳統先〝中国回教史〟である。そのほか陳垣〝中国回教志〟、白寿彝〝中国回教小史〟、金祖同〝读伊斯兰书志〟(〝人道〟第一巻第六、七至第十一、十二期発刊、一九三四年)などの文献もある。

『禹贡』七巻四期に掲載された顧頡剛と白寿彝の論文を翻訳して掲載したのが、満鉄大連図書館報『書香』の「支那回教特輯」(第一一八号、一九三九年)である。その別冊「支那回教文献目録」(一六頁)は広義の「支那回教に関する文献」目録として最初のものだと片岡は指摘する。狭義のいわゆる「回教文献」、定期刊行を含めて日・中・欧文五五〇種以上の著書・論文・図譜が分類列挙され、その大半はイタリア人 Givesppe Ros 蒐集のものである。Ros のコレクションはやがて大連図書館が収蔵するところとなった。[46] 加えて田中逸平の翻訳した資料、佐口透『中国イスラム教の経典』、『支那回教文献目録』等の重要な資料もある。

二　歴史学・文献学的研究

(一) 歴史学

イスラーム教の中国伝来についての歴史研究はこの時期の新たな研究課題として日本の研究者たちの注目を惹いた。なかでもこの時期もっとも精力的に活動し、多くの業績をあげたのは田坂興道である。田坂興道の最初の中国イスラームに関する研究は「欧米人の支那回教研究」である。本論文では以下のように「支那回教」の研究が位置付けられている。

かくの如く、支那回教は、回教世界全体からは部分的位置を有るにとゞまり、また支那そのものからしてもその部分的構成分子たるのみである。従つて、支那回教及び回教史の研究も、それらの観点から見るならば、一見頗価値が乏しいもの、様に速断されるであらうけれど、これを史的見地より見るならば、東西文化の交渉、支那の文化史・宗教史等の徹底究明のため、当に徹底的に研究さるべき問題であり、又これを現実の政治・民族問題等の立場から言ふならば、回漢の対立、回教徒統治問題等を解決するために、その前提としてかれら支那回教徒に対し調査研究を根本的に行ふことは是非も必要なのである。[47]

一九四三年に東方文化学院に提出された田坂の研究報告「支那に於ける回教の伝来とその弘通」がほぼ原型のまま、田坂の死後七年を経て一九六四年に刊行された『中国における回教の伝来とその弘通』(上下巻、東洋文庫)は、上下二冊で合計一七〇〇頁を超える。「体系的・総合的中国回教史の一部を叙述する用意の下に執筆された」[48]ものであり、古今東西の文献を駆使した点で、中国イスラーム史研究の資料集的価値をも兼ねそなえたものである。田坂の研究の主眼は、「回教が中国に伝来した過程とそれが中国社会に確乎たる地盤を確立し、独自の信仰共同体を形成した事情、換言すればイスラーム教の中国における社会史的・思想史的発展の過程を明らかたらしめること」[49]にあった。本書はイスラーム教の中国に伝来の歴史研究として重要な意義を持っている。

本書は上下二冊に分かれており、上冊は〈伝来〉篇、下冊は〈弘通〉篇である。

上　第一章　回教の中国伝来に関する諸説とその批判
　　第二章　唐宋時代の中国における中国の回教徒
　　第三章　元朝治下における中国の回教徒
下　第四章　中国的回教徒社会の成立
　　第五章　中国的回教の勃興
　　第六章　中国における回教文化

上巻で唐・宋・元三代にわたる中国への回教の伝来をとりあげ、下巻で、明代における中国回教徒社会の形成と、明代を中心とする中国回教教学の勃興及び回教文化について記述している。

中原道子による本書の書評（『東洋文化』一九六五年）はまず、従来の中国回教史の研究は、資料が乏しく特殊であるため体系的な研究が望めなかったのに対し、著者の「総合的体系的な研究」の業績は「日本における中国回教史の研究史上、主軸的役割を長く分担せしめられるであろう」という。一方、従来の年代設定を否定した田坂に対し、中原は、中国における回教の伝来は「全く年代を設定しうるような問題ではない」という。中原によれば、中国への回教伝来は海陸両東西交渉路による「イスラム商人等を主体とするイスラム・コロニーの発生及びその定着化を契機とする」ものであり、伝来の年代よりもむしろ「そうした伝来説話自体を生んだ時代、社会の回教に対する意識に目が注がれるべき」である。さらに「中国国内に定着した回教徒社会が、どのようにその周囲の中国人を吸収してゆくか」について、

このように成立した中国的回教徒社会が今日に至るまで全く独自な地位を占めている事は厳然たる事実であり、しかも中国における回教徒社会の非同化性、非融合性は、著者も指摘されているように、中国の全歴史を通じて、稀有な現象であるといえよう。この問題、つまりいわゆる漢回対立とよばれる現象は、中国回教徒社会研究の上で重要な問題であり、その原因は、本来回教それ自体のもつ性格にも求められるが、回教の中国社会へのアプロ

ーチの仕方にも問題があるのではなかろうか。これは他の中国に伝来した諸宗教の中国社会へのアプローチの過程等と比較研究する事も問題の解明への一助になろう。[50]

中原は書評の最後に、本書が「中国的回教教学の勃興」という見出しで「伝来した回教のペルシャ的要素と、初期の漢文回教碑銘、および、中国回教教学の先駆者ともいえる王岱輿に関する研究等」回教教学の問題を論じたことの重要性を評価する。

かって桑田六郎氏が明清鼎革の際から康熙に亙っての時代を中国回教史のルネッサンスと名づけたように（「明末清初の回儒」）中国回教学が輩出し、回教経典・儀礼の翻訳等がおこなわれるのであるが、ここに至って中国回教徒ははじめて回教それ自体にたいして積極的な姿勢を示した。それは全く中国回教教学史上新しい局面を開いたといえよう。[51]

『中国における回教の伝来とその弘通』は、田坂自身が序で述べているように、中国回教史を東西交渉史の一環としてとりあげるのではなく、中国回教史自体を総合的・体系的に研究し、叙述するという意図の下に書かれたものである。

古来、中国に伝来した諸宗教が、多くは同化の波に没したのに較べ、回教は、表面の中国化は免れなかったにせよ、伝統的教義・儀礼を固守し、中国社会とは全く別個の回教徒社会を形成してきた。このように中国に伝来した回教が一応信徒の共同体を形成しほぼ今日見られるような形態をとるに至ったのが明代末期で、これをもって「弘通の一段階を画す」べきであるというのが田坂の考えである。

イスラーム教の中国への伝来という歴史問題についての重要な論文はほかに村上正二「回教の支那傳來に就いて」（『イスラム（回教文化）』第一輯、一九三七年）、「回教名称考」（『イスラム（回教文化）』第五号、一九三八年）と、島崎昌「支那回教伝来の伝説について」（『京城大学史学会誌』第九号、一九三六年）がある。

村上正二「回教の支那傳來に就いて」の序では「這般の事情に興味を抱く人は亦か丶る回教が支那に何時如何にして流入し来つたか、即ちその伝来の年代並に徑路に対しても、同じく興味を抱かれる事と思ふ[52]」と述べ、「回教徒内部の伝説と其批判」、「当時の史料と其記事の解釈」、「宋元時代の回教徒と其情勢」、「明末清初に於ける回教徒の情勢と回教ルネッサンス」等四つのテーマが論じられている。論文の結論は以下の通りである。

（…）回教の支那伝来に関する回教徒内部の伝説は作為の跡多くて全く信憑する事は出来ない、従つて之を当時の史料によつて検討すれば、唐の高宗の永徽二年回教圏の使節の渡来以来、陸上海上回教徒の支那に来るもの日に増加したが、回教は其自身の機構故に宗教として支那人の間に伝播されたといふ形跡を発見する事は出来ない。又海上よりしか回教徒が流入し得なかった宋代に於ても此の情勢は変化したとも見えぬが、次の元代に至ると、漢北時代から蒙古に流入して来た回教商人が支那にも流入し来り、而も彼等は元朝の漢民漢族統制政策から重用せられて威勢を振つた。現今の回教徒の大部分も恐らくは此際多く流入し、移住した回教徒の子孫であらう。しかしながら元朝の滅亡と共に、彼等の地位は失はれ、而も当時の民族意識高潮の中に外国人たる彼等は苦しまねばならなかつた。しかし此情勢が却つて彼等に幸して彼等の間に一種の自覚の精神が起り、此処に回教伝来の伝説が構成されて彼等の意識を高めて行った。此気運が明末清初の革新気分に刺激されて多くの回儒の輩出を見、回教経典の翻訳も行はれて回教の新しき時期が開かれてきたといふ事が出来ると思ふ。[53]

同じく村上の論文「回教名稱考」は「イスラム教は、普通我々日本人には回教として知られてゐるが、之はどうした理由に基くものであらうか」という疑問について「イスラム教の支那伝来の歴史」に触れながら検討し、「回教」名称の歴史起源を考察した。

現今の回々といふ名称は、回鶻民族の名から変じたものであり、回教とはこの回々の宗教即ち回々教の略称であるといふ定説は、その亻正しいものと認めて差支へあるまい。この名称は以上の如く回教徒ならざる支那人が造つた名称であるが、この「回々」及至は「回子」が次第に回教徒に対する蔑称として使用されるやうになったので、回教徒自身は痛く之を嫌ふ様になった。[54]

「宋代のイスラーム研究は桑原の後絶えてなく、元代に関してはモンゴル研究者のなかから（…）イスラーム教徒の政治・経済の分野での活躍の状況をあきらかにした[55]」と片岡が述べたように、元代のイスラームについての代表的研究として、小林高四郎の「元代斡脱銭小攷」（『社会経済史学』第四巻第一一号、一九三五年。〈補正〉同第五巻一号、一九三六年）と「元代に於ける回教徒の高利貸に就いて」（『善隣協会調査会月報』五二号、一九三六年）、愛宕松男「元代色目人に関する一考察」（『蒙古学』一輯、一九三七年）、島崎昌「元代の回回人賽典赤贍思丁」（『回教圏』三巻一号、一九三九年）、村上正二「元朝に於ける泉府司と斡脱」（『東方学報・東京』一三巻一号、一九四二年）などがある。

小林高四郎の論文「元代斡脱銭小攷」は以下のように始まり、羊羔利、斡脱銭、斡脱の語義等に分けて論じられている。

元代に於いて、斡脱銭と呼ばれる一種の金融機関が存在し、主として回教徒に因つて運用されたと説かれ、或は猶太人の主る所とも云はれ、定論を見ないが、経済史上洵に興味ある課題である。が遺憾乍ら関係資料の極めて乏しい為め、語義は素より、其の性質すら明瞭でない。私は年来、大方の高見に接するを期待して、謭陋なる私見の発表を控へてゐたのであるが、今日に至るも渇望は醫されない。[56]

愛宕の「元代色目人に関する一考察」は以下のように始まり、五つの章に分けて、第三章では言語・文字、本俗法（結婚、丁憂、葬法、喪服其他、詞訟）、宗教、学術等をテーマとして具体的に述べている。

（…）即ち政治的には漢北時代に等しく被支配者としての地位を甘受した色目人が、漢人統治と云ふ目標の下に、其の地位を高められ、蒙古人の前衛として之と共に第一階級を結成した事であり、文化的には色目人文化を障壁として、漢文化に対し強固な蒙古至上主義が確立された事である。十三世紀初頭以来の蒙古人の世界的発展の勢は、元朝の成立を契機としてこゝに新しき方向に展開したのであるが（…）。従つて本論文に於いては唯既に研究せられた結果を基として、僅かな考察をかゝる新局面下に在りし元代色目人の文化生活に注ぎ、竝びに其が元代といふ時代、社会の上に有する意義を如上の諸問題と一聯の関係の下に解釈したいと思ふに過ぎないのである。

回回教は色目人の代表たる回回人を背景として全国に分布し[57]（…）

島崎昌は「元代の回回人賽典赤贍思丁」で以下のように述べてから、「文治武功の偉大なる点において他に類を見なかった回回人賽典赤贍思丁」を紹介する。

（…）ここにかれらは、漢人の勢力を牽制し自己の地位を維持せんがため、西方の中央アジア、西南アジア方面の外国人すなはち当時のいはゆる色目人を重要し、支配階級たる蒙古人と被支配階級たる漢人との間に中間階級として据える、漢人支配の実際に当らしめる方策を探った。（…）そして、この色目人のうち、最も多数であり、かつ優勢であったのは回回人すなはち回教徒であった。
元時代に支那内地に来住するにいたった回回人のうち、元史にその傳を有するものだけでも、枚挙に遑がないほどであり、政治家として頭官に上ったものや、経済上の実権を把握したものもなかなか多い。[58]

村上正二の「元朝に於ける泉府司と斡脱」は、斡脱の語義とその性格、元朝治下における斡脱の活動（蒙古王国時代における諸ウルスと斡脱の活動、世祖朝における泉府司の成立と斡脱戸）斡脱の営業とその規定（泉府司の貸付規定、斡脱の高利貸経営、斡脱と海外貿易）、斡脱の構态とその取締規定を四章に分けて検討している。結論は以下である。

これ〔斡脱戸〕はたしかに元朝が西アジア方面から得た特殊な商業的慣習であつたと謂ふを得よう。しかもそれが専ら蒙古遊牧領主経済と結び付いて制度化されたもので、これらの斡脱は元朝の帝室並に諸王等を資本主と仰いでこれが資金を貿易の資金に、あるひは高利貸資金に運用して一種の御用商人の観を呈したのである。この意味において斡脱の存在は元朝宮廷財政史を特徴づけたものであり、その点最も興味を惹かれるのである。[59]

(二) 文献学

この時期には文献学的研究が一段と活発になった。「回教文献」(思想)研究の分野では、前述した劉智『天方至聖実録年譜』(邦題『天方至聖実録』)が田中逸平訳で一九四一年に大日本回教協会より刊行されたのをはじめ、角野達堂(仏教関係者と思われる)の「回儒劉智の「天方典礼択要解」」(『支那仏教史学』第四巻一号、一九四〇年)と「「清真大学」考」(『回教圏』第五巻四・五号、一九四一年)、同「支那回教思想の性格」(『摩訶衍』第一九号、一九四二年)、野原四郎「『天方典礼択要解』の邦訳に際して」(『回教圏』第四巻二号、一九四〇年)、それに田坂興道の「回教と支那思想」(『回教圏』第八巻四号、一九四四年)等があるが、これらの研究は回教に儒仏道三教、とくに儒教の思想の影響が多分にあることを指摘するにとどまった。なお野原訳『天方典礼択要解』は結局実現しなかったようである。

角野達堂「回儒劉智の「天方典礼択要解」」は以下のように述べ、劉智の「天方典礼択要解」を紹介している。

回漢両族の精神生活の融合は、回教徒が異国人たるの自覚を失ふか或は蔽はなければならなくなった時期、即ち明代以後のことであり、殊にそれが顕著になったのは中葉から末期にかけてのことに属する。而して回教が漢族の精神界に入りこむ為の手掛りとなしたものは儒教であることは言ふまでもない。明末から清初にかけて輩出した所謂回儒なる一群の回教学者は以上のような傾向を具体化したところの、純粋の支那回教を作り上げた人々である。中でもその代表をなすものは明末に「正教真詮」（崇禎十六年、一六四二年）と「清真大学」を著はした王岱與と、今こゝに述べんとする清初の劉介廉（劉智）とである。前者を回儒の先駆者とするならば、後者はその大成者である。[60]

また角野達堂は「「清真大学」考」で以下のように述べ、王岱與の「清真大学」を解説した。

「清真大学」は回儒王岱與の作と称せられ、全く支那的に理解せられた回教書目のうちでも特に先駆的なものとしてその歴史的意義は極めて高く評価せらるべきものであり、又回教教理の精髄を最も巧みに且つ緻密に解明したものとして支那人の精神生活のうちに生かされた回教の姿を把握せんとするものにとっては欠くべからざる優れた書物である。今この書物を解説しようとするのであるが、その前に一応王岱與とは如何なる人であり如何なる学風を持つてゐるかを明瞭にしておく必要があらう。[61]

野原四郎「『天方典礼択要解』の邦訳に際して」のまえがきは、「邦訳臺本」について以下のように断っている。

この臺本は、六冊からなる木版で、菊判に近いが、メースソ書目（p.210）のと異なり、鹿祐の序に日付がなく、またヴィスィエール書目（p.111）のとも異なり、Ma Ta-ngen なる人の序がなく、かつ「採輯経書目」にアラビックの題名が記されてゐず、しかし、採輯経書の数は、それと同一の、四五種であり、この点では、桑田氏「劉智の採経書目に就いて」が、「天方性理」（ヴィスィエール書目によれば、これの採輯経書は四〇種、いまその数を採る）と「天方典礼」との採輯経書目録を解説して、両書いづれの書目にも見えない、一一種を加へてをられるので、桑田氏の本ともあるひはまた異なるものか。この項の桑田氏解題に先立つ部分は、いまここに述べた臺本の性質に関する事柄と関係あることを承知されたい。[62]

田坂興道の文献研究に関して「中国イスラームのペルシア的要素を強調した点は傾聴できるが、「回教教学」、すなわち「回教文献」の研究は書誌学的考察にとどまり、思想体系をあきらかにするに至っていない」と片岡は評価する。つづいて片岡は、田坂が別の機会に明代の文献『華夷訳語』中の「回回館訳語」の語葉の解釈を通して、「イスラーム諸国と中国との交渉においてペルシア語が国際語として使用されたことを論証せんとした[63]」という。田坂のこれらの研究には「『回回館訳語』に関する覚書」（『回教圏』六巻五号、一九四二年）と「『回回館訳語』語釈」（『東洋学報』三〇巻一・二・四号、一九四三－四四年。〈補正〉同三三巻三・四号、一九五一年）があるが、未完でおわった。

「『回回館訳語』に関する覚書」では研究としての考え方が述べられている。

国と国との交渉の際の障碍の一つは、各々その用語を異にする点にある。支那歴史の王朝に四方の國々から好を通じた場合にも、この困難はもとより介在し、派遣使節のもたらす来文一応は翻訳官の手によって漢訳されて朝廷にたてまつられた。しかし歴史はながく、世界の国家としては交渉の範囲がすこぶる広かった支那に於いても、この種外交文書を専門に翻訳する官署の設置は歴代ほとんど顧みるところがなかった。これの設置が官制の上にはじめてあらはれたのは、実に明代をもって嚆矢とするものである[64]。

「『回回館訳語』語釈」という論文は「序論――「回回館訳語」解題と語釈の方針（以上本号）」、「語釈」、「結論――語釈より得たる若干注意すべき事項」の三つの部分に分けて論じられている。

本稿はいはゆる「華夷訳語」中の一篇として存する「回回館訳語」に収められてある語句の解釈を試み、それを通して、出来得べくんば、この訳語に介在すべきその時代の歴史的事象を観察し、もしくはもっと廣い範囲の史的現象の考察に対する暗示を得んとして筆をおこしたものである。[65]

ここから分析を試み、最後には、世界における「回回館訳語」の具体的研究の皆無なるに鑑み、近時漸く成長に向ひつつあるわが国回教研究のために一素材を提供」しようとする意図もあったと述べている。また、「回教と支那思想」論文では王岱與、劉智等回儒学者の思想を中心とし、回教と支那思想関係の研究を試みた。

支那において回教徒と非回教徒たる一般漢人とが、(…)回教徒のもつ思想が、漢人のそれとは全く別個のものであるといふ点に帰着せしめらねばならない。従来はともすれば、回教の儒教化、回教々理の支那思想との融合の面のみが強調されすぎたやうに見受けられる。社会的には、また感情的には、漢回が対立し、思想的には両者が相融合してゐるが如き観察をくだすことは自己撞着も甚だしいではないか。勿論、明末清初以来支那回教徒の間におこつた回教々学は、儒佛道の三教、特に儒教の思想を多分に採り入れ、進んで回教・儒教の折衷を図ったものもあるにはある。[66]

三　社会学・民族学的研究

一九三〇年以降、日本の研究者たちは社会学や民族学の角度から中国イスラームやムスリムに対し研究活動を進め成果を挙げた。ここでは歴史学・文献学研究と区別し、中国化されたイスラーム及びムスリムの現実的な社会、民族、経済、風俗などを中心に研究が行われた。これらの資料は民国以前の中国イスラーム及びムスリム研究の重要な参考資料になっている。

そのなかで最も価値がある現地調査報告といえば『北支那回教事情』（満鉄北支経済調査所、一九四一年）である。これは一九三九年二月から一九四〇年六月に行われた満鉄北支経済調査所調査員の調査研究について、一九四一年に三田了一・竹内義典が執筆した四六七頁の大報告である。とくに後半部分（二三五–四六〇頁）を占める「支那回教徒ノ文化」「各地回教徒事情」は今日では得がたい資料を含む。以下ではこの報告書を簡単に紹介する。

「凡例」では現地調査の目的、時間、場所等について簡単に述べられている。

一　回教カ支那ニ傳来シテ以来今日ニ至ル間ニ於ケル回教徒ト時ノ政情竝漢民族トノ接触面ヲ探究シ、北支那ニ於ケル回教徒ノ一般日常生活宗教生活社會上ニ於ケル地位ヲ實際ニ就調査研究シ、其ノ實情ヲ明ニスルラ目的トス。
一　現地調査ハ概ネ昭和十四年二月ヨリ同十五年六月ニ至ル間ニ實施シタモノテアル。
（…）
一　本書ハ北支那ニ於ケル回教徒ノ現状ニ關スル基本的ノ一般概況ノ報告ニ止メ、回教徒史漢人ト回教徒トノ生活實態比較等々ノ細部ニ亘リテハ今後ノ研究ニ譲ル。
一　本調査ノ擔當者ハ三田了一竝竹内義典テアル、北京天津蒙疆地方ノ調査ハ樋口士郎ノ協力ニヨル、尚現地調査ニ當ハ中国回教総聯合會其ノ公私機關ノ援助ニ貢フ處多シ、茲ニ深甚ノ感謝ノ意テ表ス。[67]

目次は表2－21の通りである。[68]

本報告の全体の構造と内容について、中生勝美は東亜研究所から出版された『満州国の回教調査資料』（一九四二）、『北京回民小本貸借に就いて』、『支那西北羊毛貿易と回教徒の役割』と並べて分析している。

本書〔『北支那回教事情』〕は、回教伝来の歴史、信仰内容、社会生活の概略を分析しているが、河北・河南・山東にある各都市の回教徒のモスク、信徒数、生業などが詳細に記録されている資料として、これほど詳しい資料は貴重である。総頁数も四六六頁と膨大であり、

表 2-21 『北支那回教事情』目次

第一章 緒論	
第二章 支那回教史	第一節 回教ノ傳来 第二節 回教ノ弘通 第三節 清代ニ於ケル回教徒 第四節 中華民国ニ於ケル回教徒
第三章 回教徒ノ分布	
第四章 支那回教徒ノ信仰	第一節 回教信仰ノ支那的順化 第二節 支那回教徒ノ信仰 第三節 支那回教徒ノ修行 第四節 支那回教徒ノ戒律 第五節 支那ニ於ケル回教徒ノ宗派 第六節 回教ノ年中行事
第五章 支那回教徒ノ宗教生活	第一節 日常宗教生活 第二節 齊月中ノ生活 第三節 施捨ノ功過 第四節 信仰 第五節 回教ノ冠婚葬祭
第六章 禮拝寺ニ就テ	第一節 回教徒ト禮拝寺トノ関係 第二節 禮拝寺ノ建立並設備 第三節 教職 第四節 禮拝寺ノ管理経営 第五節 禮拝寺ニ替ム回教ノ病根
第七章 支那回教徒ノ社会上ニ於ケル地位	第一節 外観上ヨリ見タル回教徒 第二節 漢人ト回教徒ノ関係 第三節 経済上ニ於ケル回教徒ノ地位 第四節 支那回教徒ノ特性 第五節 支那回教徒ノ社会 第六節 支那ニ於ケル回教徒ノ将来
第八章 支那回教徒ノ文化	第一節 教育 第二節 社会事業 第三節 回教歴
第九章 各地回教徒事情	第一節 河北省回教徒 第二節 山東省回教徒 第三節 山西省回教徒 第四節 河南省回教徒 附 蒙彊回教徒
第十章 結論	

軍部が把握していた回教徒の動向の深さを推し量ることができる。歴史に関する叙述も、当時公表されていた東洋史の回教に関する論文を引用しており、著者名は明記されていないが、東洋史出身の人物が執筆したものではないかと考えられる。[69]

また他の研究業績として、イスラーム教徒工作の三年間の北京滞在中にイスラーム教徒の宗教生活を見聞した津吉孝雄による「華北回教徒の生活」（『大乗』二一巻四－一〇号、一九四二年）がある。この報告は「全く個人的な体験によるものであるため、間々矛盾が存するが、三年という長期にわたっての見聞にもとづく点で、逆に一般イスラーム教徒の実際の宗教生活を知らせるものといえる」[70]と片岡は評価している。

北京における現地調査について、中国法制史家の仁井田陞が北京の工商ギルド調査の一環として行ったイスラーム教徒商工人仲間調査（一九四三年）は、「北京の回教徒商工人と其の仲間的結合」（『回教圏』八巻六号、一九四四年）としてまとめられた。仁井田はここで、「北京の回教徒商工人の仲間的結合と、その結合関係をとほして見られる仲間的規律」という「法学の新研究領域」をテーマとしている。

支那では今昔も仲間的支援なき孤立程安全性の乏しいものはないとされてゐる。（…）回教徒商工人も勿論こうした社会に処する方途を得なければ、自己の地位を保全するどころか、地位の喪失を免れないわけである。況んや人口比例から見て、回教徒乃至回教徒商工人の数が圧倒的に少い支那社会に於いてをやである。そこで回教徒は回教徒なりに、自己存在上、その仲間的結合意識がとりわけ強く養はれてみても然るべき筈であらう。即ち少数の人口しか持たぬ北京回教徒商工人仲間は、その閉された小世界に満足して安定した生活を送つてゐるわけではなく、絶えず異教徒乃至異教徒商工人と接触が重ねられ、それに用じて益々自慢意識、仲間意識が高められるとしても不思議はない。然しここに注意しなければならないのは、回教徒商工人の仲間的結合力や結合の実態は、一般に予測されてゐる程単純なものとは限らない。回教徒仲間といへば、仲間的結合力が強く、且、仲間外に対しては排地的な、内に対しては脅同的なものとの印象を以て書かれ、又逆に仲間の相尅が甚だしいとして記される傾向があるが、私の調査の線に上つた回教徒商工人の経済心理——商工気質は必ずしも一方的にはきめられない。勿論彼等の結合の脆弱性は、時に異教徒商工人にその進出の機会を興へてゐることを特記して置きたい[71]。

この論文では「緒言」、「北京回教徒商工人仲間と其の盛衰」、「北京回教徒商工人の仲間的結合力と結合の態様、菜業及び乾鮮果業——回教徒仲間其の一」、「騾馬店業——回教徒仲間其の二」、「駱駝業——回教徒仲間其の三」、「牛羊業——回教徒仲間其の四」、「鴨業——回教徒仲間其の五」、「玉器業——回教徒仲間其の六」のテーマに分けて調査研究が行われている。

南京のイスラーム教徒についての研究としては、湯浅鉱二「南京の回教徒に関する覚書」（『回教圏』七巻二号、一九四三年）、研究部「南京の回教徒」（『回教圏』七巻三号、一九四三年）がある。これらは当時の状況を知るに便利であるが、本格的な調査研究には至っていない。

湯浅鉱二の「南京の回教徒に関する覚書」は以下のように述べて、淨覺寺、馬品三阿衡、馬少園、金玉堂、劉智の墓等の小テーマに分けて分析を試みた。

> 上海に帰つてから、調査ノートを整理し、別稿「南京の回教徒」として資料的な部分をピツクアップして、南京教徒の全面的説述を試みたのであつたが、旅行日記を開いてみると、このまゝ私一人のものとしてしまひこんで置くのには、惜しい様な項目もいくらかあるので、特に印象の深かつた所謂見たこと聞いたことを二三捨ひ集めてみた。[72]

研究部「南京の回教徒」では、寺院と宗派、人口と分布状態、職業と生活状態、社会文化団体の概況（教育機関、慈善団体、公共団体）、出版刊行事業の概況などが調査され、報告されている。

> こゝに南京の回教事情一般に関しての叙述を進めるに先だち、その予備知識として、南京に於ける回教の沿革に就いて極めて簡単に記してみようと思う。
>
> （…）

以上は南京回教史の概略であるが、過去に於て、今になほ四千萬支那回教徒より一先賢として仰がるゝ劉介廉を育て、近くは又蔣介石政府の首都としては、回教徒優秀分子雲の如く集ひ、言論に文書に、対内的に対外的にめざましい活動ぶりを発揚した南京教徒等の歴史の一端を回想するなれば、たとへ今日に於ては次に述べる如き現状にあるとはいへ、尚且充分注目さるべき存在意義を見出すであらう。[73]

その他、小川久男「包頭に於ける皮毛店・皮荘――内蒙に於ける商業資本の特質に関する一研究」(『満鉄調査月報』第二一巻第七・八・一一・一二号、一九四一年)、同じく包頭のイスラーム教徒の実生活を調査した清水敏「回教徒の衣食住実態調査報告――包頭市における」(『蒙古』第一〇巻六号、一九四三年)がある。

調査まではいかないが、現地報告として、松田壽男「燕都に清真寺を訪ねて」(『回教圏』第一巻第一・二・六号、一九三八年)、竹内好「北支・蒙彊の回教」(『回教圏』第六巻第八号、一九四二年)がある。一九四〇年には満州・蒙彊・華北での清真寺めぐりの見聞録をまとめた小林元の『回回』が東京で出版された。小林はイスラーム教徒児童に対する日本語教育の一例を紹介したあと、清真寺・中国イスラーム教徒の用語・種々の禁忌・経済生活・結婚・宗教行事の様子を紹介し、最後に西北地方のイスラーム勢力に言及している。一九四一年には小村不二男の『回教断片』が出版された。これは小村がこの時期厚和(現、和呼浩特)にあって、宗教活動のかたわら独自の調査研究をすすめ、成果として執筆したものである。
そのほかの文献には以下のようなものがある。

・大日本回教協会「東半球に於ける防共鉄壁構成と回教徒」（一九三九年三月、一五頁、秘扱い）
・茂川〔秀和〕中佐　序「回教工作カラ見タ華北施政ノ一断面」（一九四一年七月、九頁、タイプ刷）
・財団法人日本文化中央聯盟「大東亜建設と回教徒」（海外文化資料第一五輯、一九四二年三月、三二頁、定価金三〇銭）
・栗原清（前中国回教総聯合会調査室主任）「中国回教問題の重要性につき諸賢に訴ふ」（一九四三年六月、一七頁、極秘）
・大東亜回教所「時局ト回教問題」（一九四四年四月、北京発行、三八頁）（陸軍大佐茂川秀和の序文あり）
・三田了一「支那に於ける我が回教対策に就いて」（出版年次不明、中国回教総聯合会（北京）、一八頁）
・〔矢田機関〕「回教聯合自治設立ニ関スル私見」（一九四〇年？、一〇頁、謄写版刷）

この時期のイスラーム関係論文の大半を占めたのは、イスラームと政策を関連させ、「防共の砦」としてのイスラーム教徒工作を論じたものであった。

註

〈1〉野原四郎「回教研究の役割」『回教圏』第六巻第一号、八－一三頁、一九四二年。

〈2〉片岡一忠「日本における中国イスラーム研究小史」『大阪教育大学紀要』第二部門第二九巻第一号、二一－四二頁、一九八〇年。

〈3〉田村愛理「回教圏研究所をめぐって――その人と時代」『学習院史学』二五号、一六－三五頁、一九八七年。

〈4〉小村不二男『日本イスラーム史』日本イスラーム友好連盟、七五頁、一九八八年。

〈5〉同上
〈6〉同上
〈7〉店田廣文『戦中期日本におけるイスラーム研究の成果と評価――早稲田大学「イスラム文庫」の分析』研究成果報告書（平成一五年度－平成一六年度科学費補助金基盤研究C　課題番号15530347）二〇〇五年。

〈8〉島田大輔「昭和戦前期における回教政策に関する考察――大日本回教協会を中心」『一神教世界』六号、六四－八六頁、二〇一五年。

〈9〉小村不二男『日本イスラーム史』日本イスラーム友好連盟、七七頁、一九八八年。

〈10〉同上
〈11〉店田廣文『戦中期日本におけるイスラーム研究の成果と評価――早稲田大学「イスラム文庫」の分析』研究成果報告書（平成一五年度－平成一六年度科学費補助金基盤研究C　課題番号15530347）二〇〇五年。

〈12〉小村不二男『日本イスラーム史』日本イスラーム友好連盟、九二頁、一九八八年。

〈13〉「イスラム文化協会趣意並に規約」『イスラム（回教文化）』イスラム文化協会、第一輯、九一－九三頁、一九三七年。

〈14〉山下知彦「イスラム文化協会機関雑誌　創刊に当りて」『イスラム（回教文化）』イスラム文化協会、第一輯、四－五頁、一九三七年。

〈15〉「機関誌発刊に際して」『イスラム（回教文化）』イスラム文化協会、第一輯、一頁、一九三七年。

〈16〉参考　田村愛理「回教圏研究所をめぐって――その人と時代」『学習院史学』二五号、一九八七年。

〈17〉小村不二男『日本イスラーム史』日本イスラーム友好連盟、四〇三頁、一九八八年。

〈18〉同上
〈19〉「回教圏攷究所彙報」『回教圏』第一巻第一号、九六頁。

〈20〉田村愛理「回教圏研究所をめぐって――その人と時代」『学習院史学』第二五号、一六－三五頁、一九八七年。

〈21〉同上
〈22〉参考　月刊『回教圏』（回教圏研究所（原名：回教圏攷究所）発行）

〈23〉田村愛理「回教圏研究所をめぐって――その人と時代」『学習院史学』第二五号、二五頁、一九八七年。

〈24〉小村不二男『日本イスラーム史』日本イスラーム友好連盟、九五頁、一九八八年。

〈25〉小村不二男『日本イスラーム史』日本イスラーム友好連盟、四一八－四二五頁、一九八八年。

〈26〉「大日本回教協会業務報告」『回教世界』大日本回教協会発行、第一巻第五号、一〇一－一〇三頁、一九三九年。

〈27〉店田廣文『戦中期日本におけるイスラーム研究の成果と評価――早稲田大学「イスラム文庫」の分析』研究成果報告書（平成一五年度－平成一六年度科学費補助金基盤研究C　課題番号15530347）

二〇〇五年。

〈28〉片岡一忠「日本における中国イスラーム研究小史」『大阪教育大学紀要』第二部門第二九巻第一号、二一‐四二頁、一九八〇年。

〈29〉「発刊に際して」『回教世界』大日本回教協会、第一巻第一号、一‐三頁、一九三九年。

〈30〉野原四郎「回教研究の役割」『回教圏』第六巻第一号、八‐一三頁、一九四二年。

〈31〉店田廣文『戦中期日本におけるイスラーム研究の成果と評価――早稲田大学「イスラム文庫」の分析』研究成果報告書（平成一五年度‐平成一六年度科学費補助金基盤研究C　課題番号15530347）一六頁、二〇〇五年。

〈32〉坂本勉編著『日中戦争とイスラーム――満蒙・アジア地域における統治・懐柔政策』慶應義塾大学出版会、序、二〇〇八年。

〈33〉同上
〈34〉米沢菊二「発刊の辞」『回教事情』外務省調査部編、第一巻第一号、一‐二頁、一九三九年。

〈35〉白岩一彦「南満洲鉄道株式会社の諜報ネットワークと情報伝達システム」坂本勉編著『日中戦争とイスラーム――満蒙・アジア地域における統治・懐柔政策』慶應義塾大学出版会、五八頁、二〇〇八年。

〈36〉同上、五九頁。

〈37〉中生勝美「民族研究所の組織と活動――戦争中の日本民族学」『民族学研究』第六二巻第一号、四七‐六五頁、一九九七年。

〈38〉同上
〈39〉同上

〈40〉野原四郎「回教研究の役割」『回教圏』第六巻第一号、八-一三頁、一九四二年、。
〈41〉参考　片岡一忠「日本における中国イスラーム研究小史」『大阪教育大学紀要』第二部門第二九巻第一号、二一-四二頁、一九八〇年。
〈42〉参考　许淑杰「元代以来国内外中国伊斯兰典籍调查整理研究」『回族研究』第一期、一五七-一六〇页、二〇〇六年。
〈43〉金吉堂『中国回教史研究』（北京　成達師範学校出版部、一九三五年）（金吉堂著、外務省調査部訳『支那回教史』生活社、一九四〇年）
〈44〉傳統先『中国回教史』（長沙　商務印書館、一九四〇年）（傳統先著、井東憲訳『支那回教史』、岡倉書房、一九四二年）
〈45〉片岡一忠「日本における中国イスラーム研究小史」『大阪教育大学紀要』第二部門第二九巻第一号、二一-四二頁、一九八〇年。
〈46〉同上
〈47〉田坂興道「欧米人の支那回教研究」『回教世界』第二巻第一二号、六一-七二頁、一九四〇年。第三巻第一号、一二-二六頁、一九四一年。
〈48〉片岡一忠「日本における中国イスラーム研究小史」『大阪教育大学紀要』第二部門第二九巻第一号、二一-四二頁、一九八〇年。
〈49〉同上
〈50〉中原道子「書評　田坂興道著「中国における回教の伝来とその弘通」上・下」『東洋文化』東洋文化研究所、一〇一-一〇三頁、一九六五年。
〈51〉同上

〈52〉村上正二「回教の支那傳來に就いて」『イスラム（回教文化）』、イスラム文化協会、第一輯、五一－六〇頁、一九三七年。

〈53〉同上
〈54〉村上正二「回教名稱考」『イスラム（回教文化）』第五輯、三六－四〇頁、一九三八年。

〈55〉片岡一忠「日本における中国イスラーム研究小史」『大阪教育大学紀要』第二部門第二九巻第一号、二一－四二頁、一九八〇年。

〈56〉小林高四郎「元代斡脱銭小攷」『社会経済史学』第四巻第一一号、四四－六六頁、一九三五年。

〈57〉愛宕松男「元代色目人に関する一考察」『蒙古学』第一輯、三三－六七頁、一九三七年。

〈58〉島崎昌「元代の回回人賽典赤贍思丁」『回教圏』第三巻第一号、一〇－一九頁、一九三九年。

〈59〉村上正二「元朝に於ける泉府司と斡脱」『東方学報・東京』第一三巻第一号、一四三－一九六頁、一九四二年。

〈60〉角野達堂「回儒劉智の「天方典礼択要解」」『支那仏教史学』第四巻第一号、六九－八一頁、一九四〇年。

〈61〉角野達堂「「清真大学」考」『回教圏』第五巻第四号、三一－四三頁。第五巻第五号、一二－二四頁。ともに一九四一年。

〈62〉野原四郎「『天方典礼択要解』の邦訳に際して」『回教圏』第四巻第二号、一九四〇年。

〈63〉片岡一忠「日本における中国イスラーム研究小史」『大阪教育大学紀要』第二部門第二九巻第一号、二一－四二頁、一九八〇年。

〈64〉田坂興道「『回回館訳語』に関する覚書」『回教圏』第六巻第五号、二一－一四頁、一九四二年。

〈65〉田坂興道「『回回館訳語』語釈」『東洋学報』三〇巻一、二、四号、一九四三－四四年。〈補正同三三巻三・四号、一九五一年。

〈66〉田坂興道「回教と支那思想」『回教圏』第八巻第四号、二一―一〇頁、一九四四年。

〈67〉三田了一・竹内義典『北支那回教事情』南満鉄北支経済調査所、一九四一年。

〈68〉同上
〈69〉山下普司・中生勝美・伊藤亜人・中村淳『アジア・太平洋地域　民族誌選集36　北支那回教事情』クレス出版、二〇〇二年。

〈70〉片岡一忠「日本における中国イスラーム研究小史」『大阪教育大学紀要』第二部門第二九巻第一号、二一一―四二頁、一九八〇年。

〈71〉仁井田陞「北京の回教徒商工人と其の仲間的結合」『回教圏』第八巻第六号、二一―二八頁、一九四四年。

〈72〉湯浅鉱二「南京の回教徒に関する覚書」『回教圏』第七巻第二号、四六―五九頁、一九四三年。

〈73〉研究部「南京の回教徒」『回教圏』第七巻第三号、二一―二八頁、一九四三年。

第三章　戦後の変革（転換）時期——一九四五年-一九七九年

はじめに

「時局」にのって活発化してきた中国イスラーム研究は、一九四五年の敗戦を機に大きく変容した。片岡は、戦前相次ぎ設立された諸機関の戦後の運命について語っている。

大陸にあっては満鉄の諸機関がすべてソ連か中国に接収され、日本にあっては回教圏研究所（実際上戦災をうけ焼失）・東亜研究所・民族研究所などの「時局」の要請で設立され、国策遂行に関連していた諸研究機関は閉鎖され、その研究員は四散し、また文献・調査資料は戦災にあったものを除いて、その他は分散されてしまった。——ただし、東亜経済調査局の蔵書がアメリカ軍に接収されてアメリカ本国に持去られたのに対し、分散とはいえ、あらためて国内の他の研究機関・図書館に収蔵されたことはせめてものなぐさめであったといわねばならない[1]。

第二章では、戦中期に設置された諸研究機関と調査部門、及び研究工作と業績を論述してきた。本章では彼らの戦後の運命を比較的詳しく分析したい。片岡によれば、戦後の新研究の動向は戦前とは全く別の状況になった。

一九四五年の敗戦——諸調査研究機関の解散・接収は研究者からそれまでのような研究上の実際的便宜を奪ってしまった。とくに「時局」の要請によってかりあつめられた観のある中国イスラーム研究に従事した人たちは、次々にその研究テーマをかえていった。しかしそれでも戦争中現地調査にたずさわった人々のなかには戦後の苦しい状況下で、調査の成果の発表に努力されたものもいた[2]。

中国で発表された鈴木規夫の論文では「日本のイスラーム及中東研究は二〇世紀の六〇年代以来、質と量両方面で確かな足どりで発展[3]」したとされる。

第一節　中断された中国イスラーム研究

一　戦争の影響

一九四五年の日本の敗戦後、日本の中国イスラーム研究は戦前と比べて低迷段階に入り、甚だしきに至っては一時的に中断させられた。戦後には戦前の研究も軽視されるようになったと大澤広嗣は述べる。

日本のイスラーム研究は、一九三七年の日中戦争勃発を機に組織化され、「大東亜共栄圏」建設を目的として、複数の機関で調査研究された。（…）しかし戦後以降、昭和前期のイスラーム研究は、国策や時局と結び付いて研究された側面だけが語られ、その全般的な研究史が軽視されてきた傾向があった。[4]

澤井充生が中国で発表した論文では、日本学術界と中国ムスリム間の交流が戦前に始まり今まで継続されてきたことが指摘されている。

日本学术界和中国穆斯林的交往实际上从战前就开始了、并且一直持续到现在。当然、虽然在战后一段时期即中国〝文化大革命〟时期一度断绝。但是随着中国开始改革开放、二者之

间的关系又完全得到了恢复。[5]（日本の学術界と中国ムスリムの交流は、実際に戦前から始まり、今まで続いている。もちろん、戦後の一時期、中国「文化大革命」の時期には中断した。しかし、中国の改革開放につれて、両者の関係は完全に回復した。）

日本の中国イスラーム研究は戦前の「時局」によって活発化したが、戦後一時的に挫折した。これは「中断」と説明されるが、その際二点注意することがある。一つめとして、「中断」の意味は、研究成果や業績が全くないということではない。戦前の研究条件・動向とは比較にならないが、戦後も一部研究成果が出ていた。二つめとして、「中断」は戦後に新動向の発生する可能性がなかったという意味ではない。とくに、日本の研究者たちのたゆまぬ努力により、六〇年代から研究の質量両方面に新しい動向が生まれた。

以上の点に注意して、一九四五年から一九七九年までの日本における中国イスラーム研究史を、一九四五年から六〇年代までと六〇年代から一九七九年までの二つの時期に分けて分析したい。

第一章で一九三一年以前、第二章で一九三一年から一九四五年までを見てきた通り、戦前日本の中国イスラームとムスリム問題の研究史は日中戦争と緊密な関係があった。戦争は日本の中国イスラームを含む世界イスラーム研究を活発化させる原因となっただけではなく、戦後には研究を「中断」させる重要な原因ともなった。

敗戦後には、研究目的と原動力が変化した。中国の学者魯忠慧は、日本が中国を侵略した時代に中国のイスラームとムスリム問題が重要視されたことを強調している。

較之中国政府（指南京民国政府——笔者）的一般对待伊斯兰教、则日伪当局可谓相当重视。这倒不是因为他们对伊斯兰教有何偏爱、而是由于他们更懂得拉拢、利用伊斯兰教、对其搞分裂中国的所谓〝回回国〞和统治所占领的穆斯林国家有利。所谓〝大东亚回教圈〞、所谓〝日回亲善〞都是日本帝国主义侵略政策的产物。[6]（中国政府（南京民国政府—筆者）のイスラーム教に対する一般的態度と比べ日本政府はそれをかなり重要視している。これは、イスラーム教に対する偏愛があるからではなく、イスラーム教を利用し、中国を分裂させるという「回回国」として統治されるイスラーム国家の方が都合が良かったためである。いわゆる「大東亜回教圏」とは、「日回親善」を通しての日本帝国主義的侵略政策の産物である。）

一九三一年に「満洲国」が建国され、一九三七年には「蒙古聯合自治政府」が建立された。そこでは、西北地方での「回回国」建国という目標も含め、様々な政策的活動が行われた。中国回族はイスラームを信仰する教徒として独自領域をもたず、小規模に集住しつつ全国に散らばっていることが特徴で、アジアの諸イスラーム国と宗教的・文化的に緊密な関係があった。日本帝国主義は中国ムスリムを利用し、東南アジアと連携して、「大陸政策」、「大東亜共栄圏」を実現する目的で、中国イスラームとムスリムに対して「関心」をもって現地調査、研究等活動を行ったのである。

王柯（日本の大学勤務の研究者）が中国で発表した論文は、日本政府の「回教工作」は完全に侵略戦争の目的と関連していたと分析し、日本人ムスリムの中国イスラーム教とムスリム問題についての研究動向にも疑惑を示している（王柯「日本侵华战争与「回教工作」」『历史研究』第五期、二〇〇九年）。

前章で分析したように、日本のイスラーム研究は一九三一年代から初めて組織化され、政府及び軍部方面から大きな支援を受けて進められてきた。諸研究機関は軍部からの支援を失えば、自らの研究目的と原動力も失っていたかもしれない。鈴木が「伊斯兰研究被中断也许是因为伊斯兰研究在战时曾有过军部的背景所造成的[7]（イスラーム研究が中断されたのは、イスラーム研究が戦時中に軍部を背景にしたことがあるかもしれない）」と研究と戦争目的間の連携関係について分析したように、戦争を背景とした角度から分析し、この時代の業績と研究成果を評価する研究者もいる。これらを学術史的に分析するならば、中国と日本の様々な研究領域の発展について、理想的な参考資料になるだろう。

総合的に言うと、日本の中国イスラーム研究は初期段階においては戦争との関連は少なかった。しかし、一九二〇、三〇年代から日本は中国を侵略する目的で様々な活動を行っており、日本における中国イスラーム教とムスリム問題の研究は日本の帝国主義確立の歴史と関係がある。さらにそれを理由として、日本における中国イスラーム研究は戦後一時的に「中断」され、戦争中に設置された諸機関は封鎖されていった。

二 研究機関の封鎖

「イスラム文化協会」の機関雑誌『イスラム（回教文化）』は一九三七年一〇月に創刊され、一九三九年一月の六号をもって停刊した。

沿革に「一九四五年五月：空襲により全焼」と記録されているように、「回教圏研究所」も戦争によって廃止された。回教圏研究所の所長大久保幸次は以下のように評価されている。

丽泽大学教授大久保幸次（1887-1947）号称是日本最初的伊斯兰研究者，但是从其曾积极参与在日塔塔尔人的内部战斗一事中，可以感觉出他具有一定的政治背景。[8]（麗澤大学の大久保幸次教授（一八八七－一九四七）は、日本最初のイスラーム研究者であると言われていたが、日本在住のタタ人の内部抗争に積極的に参加したことから、政治的背景があると思われる。）

ここからは、複雑な政治的背景と、研究者たちの業績が始終日本の侵華戦争という大局と不可分であったことがわかる。回教圏研究所は日本政府の支援に依存して存在した。政府が提供した経済的援助は、本研究所と政府軍部との緊密な関係を証明している。日本が積極的に侵略した時代には、本研究所の活動や研究目的も戦争の影響を受けた。当然として、日本の敗戦後に「大東亜共栄圏」主義が壊れた時点で、本研究所も封鎖された。

野原四郎と蒲生礼一は、一九六四年七月二一日、「回教圏研究所『回教圏』（一九三八－四四）をめぐって――日本におけるイスラム研究史の観点から」（東京大学東洋文化研究所西アジア班）という会で以下のように語っている。

> われわれが回教圏研究所の活動、ことに月刊『回教圏』を話題の中心としてとりあげたのは、当時のありとあらゆる困難な状況のもとでそれが今になお新鮮な仕事を残していることに惹かれるからであり、このことの検討を通じて日本でのイスラム研究の伝統と現在の課題とを問題にする上での重要な手がかりを見出せるのではないかと考えたからである。[9]

「回教圏研究所」が発行した『回教圏』（一九三八年七月創刊、一九四四年一二月号まで通巻六九号）はイスラーム圏を対象とする学術誌としては日本最初のものであり、中国及び南洋のイスラーム圏を関連した論文・論説が多いことが指摘されている。

「大日本回教協会」は、一九三八年九月一九日、東京九段の軍人会館において各界名士二〇〇余名の発起人を揃え、華々しく出発した。発起人や執行部には、政財界、軍人、国家主義者、学者等の著名人が名を連ねていたものの、積極的に会務に参加したかは疑義が残る。

（…）協会事業の性質を「民間有志団体」とするものの実質的には、陸軍、海軍、外務の三省の指導や援助を受けて、政府の「裏面的事業」とする意向が記され、政府の閣議決定事業とする意向も明記されていた。同時に、「資金調達計画」にも、前述の三省からの補助金2万円を本部設備費として、資金の補助をその他、商工省、内閣情報部、東亜研究所、興亜院、観光局、南満州鉄道会社、満州国政府（協和会）から仰ぐことも記されている。

とはいえ、昭和14年9月21日に軍人会館に於いて開催された「大日本回教協会一周年記念総会」に於いて一年間の活動を振り返って以下のような報告がなされている。

「（…）内部組織の確立と事業計画を策定し……先づ総務部、調査部を設け事業計画は五カ年五百万円計画として其の資金の大部を民間より募集することとせしも、募金意の如くならず未だ事業部設置の運びに至らず。……政府から年に拾万円の補助金を提頂いて」とあり、協会の活動は発足当初から苦戦を強いられていたようである。事業部の問題は、昭和15年2月にはすでに解決し、当初の予定通り3部門体制で活動がおこなわれている様子がうかがえる（「協会本部業務分担表」昭和15年2月12日付）[10]。

大日本回教協会の政府補助金下付高概況は表3－1の通りである。

島田大輔の論文「昭和戦前期における回教政策に関する考察――大日本回教協会を中心に」

表 3-1　日本回教協会の政府補助金下付高

年度	補助金高（万円）			合計（万円）
	外務省	陸海軍	大東亜省	
1938	2（外務・陸海軍合同）			2
1839	10			10
1940	10			10
1941	5			5
1942	5		（11 月設立）	5
1943 初頭	1943 年 2 月に一旦補助金廃止決定			
1943	5	―	8	13
1944	5	―	20	25

は、戦前期日本における回教政策を、大日本回教協会を中心に論じている。彼が注目するのは第一に「あまり分析されてこなかった四王天延孝会長期も含めて、回教協会の組織運営・諸活動の実態を通史的に明らかに」すること、第二に、日本政府からの補助金と事業指示を分析し「大日本回教協会を、外務省の回教政策を実行するために設立された、外務省の外郭団体だと明らかに」すること、第三に「陸軍の回教政策とは異なった観点に立つ、外務省の回教政策の内実」である。

> 外務省の回教政策とはすなわち、中東を中心に全イスラーム世界を対象とし、手法として文化工作を最重視することであった。極東占領地内に回教政策を局限した陸軍との間にはある種の棲み分けがなされていた。ただし、戦局の悪化、回教協会に対する大東亜省の影響力増の結果、以上の図式は崩されることになった。[11]

大日本回教協会の当事者の抱いていたジレンマは、終戦時及び回教協会解散時（一九四五年一〇月）という時期の最高幹部（四王天会長・大村専務理事）の発言資料において赤裸々に吐露されているものの、終戦後という証言がなされた時期を踏まえると史料批判を厳にする必要がある。四王天と木村は、回教政策が不備に終わったことを嘆き、平和国家にこそ回教政策は必要と口を揃える。そして、イスラームに関する基礎研究を続けるために回教協会を解散すると述べている[12]。

島田は同協会が刊行した雑誌の運命についても分析している。協会は「資金募集の失敗の結果、外務省からの補助金に頼る他なくなった」が、一九四一年度以降に外務省からの補助金が五万円に半減されたため、「対外宣伝雑誌『グラフ』の作成、内外ムスリム統制、国内啓蒙の三点に事業が限定され、加えて機関誌『回教世界』の廃刊、アラビア語新聞発行計画の中止等、業務縮小が命じられた」[13]。さらに一九四三年度以降は補助金が打ち切られたという。

満鉄東亜経済調査局（東亜経調）回教班については、一九三九年の満鉄調査部の拡充に伴い再び満鉄に統合され、「大調査部」に属してイスラーム世界・東南アジアを担当地域とする分局となった。回教圏研究所と並ぶ戦時期イスラーム研究の中心として、前嶋信次など第二次世界大戦後の代表的な中東研究者・アジア研究者を育てたことでも知られる。満鉄調査部事件をきっかけとする大調査部の再編・解体に伴って、東亜経調は日本・中国・満州を担当した東京本社調査室と統合された。しかし調査機能はほとんど失われ、戦災と疎開への対応に時間を追われるまま敗戦に至った。沿革によると、一九四五年敗戦後、東亜経調は解散となり、その蔵書のほとんどは占領軍により接収された。

民族研究所については、中生勝美が「民族研究所の組織と活動――戦争中の日本民族学」（『民族学研究』第六二巻第一号、一九九七年）という論文で詳しく述べている。彼によれば、一九四四年末、民族研究所の岡正雄と古野満人は民族研究所の処理を巡って極度に反目し、古野は一九四五年初めには天理外国語学校に移り、一方岡は郷里の松本に疎開して民族研究所には顔を出さなくなった。研究所は彦根工業専門学校に疎開し、民族研究所の活動は停滞した。大半の研究員は一九四五年七月下旬から満州調査に出かけ、民族研究所廃庁の時期には不在であった。中生は岡や佐口透の回想を引きつつ、一九四五年九月に岡が「文部省の次管や局長と談判し」民族研究所を廃止しない取り決めをしていたにもかかわらず、前田多文部大臣が、「戦争中にできた機関は廃止する方針を打ち出し、民族研究所も廃止する旨を閣議で発言した」ために民族研究所は一九四五年一〇月に急遽廃止されてしまったと述べる。一〇月一日には高田保馬所長が日本にいる所員を彦根の疎開先に集めて廃庁を伝え、所員達はそこで解散したという。

民族研究所の廃止は、国策に貢献するための研究所という設立主旨が、最も大きな要因だったのだろう。また文部省直轄の研究所であったために、文部大臣の一言により廃庁が可能だった。当時の研究員は、廃庁により研究者の職を失い、その後、大学の研究職に就くまで数年のブランクがあったという。[14]

中生はさらに、研究所の蔵書についても述べている。

不明な点は、研究所の蔵書の行方である。民族研究所の設立を報道した『朝日新聞』1943年1月18日夕刊の記事によると、民族研究所設立の時点で、「南方の文献数万冊及び標本数千点が備えてあり、敵産を利用しての科学作戦進発が用意されている」と報道されている。標本は渋沢コレクションが中心だと思うが、「敵産」とあるように、中国と東南アジアの占領地から略奪した書籍を蔵書にしていた。関係者の証言によれば、民族研究所の蔵書は、海軍が中国で没収した図書で、南開大学・清華大学・王立アジア協会(Asiatic Society of Shanghai Branch)・冥蘭芳蔵書があった。また、どこから持ち込まれたのかはっきりとしないが、「仏印」(ベトナム)からも図書が来たという。これらの没収図書は、横浜に入港すると、税関から民族研究所に通知があり、その引き取り手続きから、研究所図書館への輸送、図書整理など、すべて助手の仕事であった[15]。

「東亜研究所」については、一九四五年八月の敗戦にもかかわらず東亜研究所はしばらく存続し、戦後も資料収集を継続し、敗戦時の混乱で政府から正式な解散認可も出ないまま一九四六年に解散、その所蔵資料と土地資産は財団法人政治経済研究所に継承された。

表 3-2　イスラム文化協会役員の戦後の活動

理事長 遠藤柳作	公職追放になったが、解除後 1952 年、武蔵野銀行創立委員となり、初代頭取に就任。1955 年埼玉県から参議院議員となり、1956 年退職。
理事 江藤夏雄	政治家、衆議院議員。戦後も政界で活動した。
同 笠間杲雄	外交官。戦前日本においてはイスラーム圏に関する専門家の一人。1945 年 4 月 1 日、当時日本軍の占領下にあったシンガポールから日本へ帰国する途中遭難した。
同（常務） 内藤智秀	西洋史学者、文学博士。戦後は国学院大学、慶應義塾大学、聖心女子大学等で教員、パキスタン協会副会長などを経験した。
同（常務） 匝瑳胤次	戦後は著作者として、又は東京市議員として活動した。
理事 渡邊銕藏	戦後は反共運動に関連した政界活動に積極的に参加した。
同 山下知彦	戦後は政界で活動した。

三　研究員の離脱

「イスラム文化協会」の役員のほとんどは戦後にはイスラーム研究という仕事から離れた（表3－2）。「回教圏研究所」の研究員の中には応召して戦死した者が多く、第二次世界大戦後まで生き延びた者のなかでも、イスラーム研究を継続した蒲生礼一、井筒俊彦などは例外的存在であり、ほとんどが別分野の研究に転じた（表3－3）。

田村愛理が発表した論文「回教圏研究所をめぐって――その人と時代」（『学習院史学』二五号、一九八七年）は、本研究所研究員の戦後の運命について分析している。田村によれば、世界恐慌後には文科系出身の研究志望者の就職口は極端に少なく、自分の専門は別であるが就職のために回教研究をすることになった者も多かった。

表 3-3　回教圏研究所研究員の戦後の活動

野原四郎 (1903-1981)	1946 年に中国研究所が設立されると常勤研究員になった。また 1957 年から 10 年間、雑誌「歴史評論」編集長も務める。1960・1962 年現代中国学会代表幹事。1966 ～ 73 年専修大学教授。
蒲生礼一 (1901-1977)	戦後は東京外国語大学ペルシャ語科教授。
竹内好 (1910-1977)	戦後は中国文学者となり、雑誌『中国』を刊行、晩年には魯迅を研究した。
井筒俊彦 (1914-1993)	慶應義塾大学文学部教授、言語文化研究所教授、61 歳から 5 年イラン王立研究所教授を務める。言語学者、イスラーム学者、東洋思想研究者。
幼方直吉 (1905-1991)	戦後中国現代史・社会史研究者。
小林元 (1904-1963)	戦後は大東文化大学教授、中東調査会設立の中心人物。

田村は大久保幸次の功績を、「小林元・松田壽男らと離れ、経営者の善隣協会と機関誌の編集と方針についてもめながらも、その設立から活動停止に至る迄、「リベラル」と所員達に思わせる研究所の体制を築いた」ことにあると評価する。大久保は、「写真に残されたその頑迷そうなカイゼル髭の印象とは裏腹に」、「柔軟な思考と優しい人柄」で所員たちに慕われていた人物であった。

一方、戦後にイスラーム研究を断念した野原四郎について、「戦後のイスラム地域研究が少なくとも自覚的には戦前の回教研究と切り離されている感じと断絶の原因の幾つかが彼の研究歴の変化に見られる」と田村は述べる。

かれのイスラム研究の断絶は、自分達の地域研究と国策の関係への反省そのものによっている。（…）こうした自己批判には、彼がいかに真摯に、国策を抜け切れずウルトラ・ナショナリズムといわば公分母を共有していた回教研究の責任を問い、その結果研究断絶するに到ったのかがよく現れている。（…）
蒲生礼一、井筒俊彦、前嶋信次と言う例外をのぞいて、野原に限らずほとんどの人は敗戦を境にイスラム研究をやめてしまっている。こうして一九三八年に一挙に組織化された日本のイスラム研究は、一九四五年にまた一挙に消え去ってしまったのである。[16]

野原自身も「回教圏研究所の思い出」で以下のように語っている。

戦後は、中国研究所にはいって、外見上はイスラム研究を全然放棄したことになったわけですが、事実一時は自分自身そうすっかり思いこんで、まずかったなと、悔んでおりました。アジア・アフリカ民族問題がクローズ・アップされて来てからでしたが、竹内好さんから、「君、あの時、変な形でイスラム研究をやめてしまったが、やはり続けていればよかったのではないか」と言われて、「いや、そんなことはない」と言って、きっぱり否定したことがありましたが、どうも、そのときは、まだ、力み返ったような気持がありました。だが現在は割に楽にそう思い直しています。つまり今の感じとしては、イスラム圏の問題と中国問題を重ねあわせて考えてみたいと思っています。（…）。あの時、ああいう形で一夜にしてイスラム研究を打ちきったことは、やはり、何か大切なものを、そのとき、落としたという感じをまぬがれません。[17]

大日本回教協会の主要メンバーは軍人や政界人であった。例えば、初代会長林銑十郎は元内閣総理大臣であり陸軍大将、第二代会長四王天延孝は陸軍中将、副会長の小笠原長生は海軍中将、副会長村田省蔵は大阪商船社長・逓信大臣、理事長松島肇は駐イタリア大使であった。このような組織が終戦にともなって解散するのは当然のことであった。ただし、店田廣文は、「戦後日本におけるイスラーム研究の芽は、解散した大日本回教協会の活動のうち、学術研究面の継承を意図した」ものだと述べる。店田は、大日本回教協会の活動は「大村謙太郎が終戦直後に発足させた「日本イスラーム協会」に胚胎されることになった」と述べ、寄託資料の中に残された記録（「イスラーム用語調査委員会記録、日本イスラーム協会調査部」一九四六年）を紹介している。その記録によれば、この委員会の第一回目は一九四六年七月六日に「回教圏固有詞調査委員会」として開催された。出席者は、松本（姓のみ記録）、大久保幸次、内藤智秀、大村謙太郎、高橋、田頭（姓のみ記録）であった。店田はここから以下のように述べる。

したがって、大日本回教協会でのイスラーム研究の実績が、戦後まったく継承されずに消え去ったと断言することは躊躇せざるをえないが、かといってその実績を礎に発展する道筋が開かれたことも積極的には断言することができないのが現状である。[18]

本協会の戦前と戦後のつながりは重要な課題である。

第二節　戦後派研究者による研究活動

一　戦後派研究者

戦前・戦中期に中国イスラームの調査・研究にかかわった人々が他のテーマに研究の重点を移したり、死去したりしたあと、戦後派ともいえる新しい研究者が輩出した。彼らはそれまでの研究の伝統を受け継ぐとともに、新中国成立後の中国の学界の影響をも少なからず受けた。一九五〇年代中国におけるイスラームとムスリム問題の研究業績をみてみよう（表3－4）。

解放以前より中国（内地の）イスラーム教徒を独立した民族「回族」とみとめていた中国政府は、一九五七年七月に回族の聚住地域の旧甘粛省東北部を割いて、省級の「寧夏回族自治区」を置いた。また一九五三年五月には、中国伊斯蘭教協会、中国回民文化協進会を相次いで設立して民族文化尊重の姿勢を打ち出した。そしてこの五〇年代には、民族・宗教保護の状況下で、回族・イスラームに関係する多くの書物が出版された。

一九五七年に創刊された月刊雑誌『民族団結』（一九六六年七月期停刊）と一九五八年に創刊さ

表 3-4　1950年代中国におけるイスラームとムスリム問題の研究業績（書目のみ日本語訳）

出版年份	作者（编者）	书目（書目）	出版社	页数
一九五一	白寿彝	《回回民族底新生》（『回回民族底新生』）	上海　东方书社	一一六
一九五一	马宵石	《西北回族革命简史》（『西北回族革命簡史』）	上海　东方书社	一五〇
一九五二	白寿彝编	《回民起义》（『回民起義』）	上海神州国光社四册（中国史学会主办（中国近代史资料丛书）第四种）	
一九五三	中国伊斯兰教协会编	《中国穆斯林生活》（『中国ムスリム生活』）	北京　外文出版社	五〇
一九五四	端己	《西北回族的反清开展》（『西北回族の反清開展』）	上海　四联出版社（历史故事小丛书）	四七
一九五六	中国伊斯兰教协会编	《中国穆斯林的宗教生活》（『中国ムスリムの宗教生活』）	北京　民族出版会	图版五九
一九五六	樊圃	《西北的少数民族》（『西北の少数民族』）	上海　新知识出版社	三一四
一九五七	中国伊斯兰教协会编	《前进的中国穆斯林》（『前進の中国ムスリム』）	北京　民族出版社	一四八
一九五七	白寿彝、韩道仁、丁毅民	《回回民族的历史与现状》（『回回民族の歴史と現状』）	北京　民族出版社	六三
一九五七	林幹	《清代回民起义》（『清代回民起義』）	上海　新知识出版社	七三
一九五八	丁毅民	《新中国的回回民族》（『新中国の回回民族』）	北京　民族出版社	九二
一九六〇	宁夏回族自治区守备委员会	《宁夏回族自治区》（『寧夏回族自治区』）	北京　民族出版社	一四四

れた月刊雑誌『民族研究』（のち『民族団結』と統合）では、清朝期の回民（中国ムスリム）の社会経済活動が評価され、初めて「叛乱」が「起義」と規定され、回民起義は近代反清運動の一環として認識された。解放後の中国におけるイスラーム研究歴史については高占福の「中国二〇世紀伊斯兰教研究综述（中国二〇世紀イスラーム教研究の総合叙述）」（『西北民族研究』二〇〇〇年第二期、第二七一三三頁）等の論文がある。

これまで述べてきた通り、イスラーム専門の研究人員は敗戦にともなって本研究分野を離れた。ただし、何人かの学者と研究員は、いかなる困難に直面しても中国イスラーム研究への従事を放棄しなかった。彼らのたゆまぬ努力は、戦後日本における中国イスラーム研究の動力に推進作用を与えた。その最も代表的なのは田坂興道であった。

田坂興道は一九一二（明治四五）年、山口県に生まれ、東京大学文学部東洋史学科を卒業、東方文化学院研究員を経て一九四五年に中央大学教授となった。一九四〇年から中国イスラーム研究に従事し、戦後は東西交通史、イスラーム史の角度から中国イスラーム文化、制度史、回民問題に関する研究を行い、多数の論文を発表した。遺稿は『中国における回教の伝来とその弘通』として一九六四年に出版された。

田坂興道の論文「西洋暦法の東漸と回回暦法の運命」は、「一　序言」、「二　明代における回回暦法の地位」、「三　明末における西洋暦法採用の経緯」、「四　清初期における回回暦法復活運動とその失敗」、「五　結語」に分けられている。

康煕七・八年における如上の争論は、明末以来うち続いた、優秀な西洋暦法に対する回回暦法家の苦闘の、最後にして最大のものであったとも解される。回教文化が近代西洋文明のために圧倒されたのは、独り支那回教徒の場合のみならず全回教徒においてであり、帝に天文・暦法のみならず、凡ゆる諸科学においてであった。明末清初におけるかやうな暦法上の抗争が、支那回教教学の勃興、支那回教の改革を刺激する役割りを演じたと考へる説も敢へて不当ではない。回教徒が支那官廷において独自の地位を確保し得たのは、回回暦法に従事するを以て最とする。なるほど康煕八年以後も、回教徒出身の暦官が在任したことは疑いないが、然しそれはもはや西洋新法による暦法に従属した形においてであり、回回暦法の構成は事実上は今や消滅に帰し去ったのである。この後は、暦学者中の志のある者が之を採りあげて研究することはあっても、それはもはや過去の遺物としてに等しく、回教徒に使用されたとしても、太陰年による「動的月」のみが必要であるに止まり、普通の回教暦を選ぶ所はなくなった。かやうにして文化的には敗北を喫し、回教徒は独自の暦法を以て立つことは不可能となったが、この文化的敗北の故にその信仰は途に破砕されなかった。文化的勝利を得た耶蘇教が支那に信仰地盤を得ず、却って文化的敗者たる回教は、支那社会の一部において、その信仰共同体の厳乎たる存在を保ち、後爾後もなほ発展を続けた。暦法を競っての回教徒・耶蘇教徒の抗争は、支那暦法史上・文化史上相当重大に寧る画期的な問題である。[19]

田坂興道後に日本における中国イスラーム研究の第一人者として研究の伝統を受け継いだとされるのが中田吉信である。[20] 彼の主要な研究業績は以下の通りである。

〈清代中国イスラーム及びムスリム問題〉

・「清代回教徒の一側面――馬承蔭と馬新貽と」(『東洋学報』第三六巻第一号、一九五三年)

・「中国ムスリムと宗教組織――族譜を中心として見たる」(『東洋学報』第三八巻第一号、一九五五年)

・「清代におけるムスリムの叛乱」(『歴史教育』第二巻第一二号、一九五四年)

・「同治年間の陝甘の回乱について」(『近代中国研究』第三号、一九五九年)

・「中国ムスリムと宗教組織――族譜を中心として見たる」(『東洋学報』第三八巻第一号、一九五五年)

〈中国イスラーム教義学(思想)、及びスーフイズムの中国イスラーム史の中での役割〉

・「乾隆帝の回教新派の弾圧について」(『東洋史学論叢 和田博士古稀記念』一九六一年)

・「中国イスラーム史上におけるスーフイズムの役割」(『イスラム文化』にかんする共同研究報告』第五号、一九七二年)

〈社会調査〉

・「四川回民雑誌」(『東洋史学論叢　山本博士還歴記念』一九七二年)。
・「中国回民社会拡充についての一考察」(『東洋史学論叢　榎博士還歴記念』一九七五年)
・『回回民族の諸問題』(アジア経済研究所〈アジアを見る眼40〉、一九七一年)
・「中国の回族問題」(『就実女子大学・就実短期大学紀要』一九九二年)
・「西北回民軍閥崛起の過程」(『就実女子大学史学論集』一九九四年)

このうち「清代におけるムスリムの叛乱」では、清代におけるムスリム(回教徒)の叛乱として「順治五、六年の甘粛ムスリムの叛乱」、「乾隆四十六、九年における蘭州、石峯堡の変」、「咸豊同治年間十八年にわたる雲南ムスリム所謂パンゼーの乱」、「同治年間に前者と並行して起った陝甘新の西北三省にわたる叛乱」の四つを挙げて論じている[21]。

また、「中国ムスリムと宗教組織――族譜を中心として見たる」では以下のように述べ、米氏宗譜、昆陵沙氏重輯族譜、族譜に見える江南ムスリムの諸様相、屠氏昆陵支譜などのテーマに分けて論じている。

中国ムスリム(イスラム教徒)の族譜については、従来殆ど研究されておらず、むしろその存在を疑う傾向さえ出てきている。(…)これらの族譜を繙くことによって、中国ムスリム――殊に江南地方のそれ――に或る程度の宗教組織が存在したことが明確にされ、またこれによって彼等の日常生活の一端を窺うことができ、しかもそこには岩村氏の報告とも多少異る面が出てきた。それ故、この機会にこれらの族譜を解説することは強ち無意味とは思えないので、こゝに拙い一文を草する次第である。[22]

さらに「清代回教徒の一側面――馬承蔭と馬新貽と」では以下のように述べている。

衆知の如く、明末清初以来、漢文で書かれた回教文献が続々と公刊され、回教徒が漸次漢化していった事実を見つめると、この分野、即ち中国一般社会に溶けこんでいったムスリムの研究も、中国回教史上、見逃し得ないものと言えよう。そしてまた、そういう研究であるならば、或る程度は文献的復原することが可能なのではあるまいか。私はこれからそのようなムスリムの一面、即ち、中国一般社会――清朝では漢人、漢人中心の社会――に溶けこんで、中国史上に活躍した回教徒出身者の伝記を、清朝に限って考えて見ようと思う。もとより、かゝる試みによって、中国イスラム社会全般が究明されるとは思わないが、少くとも、その一側面はうかがわれるのではあるまいか。[23]

田坂興道は元・明期の中国イスラームの形成、教学経典、教義著作等の研究に重点を置いた。一方、中田は主に東洋史学の研究方法から、漢文史料を調査し、明朝及び民国時期の回民及び少数集団の種族形成過程と漢人社会との共存、回民社会の多特徴性、清朝・民国文学に記載された回民の諸問題に関する研究を行った。片岡一忠は「中田吉信先生と中国イスラーム史研究」（『イスラム世界』五三号、一九九九年）という論文を発表し、中田の中国イスラーム研究業績を高く評価している。澤井も、戦後日本に登場した新しい研究者として中田を取り上げ、この分野に「不可估量的巨大贡献」をしたと高い評価を与えている。[24]

中田の後、中国イスラーム研究を推進したのは今永清二である。今永清二が発表した「清代回教史の提案――中田吉信をめぐる」という論文は、中田吉信の深い影響を示している。今永の最も重要な著作は『中国回教史序説――その社会史的研究』である。そのほか、「中国における回民起義の一形態」（『別府大学紀要』第八輯、一九五八年）、「中国における回民共同体の試論」（『歴史教育』一九六〇年）、「清代回教史の提案」（『史学研究』一九六二年）、「清代中国回民共同体研究ノート」（『東方学』一九六二年）、「中国回教史の課題――围绕白寿彝」（一九六三年）等の論文を発表した。

「世界で最も優秀な清朝ムスリム研究の歴史学者の一人[25]」と評価される片岡一忠は中田吉信の弟子であり、彼の思想及び研究への中田吉信の影響は深かった。

片岡の「光緒二十一・二十二年の甘粛の回民反乱について」（『大阪教育大学紀要』第二部門第二七巻第二・三号、一九七八・七九年）という論文は、清代中国イスラーム史を特色づけるもののひとつとして「清代を通して頻発した回民反乱」を挙げ、光緒二十一・二十二年間（一八九五－一九六）に「甘粛省西部の河州・西寧を中心に展開された回民反乱」の考察によって、回民反乱のもつ性格を明らかにしようとするものである。

甘粛二十三州県に波及した反乱はその地域によって性格を異にする。河州では回民有力者の抗争からスーフイ教団である「門宦」の存在が大きくクローズ・アップされたし、西寧ではジハード（聖戦）としての性格がみられる。しかし反乱の奥底には漢民の回民蔑視、回漢紛争事件に対する地方官の不公平さに基因する回漢の民族的対立感情が流れているのである。また回民将軍馬安良が当初から清朝に忠誠をちかい、鎮圧軍の先鋒をつとめたのもこの反乱のもう一方の特徴のひとつである。[26]

この論文は上下に分かれ、上では「Ⅰ　反乱前史」、「Ⅱ　反乱の発端」、「Ⅲ　反乱の拡大」、「Ⅳ　董福祥の河州収復」、下では「Ⅴ　西寧の攻防」、「Ⅵ　反乱の性格」が論じられている。下では以下のように述べられている。

この反乱には、全体としての中心人物といえるものがみあたらず、各地それぞれの指導者の下に個別の運動を展開した、その背景をなす共通項といえるものを、われわれは回漢対立、地方官の不公平に対する不満、といった常套語で片づけてきた。しかしながら、この共通項がそのまま、中国全土の回民、回民社会で清朝支配時期を通じて、大なり小なり存したことも確かである。ではなぜ、当該地域において回民の蜂起がみられたのか（…）。反乱の中心となった河州・狄道・循化・海城・西寧に共通し、その他の地域にみられない特色は、その回民勢力の強大さ（経済的、政治軍事的、人口的）、集中性（その具体例が門宦制といえるかもしれない）である（これに比較して他の地域は回民の漢民に対する相対的弱性、分散性がみられるといえよう）。当該地域の回民たちは、中国全体でみた場合にいわれるような、少数者でもなく、弱者でもなく――その社会内部に諸矛盾を含んでいるとは思われるが――多数者であり、強者であった。反乱は失敗し、回民勢力は後退を余儀なくされたに映る。しかし、馬安良を頂点とする河州回民将領が、その間隙をぬって新たなる指導者（支配者）となって、回民社会に君臨し、その勢力をかえって堅固なものにしていった。これがのちに「五馬」と総称される回民軍閥である。――観点をかえてみれば、ここに回民軍閥の基礎が確立されたといえなくもない。[27]

また、同じく片岡の「刊案資料よりみたる清朝の回民政策」（『史学研究』第一三六号、一九七七年）の目次は以下の通りである。

一、回民専条の成立とその修改（その一）――〔集団〕窃盗関係条例の場合

（一）窃盗例、（二）窩窃・徒流人又犯罪・徒流人逃例、（三）刺字

二、回民専条の成立とその修改（その二）

（一）争奪、（二）闘殴例等

本論文の結論では以下のように述べられている。

清朝法体系の根幹である大清律例にみえる回民専条の成立とその修改状況および適用事例（刊案）を数条目について考察してきたが、以上の考察によって、清朝の回民に対する法的規制は乾隆中期に成立し、以降漸次きびしいものとなった。すなわち、律例や刊案匯覧等の判例集が清朝政府の立法の中枢で作成され、裁断されるという構造をもって、清朝の政策の基本を推すことが可能であるならば、その回民政策は、法制上に限っても差別政策であったといえよう。[28]

以上でみてきたように、戦後日本における中国イスラームとムスリム研究は様々な問題に遭遇した。しかし、研究者たちの努力の結果として、戦後のイスラーム研究は再度動き始めた。

二　研究機関

前節で見てきたように、「日本イスラーム協会」の設立は戦後解散した大日本回教協会との関係を指摘されている。店田によれば、大村謙太郎が発足させた「日本イスラーム協会」は、その後も彼を中心に「公式、非公式に活動を続け」ていたが、積極的な研究活動は行っていなかった。一九六二年に大村が逝去すると、翌年七月に松田壽男の尽力で「再建打ち合わせ会」が開催され、「同月20日には新たに「日本イスラム協会」として第一回の理事会を開催し理事長となった松田のもと再建への道を歩みだした。同協会は、同年の11月には早くも機関誌『イスラム世界』の創刊号を発行し、現在の社団法人日本イスラム協会へと発展することになったのである[29]」。

日本イスラム協会は一九六三年六月に「イスラーム研究とその調査及び発表、イスラーム諸国との文化交流」を目的に、松田壽男、前嶋信次、嶋田襄平を中心に再建された。そして同年一一月、イスラーム研究の成果を問う場として機関雑誌『イスラム世界』を創刊した。一九六七年には外務省から社団法人としての認可を受け、イスラーム世界に関する研究会や講演会も随時開催している。

イスラーム研究発表の専門誌として戦後最も早く刊行された『イスラム世界』は、イスラーム世界の諸分野の問題についての多くの研究が発表され、現在まで刊行が続く、日本で最も重要な世界イスラームとムスリム問題に関する学術雑誌である。しかし六四年の創刊から八〇年までの一七号の間、中国イスラームとムスリム問題に関する論文は少なかった（表3－5）。そ

表 3-5　「イスラム世界」掲載の中国イスラームに関する論文

二号（一九六四年七月）	論文：本田実信「モンゴル人とイスマーイーリー派」 座談会：「日本におけるイスラム学の歩み」
三号（一九六四年一二月）	書評：松田壽男「田坂興道『中国における回教の伝来とその弘通』」
四号（一九六五年九月）	論文：前嶋信次「東西交渉史料としてのアル・マッカリーの史書――一一世紀スペインのアラビア人の中国渡来記録」
五号（一九六六年八月）	書評：中西道子「今永清二著『中国回教史序説』」
一二号（一九七七年四月）	論文：羽田明「東トルキスタン史序説」
一四号	論文：堀直「中央アジア及び西アジアに関する明代の一史料――『西域諸国』と『西域土地人物略』について」

こからも当時の日本における中国イスラーム研究に対する冷淡な態度がうかがわれる。

一方、一九六四年に設置された東京外国語大学アジア・アフリカ言語文化研究所は、「アジア・アフリカ諸地域の言語・文化・歴史を総合的に研究する全国共同利用研究所」として設置され、現地調査を主体とする共同研究を国内外の研究者とともに実施し、多数の研究成果を公刊している。一九七六年以来、当研究所は「イスラーム文化研究」というテーマで論文を発表し、イスラーム地域の言語・文化等に関する研究史料や情報を研究資源として利用可能な形に加工するなど、この研究分野を開拓してきた。一九七六年に同研究所の板垣雄三が組織した『イスラーム化』という一〇年間の研究課題には五〇人を超える教授と研究員が参加し、中国を含む世界のイスラームとムスリム問題に対し諸研究活動を行った。これは戦後日本におけるイスラームに関する研究範囲での初めての大型課題であった。

戦後から一九八〇年代に至るまで、日本では中国イスラームとムスリムに特化した研究機関や刊行物は設立されなかった。中東、中アジア及び東南アジア等地域の研究を対象した機関の研究業績のなかでも、中国イスラームと関連した内容は少なかった。しかし研究者たちの間では、中国のイスラームとムスリム問題は世界のイスラーム研究の重要な一環であり、世界のイスラームを研究するためには中国のイスラームを研究することが大切であるという問題意識が徐々に発生してきた。

三　戦前の資料を根拠とした研究

戦後期における研究動向は低迷状態であった。しかし別の角度から見ると、一定量の研究論文と著作が発表された。この時期の研究の特徴の一つは、戦前の調査資料の収集整理・分析など、文献学から行われた研究活動であった。

片岡によれば、戦後のこのような状況下で「まず一九四四年の民族研究所のおこなった蒙彊回民実態調査に参加した研究者たちが、その調査成果をふまえて論文を発表した[30]」。また、中国の学者鲁忠慧も、戦後における研究が戦前の調査資料を基礎としたことを分析している。

虽然这个时期在日本出版了许多关于中国回回穆斯林的研究成果、但这些成果都是源于一九

三〇年到一九四五年间所奠基的基础[31]。（戦後になっては日本では中国回回ムスリムに関して多く研究成果が出版されたが、これらの成果は一九三〇年から一九四五年にかけての研究が土台となっていた。）

佐口透も以下のように振り返っている。

一九四五年八月一五日战争结束后，我国有关东洋史的研究状况，在此无法深入展开。因为我国研究者，失去了赴北亚，中亚，中国西北边境实地调查的机会，因而这个领域内的民族学，考古学研究变得极为困难，但对于依赖于文献而进行研究的学者来说，却没有多大的妨碍[32]。（一九四五年八月一五日の戦争が終わった後、わが国の東洋史に関する研究活動は、再開することができなかった。わが国の研究者が、北亜、中亜、中国の西北等の国境で調査する機会を失ったため、この分野での民族学・考古学研究は極めて困難になっている。ただし、文献に依存して研究を行う研究者にとっては、大きな妨げはなかった。）

ここに見られるように、終戦後、研究者たちは中央アジアや中国といった地域に研究調査に行く機会が無くなり、民族学・社会学的な研究はなかなか進められない状態になった。ただし、文献学的角度からの研究分野はそれほど大きく妨害されなかった。そこでは戦前の資料を土台にして研究が進められた。

第二次世界大战后，具体指一九五〇年前后，战前及战中从事中国穆斯林研究的研究者们，对至今为止的调查研究结果，进行了个别整理，并且将其发表。[33]（第二次世界大戦後、具体的には一九五〇年前後、戦前から中国ムスリム研究に従事していた研究者たちが、これまでの調査研究成果を個別に整理し、発表した。）

一九四九、五〇年には岩村忍の『中国回教社会の構造』（上下巻、日本評論社）が出版された。岩村は戦後期最初の中国イスラームとムスリム問題に関する論文を発表した日本の東洋史学者であり、専攻は内陸ユーラシア史・東西交渉史、戦後日本におけるシルクロード学の開拓者として知られる。鈴木規夫によれば、

「中国回教社会の構造」報告においてわれわれは、日本軍支配下の蒙古聯合自治政府張家口をベースに一九四四年に設立され、一九四五年に日本の敗戦とともに廃止された「西北研究所」という民族研究所の姉妹機関が、民族研究所との共同プロジェクトとして実施した調査の一端を知ることができる。（…）この調査ではモンゴル研究（今西錦司、梅棹忠夫ら）とイスラーム研究（佐口透、岩村忍ら）との複合チームが形成されていた。[34]

岩村は、戦時期には所属する民族研究所の事実上の在外機関であった内モンゴルの西北研究所に佐口透とともに派遣され、中国ムスリムについての共同研究を進めた。戦後は京大人文研で一九五四年から翌一九五五年にかけて「カラコラム・ヒンズークシ学術探検隊」に二回参加、中央アジア・アフガニスタンのヒンドゥークシュ地方で調査を行った。この第二次探検では、それまで実態が不明であった、当地に居住するモンゴル部族の末裔「モンゴール族」に関する実体調査を行い、彼らのなかで伝えられてきた「ジスニ文書（モルニ文書）」を発見して各国の研究者たちの注目を集めた。岩村は、主著『モンゴル社会経済史の研究』（京都大学人文科学研究所、一九六八年）、『十三世紀 東西交渉史序説』（三省堂、一九三九年）をはじめとした東西交渉史（シルクロード）関連の著書を多数著した。

『中国回教社会の構造』は、敗戦直後に発表された「蒙彊回民の社会構造」に手を加えて発表されたものである。本書の目次は以下のようになっている。

序論
第一章　分布・系統
第二章　清真寺・宗務者
第三章　教胞
第四章　郷老

第五章　教派

この『中国回教社会の構造』については、蒲生正男「社会人類学――日本における成立と展開」（日本民族学会編『日本民族学の回顧と展望』一九六六年）と中生勝美「民族研究所の組織と活動――戦争中の日本民族学」（『民族学研究』第六二巻第一号、一九九七年）、同「民族研究所の構造と「民族研究講座」」（『国際常民文化研究叢書11』二〇一五年）などの論文で専門的に研究が行われている。

岩村忍は「歴史・エスノロジー・社會学についての小考――中国イスラム研究を中心として」（日本民族学会編『民族學研究』第一二巻第二号、一九四七年）、「中国イスラム社会研究上の諸問題」（『民族學研究』第一二巻第三号、一九四八年）、「イスラムの家」（東洋文化研究会議編『東洋の家と官僚』生活社、一九四八年）などの論文では中国イスラーム社会問題を中心に研究した。例えば、「イスラムの家」は「中国におけるイスラム社会の家」に限定されて論じられている。

中国文学者の小野忍は戦時中には満鉄調査部員として上海に駐在し、また民族研究所嘱託として内モンゴルの西北研究所に出向して現地で中国ムスリムの調査に参加していた。戦後すぐの一九四六年に國学院大学で講師を務め、一九五五年には東京大学文学部助教授、一九五八年には教授となった。

小野は論文「中国に於ける回教教団」で以下のように述べる。

中国の回教に対するスーフィズムの影響、及び中国に於ける回教教団の問題は従来中国の回教を論ずる者が不当にも看過或は等閑視して来たところであつて、それを多少とも正い観点と広い視野とから取扱つてゐるものはドローヌ探検隊の報告書にとどまるやうである。この書は回教教団が甘粛省の河州に存在することを始めて世に知らせたものとされてゐるが、回教教団が甘粛省（今日の青海及び寧夏各省の一部を含む当時の、より廣い甘粛省）の他の場所にも存在することはドローヌの気づかなかったところであり、また河州に存在する回教教団についても、必ずしもその正しい姿を伝へてゐない。それはドローヌが甘粛省で当時行はれてゐた（そして今でも行はれてゐる）、中国回教の一派なる、いはゆる「新教」の本質を正しく理解しなかったためである。

筆者は一九四四年夏平綏鉄路（北平――包頭）沿線都市の回教寺院を訪れた際、中国の回教教団についていろいろ示唆を受けるところがあり、帰来後関係文庫を読み直して多少知見を広め得たので、これによってドローヌの記述の不備を補足しつつ、中国の回教教団の素描――それは余りにもたどたどしい素描にしか過ぎないが――を描いてみたいと思う。[35]

以上の内容からわかるように、本論文は、戦前の調査資料を用いて中国の回教におけるスーフィズムの影響について研究を行うものである。

もう一人の研究者は佐口透である。

佐口透在战前対一中国的回民报有很大的兴趣、在战后则开始从事对新疆的研究、成为了战后日本新疆研究的引路人。[36]（佐口透は戦前は中国の回民に大きな興味を持っていたが、戦後になって新疆の研究に従事し、戦後日本の新疆研究に関する案内人となった。）

泽井がこう述べるように、佐口は新疆イスラームとムスリム問題を中心として研究を行った。例えば、彼の論文「中国ムスリムの宗教的生活秩序」（『民族学研究』第一三巻第四号、一九四九年）では以下のように述べられている。

中国ムスリム（回民）は民族をなすものであるかそれとも単にイスラムという宗教を信奉するにすぎぬ中国人であるか、という素朴ながら根本的な問題を始めとして中国イスラムの宗教文化的構造、ムスリム社会の構造など中国イスラムの諸問題はほとんど解明されていない。これらの問題は文献史的のみならず回教学、民族学などの諸方面から研究されるべき性格のものである。私は華北・蒙彊地方における中国ムスリム共同調査（一九四四）の資料と個人的観察に基づき、さらに若干の文献資料を参照して中国イスラムを研究しているが、今その一部として貧困な資料の範囲内で、中国ムスリムの宗教的生活秩序を組織づけてみた[37]。

本論文は、中国ムスリムの宗教的生活秩序と組織について、華北・蒙彊地方における中国ムスリム共同調査（一九四四）の資料と個人的観察に基づき、さらに若干の文献資料を参照して論じるもので、「一　共同体について」、「二　宗教的生活秩序（五基（または五功）、祭典・行事）」、「三　習俗」に分けられている。「結びにかえて」では以下のように述べられている。

私は中国ムスリムの社会単位としての清真寺共同体の構造を概略的に述べ、本論でその宗教的生活秩序の実態を叙述した。資料は乏しいが宗教的義務行為（五基）、祭典・行事、誕生、命名、割礼、教育、婚葬、禁忌、娯楽、迷信・護符、衣服、芸術の諸般にわたりその実態を体系づけてみた。中国ムスリムが土着文化・習俗の影響を受けることが極めて少ないと言うことが一応知られた。実は職業、異教社会との交渉など当然論ずべきものを省いたが要するに私はこれ以上のことは将来の intensive survey に俟たねばたらないと痛感している[38]。

同じく佐口の「中国イスラムの経典」（『東洋学報』第三二巻第四号、一九五〇年）という論文は、「一九四四年夏、内蒙古長城地帯（蒙彊）において行はれた中国回民調査に基づく中国イスラム文化に関する回教学的研究の一部」であり、内蒙古長城地帯のイスラムの清真寺で研究されている経典の調査資料を紹介し、その各々について解題するものである。本文では回教寺院教育、経典調査資料、ペルシャ的系統について等の内容に分けて論じられている。

中国イスラムを含めてイスラムの研究はわが国では甚だ遅れてゐて、学術的に満足すべき参考文献や資料は極めて乏しく、それゆえ私の研究も不充分たるを免れない。しかし私はここで本来私の志した中国イスラム文化の諸問題につき簡単に提起し、本稿の位置を明らかにして置きたい。

言ふまでもなくイスラムは単なる宗教ではなく信徒（ムスリム）の社会的・宗教的・家族的生活に関する総合的秩序であり、文化複合体である。この立場からイスラムと言ふ用語はイスラムの土地・民族・宗教・社会経済・文化の総合的観念である。それでは私の唱へる中国イスラム文化とはいかなる内容を有してゐるであらうか。中国イスラム文化は主としてムスリム社会の指導層、なかんづく司祭者・宗教学者・知識人などによって形成されるものであるから、かれらの知識・教養と思想・世界観の根底をなす宗教的理念や、かれらがイスラムを宣伝、護持せんがために著述せる教義書やその他の著述の究明、教学ならびに宗務者教育のための寺院教育制度とそれに用ひる経典の調査、教派・門派（セクト）および教団（神秘主義者のOrden）、宗教改革および中国近代化の線に沿ふ近代主義運動

(modernism)と文化運動、中国ムスリムの宗教的生活秩序——即ちムスリムによって遵守されてゐる勤行・儀礼・祭典・習俗など共同社会力の研究、さらに社会的方面としてムスリム共同体の成立過程、構造・機能や民族問題など、これらが私の志向し提起する中国ムスリム文化の諸問題である。これらの問題は文献考証的にのみならず社会学的民族学的にも総合して研究されねばならぬが、すでに個々の問題じたいが学問的処女地であり、その一応の解明にも相当の時日を要する。私は本稿において中国イスラムの教学・寺院教育に関する調査のうち、とくに基礎的資料たる経典に関する調査を発表し、あはせて中国イスラム文化におけるペルシャ的要素といふ文化系統論上の問題を指摘して考察しようと思ふ。[39]

佐口はまた、「中国イスラムの神秘主義」(『東方学』第九号、一九五四年)では清朝史料と各種の戦前・戦中期の調査報告に基づいて、以下の内容を研究した。

中国イスラムにおいて「新教」と呼ばれている教派について見ると、馬明心(乾隆四十六年、一七八一年)、馬化隆(同治十年一八七一年)、馬元章(民国九年一九二〇年)の三人によって代表される新教は、青海、甘粛張家川、寧夏金積を一定の根拠地として揺頭・高声念経(ジクルの誦念に推定する)、神秘家的修行と奇跡の実銭、聖者崇拝(墳墓崇拝をも含む)をほゞ共通の特徴として教団(Orden, order)の組織をなし、近代には Jehaeriya 派=揺頭派とも通称されるところのイスラム神秘主義教団であると規定することができる。その起源は乾隆二十六年ころ東トルキスタンよりの影響で西寧循化Salar族のアホンと共にスーフィズムを唱導した馬明心に始まり、その道統はほゞ馬化隆、馬元章へと系統づけうるものであり、上述三人のムスリム指導者は明らかにSufiであり聖者であり、Sufisim教団のwali＝に当る存在であった。かかるスーフィズム教団の発生は十八世紀中期における清朝の中央アジア支配に伴なう西方イスラムの中国イスラムへの宗教的影響力に基づくものであった[40]。

さらに佐口の「中国ムスリム社会の一側面――清朝実録より観たる」（ユーラシア学会『内陸アジアの研究』明光出版社、一九五三年）という論文では、「序　中国ムスリム社会研究上の諸問題」、「Ⅰ　清朝実録に記録されたる回民資料」、「Ⅱ　資料を通じて観たる中国回民社会の一側面」というテーマが分析される。

われわれは中国イスラム研究上の諸課題に立脚し、中国回民の現実態に関する知見を採用しつつ、これらの資料を処理すべきである。さて現在の著者はもちろん、ここで如上の問題のすべてを解決し得たものでもなく、また解決し得る能力も持たない。ただあらゆる文献的資料を最大限に利用すべきであるという点において、著者は清朝歴朝実録に記載されている回民に関する雑多かつ零細な報道を蒐集し、整理・検討しようと試みるものである。

即ち、順治2年（1645）よりほぼ光緒16年（1890）に至る約250年間にわたる清朝実録の記事中に記載されたる回民に関するすべての報道を蒐集し、これを清代回民の実態に関するいわば“general survey”的な資料として扱い、これに基いて大量観察法とも言うべき観点に立つて中国回民社会の一側面を概観することも可能であることを指摘したいと思う次第である。[41]

本論文の「結び」では以下のように述べられている。

筆者は序において中国ムスリム社会研究の現段階では文献的資料を適確な問題意識に立脚して利用すべきことを論じ、その一方法として清朝実録に記載されている回民関係記事を大量観察法的に分析することにより中国回民社会の一側面を窺知しうることを予断した。Iにおいて資料を必要な範囲で列記し、Ⅱにおいて先づこれらの資料の性質・価値について批判して本稿の研究方法を紹介し、次で（1）回民の分布、（2）回民の職業、（3）回民の反社会的行為、（4）回漢対立と械闘（附、官府の回民観）、の4項目に分つて「資料」より観た中国回民社会の一側面をgeneral survey的に考察した。[42]

前嶋信次は戦前には満鉄東亜経済調査局で西アジア分野を専門に研究し、中国イスラームとムスリム問題に関連した「舎利別考」（『回教圏』第二巻第六号、一九三九年）、「アラビア地理書の明代写本の存在について」（『回教圏』第五巻第一〇号、一九四一年）等の論文を発表した。戦後は戦前の資料を基礎として、イスラーム教と宋元代の関係についての「泉州の波斯人と蒲寿庚」（『史学』第二五巻第三号、一九五二年）、「元末の泉州と回教徒」（第二七巻第一号、一九五三年）等の論文を発表した。

前嶋の「泉州の波斯人と蒲寿庚」論文では、アラブ人ムスリムであったとされる蒲寿庚についての桑原隲蔵の先行研究『蒲寿庚の事蹟』（増訂本一九三五年、岩波書店）を高く評価しながら、以下のように述べる。

（…）閩南の風光明媚な海港泉州に拠り、宋朝滅亡の悲劇を背景として蒲壽庚が演じた歴史上の役割は大きく評価すべきである。しかし、それだけでは、桑原博士は果たして十五ヶ年も研究を献げられたであろうか。主人公がアラブ人であったとする所に、博士の感興をそそり、これだけの大研究となった原因があると私は思っている。[43]

前嶋は本論文において、蒲寿庚がアラブ人であったと断定すべき確たる根拠はなく、むしろペルシャ系と考えられるという意見を明らかにした。

前嶋の論文「元末の泉州と回教徒」は三章に分けられている。

第一章「渣嗜例綿について」は東方学第五輯に収められた杉本（直治郎）博士の高説に対し、潜越をもかえり見ず異説を提起したものである。第二章「呉鑒と清浄寺記」は福建泉州の古いモスクに残る元代の碑文と、その撰者のことを考え、次に汪大淵の島夷誌略のことにも言い及んだものである。第三章「赤思巴奚の叛乱」は元代の大乱の際、同じく泉州で起つた西域人の騒乱につき、その本質を見究めようと試みたものである。

いずれも元朝の福建地方に於けるイスラム教に関連したもので、やゝ雑然たる寄せ集め観があるかも知れない。しかし、三章が相まつて、混乱を極め、しかも比較的史料に乏しかの時代の閩南の文化史上に、僅に一点の光なりとも投じ得たならば、筆者はこれを望外の倖せとするのである[44]。

以上から分かるように、数少ない戦後の研究者の研究業績は、戦前の資料を基礎とするものであった。

そのほか、寺広映雄の論文「雲南ムスリム叛乱の性質に就いて」（『大阪学芸大学紀要』第五号、一九五七年）ではこのムスリムの叛乱について詳しく論じられている。

現代中国の近代史研究に於ては、此等の叛乱の性質を単に回民の単純な騒動であるとし、或いは又回教徒の漢民族に対する種族的・宗教的反抗運動であるとするのは誤りであって、寧ろ同時代に起った太平天国に響応して起ち上った一連の少数民族の反満的武装運動であると説かれている。成る程、雲南回民の叛乱に於て中心人物となった杜文秀が、大理に拠って反清復明を旗幟として遙に太平天国に相応じて決起する旨を宣佈したのは記録によって明らかであるが、と云って、元来この少数民族たる回民と漢民との戦闘事件として発生したものが、何故に反満的革命的運動にまで発展したかという点については、現在のところ立ち入って考察されていないのであり、その根拠・理由が明らかにされない限り、ただ表面的なスローガンのみを以て、右の様に規定する事は公式的解釈の域を脱しないと思われる。（…）以上に於て、雲南に於けるムスリムの叛乱が、最初は漢回両民の紛争として出発しながら、それが次第に反官的・革命的傾向に発展した原因を三つの点より考察した。而もそれらの考察を通じて、この叛乱が雲南地方に於ける全く特殊な叛乱ではなくて、やはり清朝中期以後の政治的・社会経済的矛盾の発展によって生じた他の諸叛乱と同様の性質を多分に有していたと考えられるのである。[45]

ムスリム（回民）の運動について、中田吉信は「清代におけるムスリムの叛乱」（『歴史教育』第二巻第一三号、一九五四年）で以下のように述べる。

清代におけるムスリム（回教徒）の叛乱としては次の四つが主なものとしてあげられる。第一が順治五、六年の甘粛ムスリムの叛乱、第二が乾隆四十六、九年における蘭州、石峯堡の変、第三が咸豊同治年間十八年にわたる雲南ムスリム所謂パンゼーの乱、第四が同治年間に前者と並行して起った陜甘新の西北三省にわたる叛乱である。このほか、乾隆帝の回部征服（一七五九）と、その結果として起こった烏什の乱（一七六五）や和卓一族の数次にわたるカーシュガル侵入などがあるが、これらの東トルキスタンの争乱は纏回即ちウイグル族のそれで、直省各地のムスリムの乱とは性質と異にするので、こゝではふれないことにする。[46]

神戸輝夫の論文「清代後期の雲南回民運動について」（『東洋史研究』第二九巻第二・三号、一九七〇年）の目次および序文は以下の通りである。

一　清朝統治の弛緩

（一）秘密結社、（二）遊匪と練勇

二　回民運動の展開――その一

（一）斗争の再燃、（二）運動の性格

三　回民運動の展開――その二

（一）同治元年（一八六二）まで、（二）同治十二年（一八七三）まで、（三）杜文秀政権

清代後期、雲南省に展開された回民運動は、同時代におこった太平天国運動を頂点とする各地の反清・反封建斗争の一環である。本稿では、清朝封建体制が国内外から大きな打撃を受け、中国社会が漸次半封建・半植民地社会に改善されていく時期の階級矛盾の爆発の一つとして回民運動をとらえ、運動の背景となった雲南省社会の状態と戦史としての回民運動を考察してみたい[47]。

神戸はさらに、「回民運動は、列強に支えられた清朝により撃破されたが、その十数年に及ぶ斗争は、同時代の太平天国運動とともに、清末の農民斗争の輝やかしいページを記している」と述べる。神戸にはほかに「回族起義」（『講座中国近現代史　第1巻』一九七八年）等の論文がある。

藪内清の論文「中国に於けるイスラム天文学」（『東方学報』第一九号、一九五〇年）は以下のように述べ、最後は七成推歩及び明史回々暦法の成立について論じている。

元初は太祖成吉思汗のころから金の大明暦をそのまま使用し、世祖の至元十八年より郭守敬の授時暦が頒行された。その間にイスラム天文学に基く暦法が補助的に使用されてゐた。

曾て太祖がサマルカンドに駐屯してゐた時、耶律楚材は中国との里差を考慮して西征庚午元暦り、これが暫定的に使用されたが、元史暦志に収録されたところからみると西征庚午暦は宋の紀元暦を基としたものであることがわかる。しかし陶宗儀の輟耕録巻九には、同じ耶律楚材が麻答把暦を造ったこと、及びこれが回鶻暦の名称であることを述べてゐる。してみると楚材は恐らくイスラム系と思はれる暦法を造ったことになるが、麻答把暦の内容をもあはせてこれ以上のことは何も知られてゐない。[48]

藪内はさらに「回回暦解」（『東北学報』第三六冊、一九六四年）という論文で「回々暦にみえた立成の主要なもの」について論じている。

もとより回々暦の本質はギリシャの天文学を踏襲したものであり、アルマゲストにみえた機何学的モデルを基礎にして計算された数値が立成に表記されている。しかしそれらの数値を検討することによって、例えば太陽軌道の離心率におけるが如く、回々暦ではアルマゲストよりも一段とすぐれた天文定数が使用されていることが知られた。同時にまだ立成の構成について特に注意されるのは、日食や五星の位置計算において二重引数が使用され、これによって立成がきわめて簡略化されていることである。もちろん天文定数の改良や立成の簡略化は、漢訳の回々暦にはじまったものでないであろう。イスラム天文学の歴史を通じて、こうした改良が漸次行われてきたものであろう。こうした問題の検討は、回々暦の原本を確定する問題とともに、イスラム天文学自体の詳細な研究を待たなければならぬ。回々暦の原本は一応十三世紀のイルカン表と密接な関係があることを推定したが、さきの論文では『七政推歩』に収録された星表の観測年次がイルカン表の時代よりいくぶん後れ、十四世紀の半ばごろであろう。[49]

藪内はさらに、明史回々暦、七政推歩、実録本回々暦の校合によって回々暦を整理するとともに、イスラム天文学の中で回々暦を位置づけることが今後に残された問題だと指摘している。以上の諸研究業績の簡単な紹介と分析から、戦後の日本人研究者は中国で現地調査研究を行う機会を失い、社会学・民族学等の範囲は一時的に中断されたことがわかる。ただし、戦前の資料を根拠とした研究は行われていた。

註

〈1〉片岡一忠「日本における中国イスラーム研究小史」『大阪教育大学紀要』第二部門、第二九巻第一号、二一一–四二頁、一九八〇年。

〈2〉同上

〈3〉鈴木规夫「日本伊斯兰研究的回顾与反思」（高明洁译）『国际政治研究』第四期、六八－七五页、二〇〇四年。

〈4〉大澤広嗣「昭和前期におけるイスラーム研究——回教圏研究所と大久保幸次」『宗教研究』第七八巻第二号、四九三－五一六頁、二〇〇四年。

〈5〉泽井充生「日本的中国穆斯林研究——以一九八〇年后的回族研究为中心」（著宛瑞译）收入金泽陈进国编『宗教人类学（第三辑）』北京：社会科学文献出版社、二八六－三〇二页、二〇一二年。

〈6〉鲁忠慧「论二〇世纪上半叶日本研究回族的殖民主义特征」『西北第二民族学报』第三期、三四－三八页、二〇〇四年。

〈7〉鈴木规夫「日本伊斯兰研究的回顾与反思」（高明洁译）『国际政治研究』第四期、六八－七五页、二〇〇四年。

〈8〉王柯「日本侵华战争与「回教工作」」『历史研究』第五期、八七－一〇五页、二〇〇九年。

〈9〉野原四郎・蒲生礼一「回教圏研究所の思い出」『東洋文化』三八号、八五－一〇〇頁、一九六五年。のち『アジア歴史と思想』東京、一九六六年。

〈10〉店田廣文『戦中期日本におけるイスラーム研究の成果と評価——早稲田大学「イスラム文庫」の分析』研究成果報告書（平成一五年度－一六年度科学費補助金基盤研究C 課題番号 15530347）、二〇頁、二〇〇五年。

〈11〉島田大輔「昭和戦前期における回教政策に関する考察——大日本回教協会を中心に」『一神教世界』六号、六四－八六頁、二〇一五年。

〈12〉同上
〈13〉同上

〈14〉中生勝美「民族研究所の組織と活動——戦争中の日本民族学」『民族学研究』第六二巻第一号、四七－六五頁、一九九七年。

〈15〉同上
〈16〉田村愛理「回教圏研究所をめぐって——その人と時代」『学習院史学』第二五号、二五頁、一九八七年。

〈17〉野原四郎・蒲生礼一「回教圏研究所の思い出」『東洋文化』第三八号、八五－一〇一頁、一九六五年。

〈18〉店田廣文『戦中期日本におけるイスラーム研究の成果と評価——早稲田大学「イスラム文庫」の分析』研究成果報告書（平成一五年度－平成一六年度科学費補助金基盤研究C　課題番号15530347）、一四頁、二〇〇五年。

〈19〉田坂興道「西洋暦法の東漸と回回暦法の運命」『東洋学報』第三一巻第二号、一四一－一八〇頁、一九四七年。

〈20〉佐口透「中国穆斯林研究之回顾与展望——民族研究所及其遗产」（鲁忠慧译）『回族研究』第四期、三一－三七页、一九九七年。

〈21〉中田吉信「清代におけるムスリムの叛乱」『歴史教育』第二巻第一二号、五〇－五六頁、一九五四年。

〈22〉中田吉信「中国ムスリムと宗教組織——族譜を中心として見たる」『東洋学報』第三八巻第一号、八九－一一四頁、一九五五年。

〈23〉中田吉信「清代回教徒の一側面——馬承蔭と馬新貽と」『東洋学報』第三六巻第一号、六六－八六頁、一九五三年。

〈24〉泽井充生「日本的中国穆斯林研究——以一九八〇年后的回族研究为中心」（著宛瑞译）、收入金泽陈进国编『宗教人类学（第三辑）』北京：社会科学文献出版社、二八六－三〇二页、二〇一二年。

〈25〉泽井充生「日本的中国穆斯林研究——以一九八〇年后的回族研究为中心」（著宛瑞译）收入金泽陈进

国编『宗教人类学（第三辑）』北京：社会科学文献出版社、二八六―三〇二页、二〇一二年。

〈26〉片岡一忠「光緒二十一・二十二年の甘粛の回民反乱について（上）（下）」『大阪教育大学紀要』第二部門第二七巻第二・三号、一九七八・七九年。

〈27〉片岡一忠「光緒二十一・二十二年の甘粛の回民反乱について（下）」『大阪教育大学紀要』第二部門第二七巻第三号、五三―八八頁、一九七九年。

〈28〉片岡一忠「刑案資料よりみたる清朝の回民政策」『史学研究』第一三六号、一―二四頁、一九七七年。

〈29〉店田廣文『戦中期日本におけるイスラーム研究の成果と評価――早稲田大学「イスラム文庫」の分析』研究成果報告書（平成一五年度―平成一六年度科学費補助金基盤研究C　課題番号15530347）、一六頁、二〇〇五年。

〈30〉片岡一忠「日本における中国イスラーム研究小史」『大阪教育大学紀要』第二部門、第二九巻第一号、二一―四二頁、一九八〇年。

〈31〉鲁忠慧「论二〇世纪上半叶日本研究回族的殖民主义特征」『西北第二民族学报』第三期、三四―三八页、二〇〇四年。

〈32〉佐口透「中国穆斯林研究之回顾与展望――民族研究所及其遗产」（鲁忠慧译）『回族研究』第四期、三一―三七页、一九九七年。

〈33〉泽井充生「日本的中国穆斯林研究――以一九八〇年后的回族研究为中心」（著宛瑞译）、收入金泽陈进国编『宗教人类学（第三辑）』北京：社会科学文献出版社、二八六―三〇二页、二〇一二年。

〈34〉鈴木規夫「〈中国回教社会の構造〉にみる回漢混合社会論の陥穽」『武蔵野大学政治経済研究所年報』第九号、五三―七三頁、二〇一四年。

〈35〉小野忍「中国に於ける回教教団」『東亜論叢』第六輯、東京文求堂、七八―八九頁、一九四八年。

〈36〉泽井充生「日本的中国穆斯林研究——以一九八〇年后的回族研究为中心」（著宛瑞译）收入金泽陈进国编『宗教人类学（第三辑）』北京：社会科学文献出版社、二八六－三〇二页、二〇一二年。

〈37〉佐口透「中国ムスリムの宗教的生活秩序」『民族学研究』日本民族学会、第一三巻第四号、二一－三五頁、一九四九年。

〈38〉同上
〈39〉佐口透「中国イスラムの経典」『東洋学報』第三二巻第四号、一〇〇－一二八頁、一九五〇年。

〈40〉佐口透「中国イスラムの神秘主義」『東方学』第九号、七九－八九頁、一九五四年。

〈41〉佐口透「中国ムスリム社会の一側面——清朝実録より観たる」ユーラシア学会『内陸アジアの研究』、明光出版社、一二三－一六五頁、一九五三年。

〈42〉同上
〈43〉前嶋信次「泉州の波斯人と蒲寿庚」『史学』第二五巻第三号、二五六－三二一頁、一九五二年。

〈44〉前嶋信次「元末の泉州と回教徒」『史学』第二七巻第一号、一七－六九頁、一九五三年。

〈45〉寺広映雄「雲南ムスリム叛乱の性質に就いて」『大阪学芸大学紀要　A　人文科学』第五号、一九五七年。

〈46〉中田吉信「清代におけるムスリムの叛乱」『歴史教育』第二巻第一二号、五〇－五六頁、一九五四年。

〈47〉神戸輝夫「清代後期の雲南回民運動について」『東洋史研究』第二九巻、第二・三号、一一八－一四六頁、一九七〇年。

〈48〉薮内清「中国に於けるイスラム天文学」『東方学報』第一九号、六五－七五頁、一九五〇年。

〈49〉薮内清「回回歴解」『東北学報』第三六号、六一一－六三一頁、一九六四年。

第四章　再構築時期——一九七九年から現在

はじめに

一九四五年から八〇年代にかけて、日本の研究者たちは日本の戦前・戦中における中国イスラーム及びムスリム問題を対象とした研究の歴史を整理・分析・評価してこなかった。一九八〇年一〇月に発表された片岡一忠の「日本における中国イスラーム研究小史」は、日本における中国イスラーム研究史を第一期（一九三〇年以前）、第二期（一九三〇－一九四五年）、第三期（一九四五年以後）の三期に分けて、一九一〇年から一九八〇年までの研究成果を簡単に紹介していた。しかしここでは各論文について具体的な分析は十分になされていない。片岡の論文が発表されてから、戦前の研究史と業績を整理し、分析・評価する文献が相次いで現れた。その一つである臼杵陽の論文「戦時下回教研究の遺産——戦後日本のイスラーム地域研究のプロトタイプとして」（『思想』九四一号、二〇〇二年）は以下のように述べている。

その際翻って、満州事変から一九四五年の敗戦までの「十五年戦争」期に植民地主義的動機づけで培われた回教研究の遺産を、日本のイスラームに関する「地域研究」のプロトタイプとして再考してみる必要があろう。第二次世界大戦中に芽生えた地域研究を戦後の冷戦体制下で開花させた世界帝国としてのアメリカとは異なって、日本独自の「地域研究」として発展する可能性を秘めていた植民地学という研究領域は一九四五年の敗戦で断絶したからである。換言すれば、回教研究も大日本帝国の崩壊とともに組織的にも理念的にも解体してしまった。日本におけるイスラーム研究が戦後再び活発になるのは経済大国として自他ともに認められるようになる一九七〇年代から八〇年代をまたなければならなかった。[2]

佐藤次高によれば、イスラーム地域研究は、世界のイスラーム研究にさきがけて開始された新しい研究分野である。そこでは、宗教・文明としてのイスラームと新しい地域研究とを結びつけ、イスラームと地域とのかかわりを多角的に分析することで、地域の総合的理解を深めることが主要な目的とされた。その対象地域は東は中国・東南アジアから中央アジア・南アジアや中東諸国をへて、西はマグリブ諸国、アフリカ、東西ヨーロッパ、さらに南北アメリカにまで及んでいた。これらの地域の大部分にはイスラーム教徒が生活し、多くの国はイスラームを国教としている。ただし、諸地域のイスラーム教と文化にはそれぞれ独特な特徴があり、地域間の交流や相互関係もあった[3]。

戦前の中国イスラーム研究は日本の侵華戦争と緊密的な関係があった。戦後になり、とくに一九八〇年代以後は、日本における中国イスラーム研究の思想・社会背景、研究方法は戦前とは完全に異なる特徴を持つようになった。ここにおいて、中国イスラームは世界イスラームの重要な一地域として研究されるようになり、この分野は新しい研究動向を迎えた。徐々に中国イスラームやムスリム問題の研究と直接関係する諸研究機関が設立され、研究者の数も増え、学術交流も深化していった。

第一節　日中の学術関係と諸研究活動

一　改革開放後における日中学術成果

一九四五年から一九七〇年代にかけては、日本と中国間の文化交流活動は民間に限られていた。一九七八年八月一二日、日本国と中華人民共和国との間で『日本国と中華人民共和国との間の平和友好条約』（日中平和友好条约、中华人民共和国和日本国和平友好条约）が締結された。内容は一九七二年九月の国交回復時の日中共同声明の文面を基本的に踏襲しており、第一条で主権・領土の相互尊重、相互不可侵、相互内政不干渉が記述され、第二条で反覇権を謳い、第三条で両国の経済的、文化的関係の一層の発展を述べて、第四条でこの条約の第三国との関係について記されている。国交回復から六年が過ぎてから平和条約が妥結したのは、「反覇権」条項と「第三国」条項が論議を呼んだためである。

この『日中平和友好条約』は日中文化交流の政治的な基礎となった。一九七九年一二月六日には『文化交流の促進のための日本国政府と中華人民共和国政府との間の協定』が契約され、両国間の文化交流は新たな段階を迎える。その第一条は政府間の文化協力の形態であった。

両国政府は、次に掲げる形態により、それぞれ自国の実施体制に従い、できる限り協力する。（1）学者、教員、学生、芸術家、スポーツマンその他文化的、教育的又は学術的活動に従事する者の交流。（2）大学その他の教育又は研究の機関における修学及び研究に従事する他方の国の国民に対する奨学金その他の便宜の供与。（3）学者又は研究員による共同の学術研究又は学術調査の実施。

これは文化交流史において重要な意味を持つ。この「文化交流協定」は両国の学術交流関係にも非常に重要な影響を与え、以後日中相互の学術研究諸領域で豊かな研究成果が得られたとされる。[4]もちろんこの協定は日本における中国イスラーム研究動向をも大きく促進した。

中国改革開放後、中国の諸研究範囲は全面的に発展していった。中国における日本に関する研究はこのころ年平均一〇五〇篇の論文が発表され、日中文化交流史はかつてない段階を迎えた。中国の研究者は日本の伝統文化と現代化、日本人と外来文化、政治、国民性、社会思潮、思想文化などの問題を中心として研究活動を展開した。とりわけ李薇主編『当代中国的日本研究（現代中国の日本研究）』（中国社会科学出版社、二〇一二年）は当時の中国における日本研究に関する基本状況を示している。

　中国イスラームとムスリム問題に関する研究分野も例外ではない。中華人民共和国成立後、とくに文化大革命期には一時的に断絶されたが、八〇年代が始まるとこの分野の研究の進展も回復された。一九七九年には各地域で学術学会が開催され、本領域の豊かな研究成果を得た。そのうち代表的なものは、一九八一年の『中国宗教学術討論会』と一九八七年に北京で開催された『全国イスラーム学術討論会』である。西北五省イスラーム教学術研究会論文集『清代中国伊斯蘭教論集（清代中国イスラーム教論集）』（寧夏哲学社会科学研究所編、寧夏人民出版社、一九八一年）、『伊斯蘭在中国（イスラームは中国）』（甘粛省民族研究所編、寧夏人民出版社、一九八二年）、『中国伊斯蘭教研究（中国イスラーム教研究）』（青海省宗教局、青海人民出版社、一九八七年）、『中国伊斯蘭教研究文集（中国イスラーム教研究文集）』（編写組編、寧夏人民出版社、一九八八年）等が出版された。[5]教派研究について、中国社会科学院世界宗教研究所イスラーム教研究室が編印した『什叶派（シーア派）』（一九八三年）はシーア派について詳しく述べている。勉維霖『寧夏伊斯蘭教派概要

（寧夏イスラーム派概要）』（寧夏人民出版社、一九八一年）、馬通『中国伊斯蘭教派与門宦制度史略（中国イスラーム教派と門官制度史略）』（寧夏人民出版社、一九八三年）、同『中国伊斯蘭教派門宦溯源（中国イスラーム教派門官根源）』（寧夏人民出版社、一九八三年）も出版された。一九七〇年代以来、清真寺（モスク）についてのただ一つの本である楊永昌『清真寺』（寧夏人民出版社、一九八一年）が出版された。地域イスラーム教については『泉州伊斯蘭教研究論文集』（泉州海外交通史博物館、泉州歴史研究会合編、福建人民出版社、一九八三年）と『西北伊斯蘭教研究』（甘粛省民族研究所編、甘粛民族出版社、一九八五年）が八〇年代前半の西北イスラーム教問題研究において代表的な二〇編の論文を掲載している。さらに馬通『中国西北伊斯蘭教的基本特征』（寧夏人民出版社、二〇〇〇年）、高占福『西北穆斯林社会問題』（甘粛民族出版社、一九九一年）、同『西北回族伊斯蘭教』（著者不詳、寧夏人民出版社、一九九四年）、陳慧生『新疆伊斯蘭教史』（新疆人民出版社、二〇〇〇年）、同『寧夏回族与伊斯蘭教』（寧夏区政協文史資料研究委員会編、寧夏文史資料第十八号、寧夏人民出版社、一九八七年）等が出版された。

中国イスラーム史料の収集と整理については、『中国伊斯蘭教史参考資料選編（一九一一年—一九四九年）』（李興華等 主編、寧夏人民出版社、一九八五年）、『西北民族宗教史料文摘』（甘粛省図書館書目参考部編、甘粛省図書館、一九八六年）、『中国伊斯蘭文献著訳提要』（余振貴・楊懐中 主編、寧夏人民出版社、一九九三年）等が出版された。このうち『中国伊斯蘭文献著訳提要』では唐代から一九九二年に至る中国イスラーム教文献及び研究成果を系統的に紹介している。掲載されたイスラーム教の古籍は五七八部、参考書目は一六〇部である。また、『中国回族典籍叢書』（馬宝光主編、中国回族典籍叢書委員会、一九九七年）に掲載されたのは明清時代イスラーム教漢文訳著二〇種類、三五〇万字の内容である。

学術雑誌としては『中国穆斯林』（中国伊斯蘭教協会設）、『世界宗教研究』（中国社会科学院世界宗教研究所設）、『世界宗教文化』（中国社会科学院世界宗教研究所設）、『寧夏社会科学』（寧夏社会科学院設）、『甘粛民族研究』（甘粛民族研究所設）、『阿拉伯世界』（上海外国語大学設）、『青海民族学報』（青海民族大学設）、『新疆社会科学』（新疆社会科学院設）が刊行され、イスラームについての研究論文が大量に発表された。

中国イスラームに関するエンサイクロペディア『中国伊斯蘭百科全書』（中国伊斯兰百科全書編辑委員会編、四川辞書出版社、一九九六年）は、世界イスラーム教と中国イスラーム教等の項目に組織され、イスラーム文化と緊密に関係する三三六〇条目の知識が収集されている。『中国伊斯蘭史』（李興華・秦慧彬・馮今源・沙秋真 共著、中国社会科学院出版社、一九九八年）は、中国国内ではただ一つの、イスラーム教の中国への伝達と発展史を詳しく述べた本であった。回族イスラーム教の歴史を主に、系統的イスラーム教と中国文化の交流関係を研究した『伊斯蘭与中国文化』（余振貴・楊懐中、寧夏人民出版社、一九九五年）は、唐代から民国時期のイスラームと政治的関係、つまり、明末清初以来のイスラームと西北地方の社会安全関係を分析した。『中国歴代政権与伊斯蘭教』（余振貴、寧夏人民出版社、一九九六年）、『中国回族伊斯蘭制度概論』（勉維霖、寧

夏人民出版社、一九九七年）、『中国伊斯蘭伝統文化研究』（秦慧彬、中国社会科学院出版社、一九九五年）、『中国的伊斯蘭教』（秦惠彬、商务印書館、一九九七年）、『回族伊斯蘭教研究』（李松茂、寧夏人民出版社、一九九三年）、『伊斯兰教百问』（馮今源、今日中国出版社、一九九二年）、『伊斯蘭文化叢書系列』（伊斯蘭文化叢書系列編、中国社会科学院出版社、一九九五年）、『伊斯蘭教法概略』（呉雲貴、中国社会科学院出版社、一九九三年）、『古蘭経哲学思想』（杨启辰、寧夏人民出版社、二〇〇〇年）、『中国穆斯林民居文化』（馬平、寧夏人民出版社、一九九五年）、『中国伊斯蘭文化』（文史知识編辑部、中华書局出版、一九九六年）、『伊斯蘭文化新論』（馬明良、寧夏人民出版社、一九九七年）など多数の著作が出版され、中国イスラーム研究の振興という時代を示している。

高占福も一九九〇年代の中国イスラーム研究の業績を高く評価する。

九〇年代的中国伊斯兰教研究、已呈现出多领域开拓、多学科并进、多方位进展、多方面收获的特点、在国内外的影响也不断扩大。当我们在此基础上走向二一世纪的时候、有理由满怀信心地迎接新的挑战、取得新的成就。[6]（一九九〇年代の中国イスラーム研究は、多分野の学問的開拓と発展、多方面の進展と収穫の特徴が表れ、国内外への影響も広がっている。私たちがこの基礎の上で二一世紀に入った今、自信を持って新たな挑戦をし、新たな成果を上げる理由がある。）

日本における中国に関する研究も豊かな成果を得た。例えば、「中国研究所」の設立と『中国研究月報』刊行が挙げられる。中国研究所は一九四六年に設立総会を開催し、翌一九四七年に文部省の認可を受け、社団法人として正式に成立した。戦後日本で最初に設立された中国研究専門の研究機関である中国研究所の目的は、「現代中国およびアジア地域の政治、経済、社会、文化、教育、歴史など諸般にわたる実状を客観的に調査、研究し、学術の発展に寄与するとともに、それを通して中国およびアジア諸地域の人々との相互理解を深めること」とされている。以来今日に至るまで、「各種研究会の開催、出版物の編集、発行、専門図書館の運営、講座・セミナーの開催、「中国語研修学校」（一九九三年七月に分離独立）の経営などの活動を柱に、日本における現代中国の調査、研究の拠点として」成果を蓄積してきた。この研究所からは『中国史研究入門』（山根幸夫編、山川出版社）、『近代日中関係史研究入門』（山根幸夫ほか編、研文出版、一九九二年）等の様々な本が出版された。

以上の中国研究にまつわる歴史は、日本における中国イスラーム研究史と必ずしも直接の関係をもたないが、理想的な研究環境の背景になったということができる。

二　新たに設立された諸研究機関

(一) 諸研究機関

一九八〇年代から、イスラーム世界とイスラーム問題に関連した諸研究機関が相次ぎ設立された。日本中東学会は、一九八四年一二月六日の発起人会を経て翌一九八五年四月六日の第一回年次大会総会において正式に設立された。設立の目的は、中東研究を目指すにあたって、「言語・歴史・政治・経済・産業・地理・コミュニケーション等々、人文・社会科学はいうに及ばず、自然科学や技術をも含めた諸分野の専門家の学際的協議を求め、このような交流と協力を真摯に追求する場としての学会を形成するとともに、広範囲で多専門的な中東地域研究の学的・知的フォーラムを作り出すためであり、換言すれば地域研究としての中東研究の組織化を促進するためであった」。設立以来、海外を含めて中東研究者や中東に関心を持つ人々が学会に加入し、二〇一八年現在の会員数は正会員五五六名、学生会員一六一名である(「学会名鑑」より)。主要な活動は年次大会・講演会などの開催、機関誌・ニューズレターなどの発行である。

機関誌『日本中東学会年報』は一九八六年から二〇一八年現在まで年二回発行されている。日本語や英語はもとより、アラビア語やペルシア語、トルコ語をはじめとする、様々な言語による論文が掲載されているのが特徴と言える。中国イスラームとムスリム問題に関連する論文は二〇一七年までに約一〇篇が掲載され、趙國忠「History and Present Situation of Middle East Studies in China」(第九巻、一九九四年)やレズラジイ・エルモスタファ「大亜細亜主義と日本イスラーム教——波多野烏峰の「諜報からイスラーム」への旅」(第一二巻、一九九七年)等の、参考価値のある論文が発表された(表4-1)。

日本中東学会は日本の中国イスラーム研究という分野と間接的に関係し、本分野にも様々な研究動力と研究環境を提供した。一方、中国イスラーム研究と直接に関係するのは「中国ムスリム研究会」である。

中国ムスリム研究会は二〇〇一年、中国ムスリムに関心のある大学教員や大学院生を中心とする学術団体として発足した。主な活動目的は、中華人民共和国のイスラーム系少数民族や中国から東南アジア、中央アジア、西アジアなどに移住したその移民に関する諸問題を研究し、また、会員の相互交流を促進、独自の研究成果を対外的に発信することである。会員数は七〇名である（二〇一二年六月現在）。二〇〇一年の発足以来、毎年二回のペースで定例会を開催している。会員の専門分野は、歴史学、文化・社会人類学、地理学、社会学、教育学、地域研究などに多岐にわたっており、定例会では活発な議論が行われている（表4－2）。

もう一つ紹介したいのは「東北大学イスラム研究会」である。この研究会は、イスラームへの幅広い関心や興味に応える、多元的で学際的なアプローチのために立ち上げられ、二〇一八年一一月までに三回の研究会（二〇一七年一〇月、二〇一八年三月・一一月）を行っている。今後も年二回程度の研究会を最低五年継続することを期している。

（二）人間文化研究機構（NIHU）イスラーム地域研究[8]

「イスラームとイスラーム文明に関する実証的な知の体系を築くことを目指す新しい研究分野」の開拓と推進のために、二〇〇六年より人間文化研究機構（National Institutes for the

表 4-1 『日本中東学会年報』に掲載された中国イスラームとムスリムに関する研究業績

趙國忠「History and Present Situation of Middle East Studies in China」	一九九四年	第九巻
レズラジイ・エルモスタファ「大亜細亜主義と日本イスラーム教——波多野烏峰の「諜報からイスラーム」への旅」	一九九七年	第一二巻
安藤潤一郎「Japan's 'Hui-Muslim Campaigns'（回民工作）in China from the 1910's to 1945: An Introductory Survey (Culture and Communication, <Special Issue> Middle East Studies from East Asia)」	二〇〇二年	第一八巻第二号
松本ますみ「Sino-Muslims' Identity and Thoughts during the Anti-Japanese War: Impact of the Middle East on Islamic Revival and Reform in China (Culture and Communication, <Special Issue> Middle East Studies from East Asia)」	二〇〇二年	第一八巻第二号
潘光「The Middle East and China's Strategy for Overseas Energy Development (Economic Development and Energy Security, <Special Issue> Middle East Studies from East Asia)」	二〇〇二年	第一八巻第二号
黒岩高・佐藤実「Introduction of the Research Group on Works by Chinese Muslim Intellectuals」	二〇〇四年	第二〇巻第二号
佐藤実「The Five Element Theory in Liu Zhi(劉智)'s Wugong shiyi(五功釋義)(<Special Issue> Changing Knowledge and Authority in Islam)」	二〇〇五年	第二一巻一号
松本ますみ「中国ムスリムに対するキリスト教宣教」（研究ノート）、	二〇〇五年	第二一巻第一号
店田廣文「戦中期日本における回教研究機関——『大日本回教協会寄託資料』の検討」	二〇一二年	第二八巻第二号
三沢伸生「戦前・戦中期における日本人のイスラーム認識——仏教系日刊新聞『中外日報』掲載イスラーム関係記事（１９３７〜４５年）」	二〇一二年	第二八巻第二号
諫早庸一『一なる天、異なる宙——モンゴル帝国期ペルシア語中国暦の研究（中東研究博士論文要旨）』	二〇一六年	第三二巻 第一号

表 4-2　中国ムスリム研究会の会員と専門分野（他の会員も含める）

松本ますみ	室蘭工業大学工学研究科　教授	中国イスラーム新文化運動、ジェンダーと中国イスラーム等
澤井充生	首都大学東京人文社会学部人間社会学科　助教	中国地域研究、イスラーム地域研究等
木村自	立教大学社会学部現代文化学科　准教授	回民の移民研究等
清水由里子	中央大学文学部　講師	新疆近現代史
新免康	中央大学文学部　教授	新疆ウイグル地域の歴史・文化
高橋健太郎	駒澤大学文学部地理学科　教授	回族地域社会の持続と変容等
田中周	早稲田大学アジア研究機構・現代中国研究所　研究助手	現代中国の民族問題
梅村坦	中央大学総合政策学部　教授	東洋学（ウイグル民族誌等）
小沼孝博	東北学院大学文学部　教授	新疆史等
熊谷瑞恵	京都大学人文科学研究所　研究員	新疆、ことばと暮らし等
黒岩高	武蔵大学人文学部日本・東アジア文化学科　教授	回民の伝統文化等
小嶋祐輔	愛知大学国際問題研究所　客員研究員	新疆地域研究等
砂井紫里	早稲田大学高等研究所　講師	食文化等
佐藤実	大妻女子大学比較文化学部　教授	中国イスラーム思想史
真田安	東洋大学アジア文化研究所　客員研究員	新疆・ウイグル民族史
澤田稔	富山大学人文学部人文学科　教授	イスラームと政治等
新保敦子	早稲田大学教育学部　教授	少数民族教育（回族、モンゴル族）等
菅原純	蘭州大学歴史文化学院／西北少数民族研究中心　教授	新疆史、現代ウイグル語レキシコグラフィ等
野田仁	東京外国語大学アジア・アフリカ言語文化研究所　准教授	カザフスタン史等
中西竜也	京都大学人文科学研究所　准教授	近世・近代における中国ムスリムのイスラーム思想・学術等
藤山正二郎	福岡県立大学人間社会学部　非常勤教員	ウイグル地域と伝統医学等
矢久保典良	千葉商科大学商経学部　非常勤講師 ほか	中国ムスリム研究（とくに回民研究）等
吉松久美子	大東文化大学国際関係学部　助教授	東南アジアへの回族の移住と回族の食文化変容等
鷲尾惟子	奈良女子大学人間文化研究科　博士研究員 ほか	新疆地域、ウイグル音楽等

参考：中国ムスリム研究会編「中国ムスリムを知るための 60 章」明石書店、2012 年

Humanities: NIHU）と共同で、早稲田大学、東京大学、上智大学、京都大学、東洋文庫の五拠点を結ぶネットワーク型の共同研究であるNIHUプログラム「イスラーム地域研究（IAS）」が始まった。本プログラムの第一期活動は五年間続き、さらに二〇一一年四月からは第二期が始まって、二〇一六年三月まで続くことになった（表4-3）。

早稲田大学イスラーム地域研究機構は『イスラーム地域研究ジャーナル』を刊行し、中国イスラーム含む世界イスラームとムスリム問題に対し諸研究を行っている。『イスラーム地域研究』に掲載された中国イスラーム関連の論文には野田仁「日本から中央アジアへのまなざし――近代新疆と日露関係」（二〇一四年、第六巻）、海野典子「中国ムスリムの「清真」意識と自他認識――二〇世紀初頭の華北地域におけるハラール問題と「回」「漢」関係」（二〇一六年、第八巻）がある。また、同研究所の「リサーチ・ペーパー・シリーズ」のうち、野田仁編『中国新疆のムスリム史――教育、民族、言語』（二〇一四年）には清水由里子「近代中国におけるムスリム・マイノリティの教育――新疆のウイグル人の学校教育を事例として」、野田仁「教育・言語政策の中のムスリム・マイノリティ――新疆のカザフの場合」が掲載され、砂井紫里編『食のハラール』（二〇一四年）には砂井紫里「中国における清真とハラール」が掲載されている。

東京大学大学院人文社会系研究科は、アジア文化研究専攻を中心として西アジア・中央アジア地域の歴史およびイスラームの思想と文化を研究する大学院生を育成し、日本のイスラーム

表 4-3　人間文化研究機構（NIHU）イスラーム地域研究　各拠点とテーマ

第一期（2006-2011 年）		
拠点(代表者)	研究テーマ	研究グループ
早稲田大学（佐藤次高）	イスラームの知と文明	1：イスラームの知と権威―動態的研究 2：アジア・ムスリムのネットワーク
東京大学（小松久男）	イスラームの思想と政治―比較と連関	1：中央ユーラシアのイスラームと政治 2：中東政治の構造変容
上智大学（私市正年）	イスラームの社会と文化	1：イスラーム主義と社会運動・民衆運動 2：東南アジア・イスラームの展開 3：スーフィズムと民衆イスラーム
京都大学（小杉泰）	イスラーム世界の国際組織	イスラーム世界の国際組織の基礎研究
東洋文庫	イスラーム地域研究史資料の収集・利用の促進とイスラーム史資料学の開拓	
第二期（2011-2016 年）		
早稲田大学（桜井啓子）	イスラームの知と文明	イスラームの社会的実践とその理念
東京大学（大稔哲也）	イスラームの思想と政治―比較と連関	近現代中東・中央ユーラシアの思想と政治
上智大学（私市正年）	イスラーム近代と民衆のネットワーク	イスラーム近代と民衆のネットワーク
京都大学（小杉泰）	イスラーム世界の国際組織	イスラーム世界の国際組織とグローバル・ネットワーク
東洋文庫（三浦徹）	イスラーム地域研究史資料の収集・利用の促進とイスラーム史資料学の開拓	イスラーム地域研究史資料ネットワーク構築

表4－4　『イスラーム世界研究』内の中国イスラーム関係文献

第三巻一号（二〇〇九年）　書評 佐藤実『劉智の自然学――中国イスラーム思想研究序説』（評者：松本耿朗）
第七巻（二〇一四年）　書評 中西竜也『中華と対話するイスラーム――一七－一九世紀中国ムスリムの思想的営為』（評者：松本耿郎） 堀池信夫『中国イスラーム哲学の形成――王岱與研究』（評者：中西竜也）

研究を支える若手研究者を多く送り出してきた。新免康編著『フェルガナ盆地のウイグル人と越境の記憶』（NIHUイスラーム地域研究東京大学拠点、二〇一〇年）はその研究業績の一つである。

京都大学大学院アジア・アフリカ地域研究研究科には、二〇〇四年に新たに「グローバル地域研究専攻」が設立され、その中に「イスラーム世界論講座」も設置された。ここではイスラーム地域研究と有機的に結びついた大学院教育と若手研究者の育成が進められている。本研究科は『イスラーム世界研究』を発行しており、その一部には中国イスラームについての研究（書評）も含まれている（表4－4）。

東洋文庫は「イスラーム地域研究史資料の収集・利用の促進とイスラーム史資料学の開拓」の研究課題を中心に、イスラーム地域の政治・社会・文化を、「現地でそして現地の言葉で書かれた史資料」を用いて「その内側から理解し研究を深めていく」ことを目指し、史資料に関する総合的な研究を進めている。第二期の研究事業では、研究課題を「イスラーム地域研究史資料ネットワークの構築」と定め、史資料の体系的な収集と整理、それらに関する研究を組織的に行うための文献情報の整備、その基盤となる史資料学という三つの局面が連動するサイクルを構築し、史資料に関する研究の体系化を目指した。第一期の研究計画（二〇〇六－一〇年度）として、文献史料による比較制度研究では日本、中国、中東、中央アジアの文書史料による比較制度研究「歴史アーカイブズの多国間比較」（国文学研究資料館）および中央アジア古文書研究プロジェクト（京都外国語大学）と連携し、中国イスラームと関連する研究を行った。

（三）中国ムスリム研究会と中国伊斯蘭思想研究会の研究活動

中国ムスリム研究会では原則年二回のペースで例会が開催され、歴史学、文化・社会人類学、地理学、宗教学など様々なアプローチから研究発表や調査報告が行われている[9]（表4－5）。

中国伊斯蘭思想研究会の編集した『中国伊斯蘭思想研究』は、「回儒の著作研究会」による、清朝中国ムスリム学者である劉智の『天方性理』訳注を中心として刊行されている。回儒の著作研究会の成員は、青木隆（中国文学）、黒岩高（東洋史学）、佐藤実（中国哲学）、中西竜也（東洋史学）、仁子寿晴（イスラーム哲学）である（表4－6）。

表4－5　中国ムスリム研究会　定例会

第一回　東京外国語大学 二〇〇一年七月一四日	①澤井充生「回族の清真寺管理運営制度と中国共産党の宗教政策――寧夏回族自治区銀川市城区の事例を中心に」 ②菅原純「ウイグル文字文化の過去と現在――デジタル化へ向けて」
第二回　中央大学 二〇〇一年一二月二二日	①新免康「新疆におけるイスラーム聖者墓の現状――『アスハーブ・アルカフフ』の事例を中心に」 ②澤井充生「回族の民族内婚と回族・漢族通婚に関する調査報告――寧夏回族自治区銀川市城区の事例から」 ③清水由里子「『ウイグル』民族の自己表象に関する一考察――一九三〇年代の知識人の言説を事例に」 ④黒岩高「流言にみる漢・回関係の変容と回民蜂起」
第三回　中央大学 二〇〇二年五月二五日	①菅原純「『新疆ウイグル人の職業意識の伝統と現状に関する歴史・人類学的研究』をめぐって」 ②澤井充生「バラカをばら撒く！――寧夏回族自治区における回族の婚姻儀礼」 ③吉松久美子「ミャンマーの雲南系回族（パンデー）の交易と移住」 ④木村自「台湾回民のエスニシティと宗教――イードと預言者マウリドからの分析」 ⑤大澤広嗣「回教圏研究所の形成過程」
第四回　中央大学 二〇〇三年三月一五日	①澤井充生「二〇〇二年現地映像資料――北京、寧夏回族自治区、甘粛省、内蒙古自治区」 ②王柳蘭「タイ北部の雲南ムスリム社会――移動とつながりの構築」 ③澤井充生「聖者は西域からやってきた――スーフィー教団の歴史的記憶と経験」
第五回　中央大学 二〇〇三年七月二六日	①木村自「『異境』に『故郷』を造ること――ミャンマー・北タイ華僑ムスリムの台湾移住とムスリムコミュニティの形成」 ②華立「清乾隆期甘粛省回民反乱と新疆」
第六回　日本教育会館 二〇〇三年一二月二七日	①黒岩高「「教」と「学」――宗教スタイルの相違に見る回民蜂起の地域性」 ②安藤潤一郎「日中戦争期における日本の「回教工作」と中国回民――主として華北「中国回教総聯合会」の事例から」
講演会　中央大学 二〇〇四年五月一八日	張中復「〈華夷兼蓄〉下的辺縁遊移――論当代中国回族民族属性中的〈少数民族化〉問題」
第七回　東洋文庫 二〇〇四年七月一七日	①松本光太郎「雲南ムスリム調査中間報告」 ②松本ますみ「キリスト教プロテスタント宣教師の対中国ムスリム布教――「文化帝国主義」とイスラーム覚醒」

第八回　駒澤大学 二〇〇四年一二月一八日	①松本耿郎「雲南とペルシャの存在一性論」 ②中西竜也「雲南省通海県納古鎮納家営清真寺アラブ語碑文――所謂「新行」への転向において「アブー・ハニーファの学説」が合法性の根拠とされた事例」
※早稲田大学 二〇〇五年七月九日	①馬平「当代中国西北伊斯蘭教門宦制度的経済社会基礎」 ②楊海英「従蒙古学研究角度看伊斯蘭」 ※寧夏社会科学院訪問団・中国ムスリム研究会学術交流会
第九回　駒澤大学 二〇〇五年七月一〇日	①星野真「少数民族地域における経済発展と地域内格差――新疆におけるケーススタディ」 ②高橋健太郎「回族の聖者廟参詣――寧夏回族自治区南部地域の事例」
第一〇回　駒澤大学 二〇〇五年一二月一七日	①吉田豊子「冷戦前夜の中ソ関係――北塔山事件をめぐる中ソ交渉を中心に」 ②熊谷瑞恵「住まいとひとの自己領域感覚――中国新疆カシュガル地域における中庭型住居の住まわれかたを中心に」
第一一回　駒沢大学 二〇〇六年七月二三日	①平山光将「中国共産党の少数民族政策――回民工作を中心に」 ②小沼孝博「清代北京のウイグル街――満漢蒙回合璧『御製勅建回人禮拝寺碑』簡介」
第一二回　東京経済大学 二〇〇七年二月二四日	①砂井紫里「ともに食べること食べないこと――福建省晋江市の清真寺における共食」 ②松本ますみ「『雲南清真鐸報』にみる雲南イスラーム近代主義」
第一三回　駒澤大学 二〇〇七年九月二九日	①清水由里子「ウイグル人の女子学校教育の開始とその展開――一九三〇年代のカシュガルを事例に」 ②田島大輔「『満洲国』とイスラーム」
第一四回　駒沢大学 二〇〇八年三月二二日	①菅原純「省制期新疆テュルク・イスラーム社会における社会経済文書――文書書式集の「規範」と実態」 ②佐藤実「近世中国ムスリム知識人の中華意識」
第一五回　早稲田大学 二〇〇八年七月一九日	①田中周「中華人民共和国における国家・国民統合と民族政策――一九五〇年代新疆ウイグル自治区成立過程から考える」 ②矢久保典良「重慶国民政府期の中国ムスリム団体――『中国回教救国協会会刊』を手がかりに」
第一六回　早稲田大学 二〇〇八年一二月六日	①鷲尾惟子「ウイグル人の民間音楽における変容――南疆アトシュ地区・ホータン地区の民間歌曲を中心に」 ②ジュクタルジャ「二〇世紀前半、中国青海地方で活動した軍閥――馬歩芳がはたした役割を中心として」
第一七回　早稲田大学 二〇〇九年六月二七日	①松本和久「新疆への漢族進出と生産建設兵団――解放軍主導の辺境開発」 ②今中崇文「地域と国家の間に立つアホンたち――西安・化覚巷清真大寺の事例から」 ③佐藤航「香港のムスリムと中華回教博愛社」

第一九回　早稲田大学 二〇一〇年六月二七日	①山﨑典子「蒙疆における善隣協会の「対回教文化事業」――対回民医療工作と興亜義塾を中心に」 ②木村自「英領植民地期／ポスト植民地期ミャンマーにおける雲南ムスリムの生存戦略」
第二〇回　早稲田大学 二〇一〇年一二月四日	①奈良雅史「「宗教」と「世俗」を両立するものとしてのムスリム学生――雲南省昆明市城区の事例を中心に」 ②清水由里子「国民党系ウイグル人の文化・言論活動（一九四六－四九年）」 ③タシ・メメティ「移住民と受け入れ社会の関係に関する再考――トルコに在住するウイグル人移住民を事例に」
第二一回　早稲田大学 二〇一一年六月二五日	①清水勝彦「朝日新聞の新疆ウイグル報道を検証する」 ②鷲尾惟子「観光化・グローバル化によるドラーン民間芸能と、ウイグル人の意識の変化」 ③新免康・小沼孝博「台湾故宮博物院所蔵ヤークーブ・ベグ関連文書について」
第二二回　早稲田大学 一〇周年記念大会 二〇一一年一二月一八日	①水谷尚子「一九五〇－七〇年代中華民国在台湾政府は新疆からの国外亡命者にどう対処したか――中華民国外交部文書から読み解く」 ②松本ますみ「信仰深さによる抵抗――イスラーム教育を受けた回族女性」 ③楊海英「殖民地支配と大領虐殺、そして文化的ジェノサイド――中国の民族問題研究への視座」 ④大川謙作「包摂と排除の語り――チベットからみた『周縁からの中国』」コメンテーター：毛里和子（早稲田大学）
第二三回　早稲田大学 二〇一二年六月二〇日	①金博諒「遼寧瀋陽市回回営における宗教教育の現状――ジャマーアティ（回族コミュニティ）内の回族小学校の事例研究」 ②中屋昌子「イスラームの管理と統制――新疆ウイグル自治区を事例として」
第二四回　早稲田大学 二〇一三年一月二〇日	①田中周「中国共産党の新疆統合――一九四九年以前の政治統合の試みを中心に」 ②矢久保典良「日中戦争時期湖北省における回教団体の変遷とその活動」
特別講演会　早稲田大学 二〇一三年四月七日	①水谷尚子「キルギス共和国のウイグル人コミュニティ」 ②Alessandro Rippa "Materiality, Diaspora and the State: Traders and Goods on the Karakoram Highway"
第二五回 二〇一三年六月二九日	①金博諒「瀋陽回族志――瀋陽回族ジャマーアティ研究の一資料」 ②今井信治「都市に投射される聖地空間――アニメ「聖地巡礼」を事例に」 ③今中崇文「都市の近代化とムスリム・コミュニティの変容――西安市の回族コミュニティを事例として」
第二六回　早稲田大学 二〇一三年一一月二三日	①古澤文「新疆ウイグル自治区における農業の新たな展開――施設栽培をめぐる状況とその課題」 ②小島宏「中国と台湾のムスリムにおけるイスラーム信仰・実践とその関連要因の比較分析」 ③Alessandro Rippa "Anthropology of Roads, Ethnography of the State: A Study of The Karakoram Highway between Xinjiang (China) and Pakistan"

第一八回　学習院大学 二〇〇九年一二月一三日	① Jomo Smith “Contending for the Faith: Imperialists, Insults, and the Broadening of Hui Identity in Republican China” ②小嶋祐輔「ウルムチの〈翻訳者〉たちから見るエスニック・バウンダリ」 ③白井千彰「マレーシアのクチンとトレンガヌの鄭和廟を訪れて」
第二七回　上智大学 二〇一四年六月二八日	①中西竜也「近代の中国ムスリムによる「不信者」との共生の努力——馬聯元、馬安義、達浦生のイスラーム法解釈」 ②李之易「国家政策と日常実践——中国浙江省嘉興市における河南籍回族コミュニティーの一〇〇年」 ③ Maja VESELIČ “‘You can't learn sitting at home’: transmission of knowledge among Chinese Muslim youth in NW China”
第二八回　早稲田大学 二〇一四年一一月一五日	①小野亮介「アメリカ人たちの見た新疆カザフ人難民：スリナガル・キャンプと第三国移住プログラム」 ②真田安「清朝支配初期カシュガリアのオアシス権力をめぐる伯克 bek 間抗争——オアシス権力構造の究明によせて2　アクス・ウシュ・ヤルカンド事件の検討」
第二九回　東京大学 二〇一五年七月四日	①中屋昌子「トルコにおけるイスラームの管理と統制——亡命ウイグル人が直面したもうひとつの宗教管理」 ②上出徳太郎「「協餉から見た左宗棠の西征と新疆建省」」
第三〇回　東京大学 二〇一五年一二月二〇日	①明山曜子「甘粛東部の地域社会——乾隆四六年の「回変」をめぐる考察を中心に」 ②李之易「回族女性ムスリムの言説とエージェンシー——中国義烏市における一つのムスリム勉強会の女性たち」
第三一回　東京大学 二〇一六年七月三一日	書評①奈良雅史『現代中国の〈イスラーム運動〉』（風響社、二〇一六年）評者：中西竜也 書評②木村自『雲南ムスリム・ディアスポラの民族誌』（風響社、二〇一六年）評者：佐藤実
第三二回　東洋文庫 二〇一七年八月五日	①片岡慎「『四典要会』における馬徳新の来世思想」 ②金博諒「回族ジャマーアティにおける歴史民族誌的研究——遼寧省瀋陽の事例」 ③砂井紫里「清真・ハラール・ムスリムフレンドリー」
第三三回　東洋文庫 二〇一七年一二月二三日	①安藤潤一郎「日中戦争期の華北占領地における「牛羊業」と回民社会」 ②高田有紀「李殿君アホン著『中阿双解字典』の小児錦表記法と流派」
第三四回　東洋文庫 二〇一八年八月五日	①中屋昌子「ウイグル・ディアスポラがみたトルコのムスリムネットワーク」 ②野田仁「一九世紀後半における新疆をめぐる国際関係の再検討——一八七〇～八〇年代を中心に」

第二節　研究の現状

一　戦前の研究及び成果に関する再評価

二〇〇三年三月、拓殖大学創立百年編纂室が出版した『田中逸平——イスラーム日本の先駆』は、日本人最初のムスリムである田中逸平の研究業績を系統的に整理し、時代背景を分析し、当時のムスリムたちの研究業績を認識するものである。序では田中について以下のように述べられている。

田中の存在はほんの一部の日本イスラーム界の人間にしか語り継がれてはいなかった。それは、戦時のイスラーム研究が大東亜戦争（第二次世界大戦）における占領地域の統治政策に密接に関わっていたことから、長い間、戦後のイスラーム研究者は、戦時を含めた戦前の日本におけるイスラーム研究に目を背けてきていた為である。戦後、五十年にして徐々に、現在はその呪縛から解き放されて、ようやく戦前のイスラーム研究にまで目が向き出した状況である。

田中は第一回目の大巡礼を終えた後、日本とイスラーム世界の関係を常に考え、日本はイスラームに関する正しい認識をもたねばならないとして、全国イスラーム講演会行脚を行った。こうして田中はイスラームの種を日本全国に播いてきた。田中の播いた種は後々

表 4-6　回儒の著作研究会の成員と主な論文（所属は 2018 年度現在）

青木隆（日本大学文理学部中国語中国文化学科 教授） ・「劉智と明末清初の気象学」『日本大学文理学部人文科学研究所研究紀要』第 80 号、2010 年 ・「李氏――思想言語を獲得したムスリム知識人の先駆」『中国のイスラーム思想と文化』2009 年、45-60 頁 ・「劉智『天方性理』における中国思想とイスラーム世界観と信仰を中心に」『明代中国の歴史的位首』2007 年、617-640 頁 ・「劉智『天方性理』巻二　その 2 訳注」『中国伊斯蘭思想研究』第 3 号、2007 年 ・「明清イスラーム文献からの視点――回儒の著作研究会の歩み」『日本中国学会便り』第 2 号、2006 年
黒岩高（武蔵大学人文学部日本・東アジア文化学科 教授） ・「17・18 世紀交替期の中国古行派イスラーム――開封、朱仙鎮のアラビア語碑文の検討から」『東洋文化研究所紀要』162 号、2012 年、55-120 頁 ・「清代中国に占める回儒の位置」『中国社会文化』第 20 号、2005 年、348-362 頁 ・「教と学――回民蜂起に見る清代ムスリム社会の地域相」『東洋学報』、第 3 号、2004 年、第 99-133 頁 ・「十九世紀の陝西・渭河流域にみる漢・回関係と回民蜂起」『史学雑誌』第 101 編第 9 号、2002 年 ・「17 － 18 世紀の甘粛におけるスーフィー教団と回民社会」『イスラーム世界』第 43 号、1994 年、1-26 頁
中西竜也（京都大学人文科学研究所 准教授） ・『中華と対話するイスラーム――17-19 世紀中国ムスリムの思想的営為』京都大学学術出版会、2013 年 ・「中国民間所蔵ペルシア語スーフィズム文献『霊智の要旨』」窪田順平編『ユーラシアの東西を眺める』総合地球環境境学研究所、2012 年 ・「イスラームの『漢訳』における中国伝統思想の薫習――劉智の『性』の朱子学的側面」堀池信夫編『知のユーラシア』明治書院、2011 年 ・「中国におけるペルシア語文法学の成立」近藤信彰編『ペルシャ語文化圏史研究の最前線』東京外国語大学アジア・アフリカ言語文化研究所、2011 年
仁子寿晴（京都大学アジア・アフリカ地域研究研究科 准教授） ・「中国思想とイスラーム思想の境界線　劉智の『有』論」『東洋文化』87 号、2007 年、181-203 頁 ・「訳注『天方性理』券四」『中国伊斯蘭思想研究』第 1 号、2005 年、9-217 頁 ・「訳注『天方性理』券二　その一」『中国伊斯蘭思想研究』第 2 号、2006 年、55-203 頁 ・「訳注『天方性理』券二　その二」『中国伊斯蘭思想研究』第 3 号、2007 年、83-397 頁
佐藤実（大妻女子大学比較文化学部 教授） ・『劉智の自然学――イスラーム思想史研究序説』汲古書院、2008 年 ・「イスラームにむけられた疑いを解くこと――金天柱『清真釈義』初探」堀池信夫編『知のユーラシア』明治書院、2011 年 ・「回儒――中国イスラームの思想的営為」『中国のイスラーム思想と文化』勉誠出版、2009 年

日本のイスラーム発展に貢献する人物、組織へと育っていった。[10]

また、臼杵陽の論文「戦時下回教研究の遺産」は、以下のように戦前の回教研究と戦後のイスラーム研究との断絶を振り返っている。

もちろん、人的なつながりからいえば、大川周明主催の満鉄系列の東亜経済調査局にいた井筒俊彦、前嶋信次、蒙古善隣協会の傘下にあった回教圏研究所の小村元、蒲生禮一など、戦前の回教研究に育てられ、戦後も研究活動を続けて日本の中東イスラーム研究を牽引してきた研究者も少なからず存在する。しかし、研究の組織化あるいは制度化のレベルでは戦前の国策誘発的な回教研究と戦後の学術指向的なイスラーム研究とのあいだに超え難い断絶が存在する事実は否定できない。

敗戦後、回教研究を完全に放棄し、新生中国研究に向かった歴史家である野原四郎が、イスラーム研究を止めるべきではなかったと述懐している事実の重みを、繰り返しになるにもかかわらず何度も問うてみる必要があろう。回教圏研究所に所属していた野原が同じくかつての同僚であった中国文学の竹内好との会話を想起しているからである。[11]

ほかにも、田村愛理「回教圏研究所をめぐって――その人と時代」（『学習院史学』二五号、一九八七年）、大澤広嗣「昭和前期におけるイスラーム研究——回教圏研究所と大久保幸次」（『宗教研究』第七八巻第二号、二〇〇四年）、臼杵陽の「戦前日本の「回教徒問題」研究——回教圏研究所を中心として」（『東洋学の磁場』岩波書店、二〇〇六年）などの論文が相次いで発表され、戦前・戦中の研究の価値と意味が認識されてきた。

その中で代表的な研究は坂本勉編著の『日中戦争とイスラーム——満蒙・アジア地域における統治・懐柔政策』である。本書の章立ては以下のようになっている。

序（坂本勉）
第1章　アブデュルレシト・イブラヒムの再来日と蒙疆政権下のイスラーム政策（坂本勉）
第2章　南満洲鉄道株式会社の諜報ネットワークと情報伝達システム——一九三〇年代後半のイスラーム関係満鉄文書をめぐって（白岩一彦）
第3章　オスマン皇族アブドュルケリムの来日（メルトハン・デュンダル）
第4章　東京回教団長クルバンガリーの追放とイスラーム政策の展開（松長昭）
第5章　「大東亜」戦争期の対イスラーム政策（倉沢愛子）

同書では、日中戦争期における日本の対イスラーム政策について、外務省外交資料館、防衛省防衛資料室、イギリス・パブリック・オフィス所蔵の外交文書、トルコ語史料などの一次資料から実証的に分析し、「満蒙から東南アジアへと日中戦争が拡大していく過程で戦略的な重要性が高まるイスラーム教徒住民に対する日本の政策的取り組みを諜報・工作活動、統治、支配の面から解明すること」が目指されている。

坂本による「序」ではまず、日中戦争から戦線が拡大し「大東亜」戦争と呼ばれるようになった時期は「日本のイスラームに対する関心が飛躍的に高まり、調査・研究とそれを踏まえた政策が進捗した時代」だと捉えられている。

日本は、戦いを有利に進めていくために中国の各地、モンゴル高原、中央アジア、東南アジアに住む数多くのイスラーム教徒を日本の側に引きつけていかなければならない必要に迫られた。この結果、現実的な外交的・戦略的要請から国を挙げてイスラームに関する調査、研究の組織化が図られ、それに応じたイスラーム政策が行われていった。こうしたかたちで日本のイスラームへの接近が開始されたことは、決して好ましいとは言えないかもしれない。しかし、日本とイスラームの関係史においてこの時期は、動機はともあれ、日本のイスラームに対する理解、認識が決定的に深化したという点において画期的な時代であったと言うことができる。

この時期になされた夥しい調査・研究の成果、蓄積を日本におけるイスラーム研究史の上で源流と位置づけ、それを今に至るイスラーム研究の流れのなかに積極的に跡づけていこうとする試みが近年さかんである。日中戦争がはじまった直後の一九三八年頃に矢継ぎ早に設立されたさまざまな調査・研究機関が行った活動、成果は、今の水準に照らしても十分評価に堪えるものである。これなくして戦後におけるイスラーム研究の発展はあり得なかったという言い方すら可能である。[12]

本書については矢久保典良による書評がある。[13]

一九八〇年代以来、日本の研究者たちは戦前・戦中の日本における中国イスラームとムスリム問題の研究及び政策との関係について、以下のような、ある程度の共同認識をもっているといえる。東亜帝国政策を原因として、日本の中国イスラーム研究はじめ世界イスラーム研究熱は盛り上がった。この時代の研究業績は複雑な歴史背景をもつものの、現在の学術研究の文脈から分析すると、これらの研究成果は理論と事実としての意味と価値を持ち、現在の様々な研究範囲の発展について有効な資料となっている。

ただし、戦前の研究及び成果の意味と価値が肯定的に評価される一方で、異なる意見もある。例えば、王柯は二〇〇九年に発表した論文で以下のように述べている。

中日全面开战不久、日本战争决策机关〝五相会议〟做出决定、推进〝回教工作〟以便迅速

击败中国。之后日本开展了一系列活动，包括在穆斯林居住地区建立特务机构，拉拢回族军阀，成立各种〝回教〞组织。这些组织受当地侵略军中〝特务机关〞直接指挥，组织本身的负责人也多为日本人，经费都来自日本政府，并受军部和外交系统指挥。〝回教工作〞来势汹汹，虽然没有获得太大成果，但刺激中国政府加快了建设民族国家的步伐。[14]（日中戦争が始まってまもなく、日本の戦争政策機関「五相会議」は「回教工作」を推進して、中国をすばやく打ち負かすことを決定した。そのあと日本政府は、ムスリム居住地区に特務機関を設立し、回族軍閥を取り込み、各種の「回教」組織を設立する活動を展開してきた。これらの組織は現地の侵略軍「特務機関」から直接を指揮を受け、組織自身の責任者も多くは日本人で、経費はすべて日本政府から支払われ、軍部と外交の組織の指揮を受けた。「回教工作」は大きな成果を挙げていないが、中国政府を刺激して民族国家建設の歩みを加速させた。）

1938年7月8日，即日本发动全面侵华战争一周年志际，日本政府〝五相会议〞……其中的第四条为：〝推进回教工作，在（中国——引者注）西北地区设立以回教徒为基础的防共地带〞。对于日本在战争时曾经推进〝回教工作〞一事，日本的历史学界几乎无人提及；而在中国的历史学界更是鲜为人知。……而在发动侵华战争后，日本又具体制度并积极实施了〝回教工作〞。因此，搞清楚这一事实，不仅可以加深对日本帝国主义侵略战争本质的认识……[15]（一九三八年七月八日、日本政府は戦争の一周年にあたって「五相会議」が決定した中の第四条で、「回

教徒を中核とした防共地帯が設けられている西北地区で回教工作を推進する」とした。日本が戦争の時期に「回教工作」を推進したことは、日本の歴史学界ではほとんど知られていないが、中国の歴史学界では有名である…中国への侵略戦争後は、日本は具体的な「回教工作」を積極的に実施した。だから、この事実をはっきりさせることは、日本帝国主義的侵略戦争の本質に対する認識を深めることができるだけではない。）

王柯は、日本の戦争期における「回教政策」の歴史は歴史学界で注目されてこなかったと述べる。しかし、先述の『日中戦争とイスラーム』で坂本は彼と異なる認識を提出する。日本人研究者はこの時期、日本におけるイスラーム（中国イスラーム含む）に対する政策と研究活動について様々な研究結果を残していた。王柯は研究の歴史背景だけに注目し、学術的に行われた先行研究のことを把握していなかったのである。

戦前・戦中の日本は侵略戦争を目的とし、中国の社会、経済、文化など様々な領域で中国イスラームとムスリム問題について政策・研究活動を行った。そこで得られた研究成果は戦争という背景と不可分である。ただし、研究史からみると、この時代の研究成果は現在の様々な領域の学術発展にとって非常に重要な価値と意味をもっている。

二　地域研究とその成果

イスラーム地域研究は、世界のイスラーム研究にさきがけて開始された新しい研究分野である。この分野の特徴は、宗教・文明としてのイスラームと新しい地域研究とを結びつけたところにある。イスラームと地域とのかかわりを多角的に分析し、それによってさらにイスラームと地域の総合的理解を深めることがその主要な目的であろう。戦後、とくに一九八〇年代以後、日本における中国イスラーム研究の思想・社会背景や研究方法は戦前と完全に違う特徴を備えた。戦前・戦中には日本の侵華戦争と緊密な関係があったが、戦後は中国イスラームを世界イスラーム地域の重要な一部分として研究が行われたのである。[16]

中国イスラーム教徒とムスリム問題は、一方では中国文化の重要な部分として、もう一方では世界イスラーム文明の重要な部分として認識され、研究が行われた。具体的には回族と新疆のウイグルという二つの地域が研究対象とされた。これらの研究は、歴史学的研究と社会民族学的研究の二つに分けられる。

(一)　地域研究——歴史学を中心として

地域研究における歴史学的な研究分野として、まず中田吉信が挙げられる。泽井充生は中田の業績を以下のように高く評価する。

这些文章无论从质还是量上都是出类拔萃的。中田吉信、尤其是对西北回民起义的研究方面取得了很多成果。……中田为战后日本的回族研究作出了不可估量的巨大贡献。[17]（これらの文章は質も量も抜群だ。中田吉信は、とくに（中国）西北についての回民起義的研究で多くの成果をあげた。……中田は戦後日本の回族研究のために大きな貢献をした。）

中田には「西北回民起義考」（『就実女子大学史学論集』一九八八年）、「中国の回族問題」（『就実女子大学　就実短期大学紀要』一九九二年）、「近代中国イスラム世界の改革運動」（『就実女子大学史学論集』一九九三年）、『回回民族の諸問題』（アジア経済研究所、一九七一年）、「中華人民共和国の宗教改革――イスラム教への対応を中心に」（『レファレンス』四〇九号、一九八五年）等の研究業績がある。

中田の門人である片岡一忠には、「刑案資料よりみたる清朝の回民政策」（『史学研究』第一三六号、一九七七年）、『清朝新彊統治研究』（雄山閣出版、一九九一年）、「中国のイスラム教―清朝と回族の反乱」（『月刊しにか』、一九九二年）、「清朝・中華民国政府のムスリム政策」（シンポジウム「中国のなかのイスラーム」第93回史学会大会報告記事、『史学雑誌』第一〇四巻一二号、一九九五年）等の論文がある。彼が発表した研究論文は実証的歴史批判であり、一九七〇年代後期の文章は主に中国ムスリムを対象として行われている。

また、杉山正明「元朝治下のムスリム」（川床睦夫編『シンポジウム「イスラームとモンゴル」』中近東文化センター、一九八九年）など、元朝のイスラームとムスリム問題について発表された論文もある。ほかに安藤潤一郎の論文「民族認同と中国国家――一九三二年の背景考察」（『史学雑誌』一九九六年）、「Japan's Hui-Muslim Campaign's（回民工作）in China from the 1910's to 1945: An Introductory Survey」（『日本中東学会年報』二〇〇三年）では、清末民国時期の中国回民と漢民の関係及び回民と日軍の関係に関する文献学的な研究が行われている。

中国スーフィズムの歴史に関する研究論文には黒岩高「17－18世紀甘粛におけるスーフィー教団と回民社会」（『イスラム世界』一九九四年）があり、欧米と中国の歴史学者の研究成果を幅広く収集、分析し、中国西北のスーフィズム教団が考察されている。ここでは、中東及び中央イスラーム地域の考察と同時に中国ムスリム教団に関する研究が行われている。黒岩は他にも「明末清初の中国ムスリム社会の変容」（シンポジウム「中国のなかのイスラーム」報告記事、『史学雑誌』第一〇四巻一二号、一九九五年）、「械闘と謡言――十九世紀の西陝・渭河流域に見る漢・回関係と回民蜂起」（『史学雑誌』二〇〇二年）、「「学」と「教」――回民蜂起に見る清代ムスリム社会の地域相」（『東洋学報』第八六巻第三号、二〇〇四年）等の論文を発表している。

歴史学者である松本ますみの『中国民族政策の研究――清末から1945年までの「民族論」を中心に』（多賀出版、一九九九年）は、中華人民共和国という世界最大の人口と、統一国家として世界最大の領域を持つ国家の枠組みを支える民族観、民族論の根源、これらに基づいた「民族政策」である地域自治論の起源についての歴史的研究である。松本は中国西北寧夏回族自治区での実地調査も行っている。松本は他に「中国イスラーム近代主義と中国近現代史に関する一考察」（『新潟史学』第三五巻、一九九五年）、「中国イスラーム新文化運動とナショナル・アイデンティティ」（『現代中国の構造変動3』二〇〇〇年）、「中国西北におけるイスラーム復興と女子教育――臨夏中阿女学と韋州中阿女学を例として」（『敬和学園大学研究紀要』二〇〇一年）、「中国イスラーム新文化運動」（『現代イスラーム思想と政治運動』二〇〇三年）等の論文も発表している。

一九八〇年代以降、日本の研究者は新疆地域のイスラームとムスリム問題についても様々な研究を行い、豊かな成果を得ている。代表的なものは権藤与志夫編『ウイグル――その人々と文化』（朝日選書、一九九一年）と佐口透の『新疆民族史』（吉川弘文館、一九八六年）、『新疆ムスリム研究』（吉川弘文館、一九九五年）等である。

佐口の『新疆ムスリム研究』は中国、新疆ウイグル人のムスリムとしての様相を三百年の歴史を通じて考察する。佐口は異文化と接触、共存してきたムスリムたちのイスラーム信仰、聖伝、マスジド、マザール（廟墓）、宗教的生活秩序に関する情報を民族誌的に編集し、さらにその歴史的検証のために哈密地方のムスリム社会を考察している。主として清朝史料、ロシア・欧米・中国・日本の旅行家たちの記録が史料とされている。序章では研究上の視点が述べられ、第Ⅰ部ではムスリムの五基、イード（祭典）、年中行事、通過儀礼、宗務職、教典・教学、マスジド、マドラサ、マザールとそれらの機能が考察される。第Ⅱ部はカシュガル＝ホージャ家の家族グソベズ＝マザールの歴史と機能について資料が検証される。第Ⅲ部は一〇－一一世紀におけるイスラム勢力のカシュガリア征服に従軍して戦没したと伝えられるシャヒード（殉教者）たちとかれらの廟墓にかかわる聖伝を概観する。第Ⅳ部はドーラーン人、ロプ人などタリム地域に分布した水辺ムスリムの歴史と民族誌の研究である。第Ⅴ部はコムルのイスラム制度を集中的に研究し、一七世紀末にはじまるコムル回部郡王家――コムル公国――の形成と機能、王家とその隷属ムスリムの過去三百年間の姿が文献史的に考察される。本書は全体として、一八―二〇世紀のカシュガリアのムスリムの実態を民族誌的に編集する試みであった。

（二）地域研究：社会学、人類学、民族学を中心として

社会学、人類学、民族学の研究分野における地域研究の業績として、中国ムスリム研究会編『中国ムスリムを知るための60章』（明石書店、二〇一二年）をまず紹介したい。一般の読者に向けて書かれた同書の冒頭には、「中国やムスリムという言葉に付与されがちなステレオタイプを打ち崩し、中華人民共和国および隣接する東南アジア諸国や中央アジア諸国に暮らす中国ムスリムやその移民の子孫の実像に迫ることができるはずである」とある。六〇章は「少数民族としての中国ムスリム」、「ことばと文化」、「都市・農村のくらし」、「イスラームを生きる人々」、「中国史のなかのムスリム」、「国家・社会・イスラーム」、「移動とネットワーク」の七つの部に分けられ、各章にコラム、巻末には「中国のムスリムを知るための用語集」が付されている。

本書は、「中国ムスリムは単なる少数民族であるだけでなく、宗教的マイノリティでもあ

る」と読者の注意を向けさせ、その意味において、中国ムスリムは「中国の歴史王朝や国民国家のありかたを多角的に理解するうえでも、また、イスラーム世界の地域的特性や変容を認識するうえでも、いわば鍵を握る存在である」としている。

この分野における他の業績としては、以下のようなものがある。

・西澤治彦「南京における清真寺および回族の概況調査報告」(『言語文化接触に関する研究』東京外国語大学アジア・アフリカ言語文化研究所、一九九三年)、「中原回民ムスリム」(『暮らしがわかるアジア読本　中国』河出書房新社、一九九五年)、「回族の民間宗教知識」(末成道男編『中原と周辺――人類学的フィールドからの視点』風響社、一九九二年)、「西からやって来た異教徒――江蘇における「回族」の移住」(『民族で読む中国』朝日新聞社、一九八八年)

・唐立「女性の礼拝しない村――西雙版納の傣族ムスリム・パーシーダイの現状と歴史」(『アジア・アフリカ言語文化研究所通信』第八〇号、一九九四年)

・高橋建太郎「回族の居住分布と清真寺の機能」(『駒沢大学大学院地理学研究』第二六号、一九九八年)

・澤井充生「中国の宗教政策と回族の清真寺管理運営制度――寧夏回族自治区銀川市の事例から」(『イスラム世界』第五九号、二〇〇二年)、「中国共産党のイスラーム政策の過去と現在――寧夏回族自治区銀川市の事例」(小長谷有紀ほか編『中国における社会主義的近代化――宗教・消費・

エスニシティ』勉誠出版、二〇一〇年）、「中華人民共和国の『宗教団体』に関する一考察――イスラーム教協会の事例」（『人文学報』第四三八号、二〇一一年）等

・新保敦子「改革開放政策下での中国ムスリム女性教師――進路選択・生活実践・アイデンティティに焦点を当てて」（『日本社会教育学会紀要』第四六巻、二〇一〇年）、「蒙彊政権におけるイスラム教徒工作と教育」（『中国研究月報』一九九九年）

二〇〇九年『アジア遊学』は特殊期刊「中国イスラーム思想と文化」を刊行し、そこには以下の中国イスラームとムスリム問題に関する論文が掲載された。

・黒岩高「中国ムスリム・コミュニティの形成と多様性」
・矢島洋一「元朝期アジアのスーフィズム」
・中西竜也「アラビア語と漢語がむすぶ中国ムスリム像」
・王建新「雲明堂における宗教教義の思想的系譜」
・安藤潤一郎「中華民国期における「中国イスラーム新文化運動」の思想と構造」
・田島大輔「「満洲国」のムスリム」
・木村自「虐殺を逃れ、ミャンマーに生きる雲南ムスリムたち――「班弄人」の歴史と経験」
・小沼孝博「消えゆく北京のムスリム・コミュニティ――トルコ系ムスリム居住区「回子

営」の二五〇年」
・西澤治彦「都市の再開発と回族コミュニティーの変貌――江蘇省南京市の事例から」

㈢ 学位論文
中国イスラームとムスリムに関する近年の博士論文には以下のようなものがある。
・砂井紫里『コミュニケーションとしての食べ物と食事――中国東南沿海部・回族の民族誌的記述から』早稲田大学、二〇〇七年二月六日
・木村自『雲南回民の移住とトランスナショナリズムに関する文化人類学的研究』大阪大学人間科学研究科、二〇〇七年三月二三日
・高橋建太郎『中国農村における回族の地域社会の研究――空間論的アプローチ』駒澤大学人文科学研究科、二〇〇八年三月一四日
・澤井充生『中国西北部における清真寺と住民自治――回族のジャマーアティの民族誌』東京都立大学、二〇〇九年二月二七日　ほか

三 「回儒」研究新動向
「回儒」とは、前近代における漢語を母語とする中国ムスリム知識人のことであり、とりわけ

漢語によるイスラームの教義・思想に関する著訳書を持つ者を指す。回儒は明朝末期から清朝にかけて登場するが、知識を持っていても刊行物がなければ回儒とは呼ばれない。またこの語は自称はされない。

この語の初出は、桑田六郎が一九二五年に発表した「明末清初の回儒」であり、日本で使用されてきた語であるといわれる。しかしこれには補足が必要である。まず語の初出として、まさに回儒と呼ばれる馬注（一六四〇－一七一一年）の「清真指南」（一七一〇年）巻八・教條に「酒を好む回儒、色欲を貪る満喇」という用例がある。ただし桑田がこの箇所に基づいて回儒の語を使用しているとは思われず、桑田論文が初出とする説は動かないだろう。一方、その使用については、中国で最近発表された論文には前近代の中国ムスリム知識人を回儒と呼ぶものがしばしば見られる。中国にとっては逆輸入漢語ということになる。[18]

筆者の修士論文「儒化か、それとも化儒か――宋明性理学とイスラーム学者王岱與・劉智（回儒）思想の関係性をめぐる研究」（二〇〇四年）で触れたように、イスラーム教の「華化」あるいは「化華」をめぐる問題は、従来中国学術界の中で重要な論点となってきた。しかしこの問題は依然として解決されていない。その理由は、「本土化」の過程の中で主流の文化、すなわち儒学が演じた役割とは何だったか。イスラーム教が儒教化されたのか、それとも中国のムスリムが「儒教を教化」してイスラーム教を本体にしたのか――という問題がいまだ存在するからである。[19]

「回儒」（イスラーム儒学）の研究動向に対し、筆者はこの修士論文において王岱與（一六〇二―一六五七年）と劉智（一六七〇―一七二四年）を含めた回儒学者思想の研究成果を系統的に整理し、分析した。例えば劉智については、金宜久が『中国伊斯蘭探秘』（東方出版、一九九九年）、沙宗平が『劉智哲学研究・中国的天方学』（北京大学出版、二〇〇四年）、梁向明が『劉智及伊斯蘭思想研究』（蘭州大学出版、二〇〇四年）を刊行している。ほかにも中国で発行されている種々の学術雑誌に劉智についての研究論文が掲載されている。孫振玉の『明清回回理学與儒家思想関係研究』（中国文史出版社、二〇〇五年）、劉一虹の『回儒対話・天方之経與孔孟之道』（宗教文化出版社、二〇〇六年）のような関連図書も刊行されている。

また、筆者は「王岱與和劉智在儒伊文化基礎上対伊斯蘭哲学的貢献[20]」（儒学・イスラーム文化に基づく王岱與・劉智のイスラーム哲学に対する貢献）、「儒家、儒教対中国伊斯蘭教的影響――従個体和整体的角度探討与研究[21]」（儒家、儒教の中国のイスラーム教に対する影響――個人と全体の角度からの探求と研究）等、儒学とイスラーム間の対話を主体とした論文を発表し、国家社会科学基金プロジェクト「都市化にともなう人口流動を背景とした宗教信仰の研究」における小課題「都市化にともなう人口流動を背景とした宗教信仰の研究――上海・南京のウイグル族の例を中心に[22]」という社会学的な研究活動を行ってきた。さらにハーバード・南京大学共催の「文明対話国際学会[23]」を始め、複数の学会で「回儒」研究に関する発表を行った。

回儒に関する諸研究は近年日本においても活況を呈している。とくに、「回儒の著作研究会」の結成は、研究者たちのこの分野に対する関心と注目を証明する。さらに、佐藤実の『劉智の自然学——中国イスラーム思想研究序説』（汲古書院、二〇〇八年）は大きな意義のある研究成果である。松本耿郎は同書を以下のように評価している。

> 著者の学問的バックグラウンドが中国思想研究であるため、中国イスラームの思想家である劉智の著作の分析において中国思想についての佐藤実氏の幅広い知識が生かされている。また佐藤実氏は劉智の漢文テクストを丹念に読み解き、劉智の真意を明らかにするとともに劉智思想に含まれる問題点を詳しく指摘している。本書はこれからの劉智思想研究にとり大いに資するところがあるものと思える。２００９年に刊行された英文の劉智の研究書 Murata, Chittick, and Tu.The Sage Learning of Liu Zhi: Islamic Thought in Confucian Terms. Harvard University Asia Center. も佐藤実氏の『劉智の自然学』に負うところが多いと思われる。[24]

一方で松本は佐藤の「回儒」の語の使用に疑問を向ける。

> 少々奇異におもうことは著者が無条件に「回儒」という言葉を使用していることである。この言葉は最近の中国の研究者もしばしば使用している。あるいはこの言葉をもじって

「伊儒」などという言葉を発明した研究者もいる。著者も記しているように「回儒」という言葉は戦前の日本における「回教」研究のなかで出てきた言葉である。しかし、劉智自身が自分を「回儒」であると「自覚」していたのではない。王岱輿も馬注も自分のことを「回儒」と呼んでいない。筆者は中国イスラームの思想家たちを「回儒」という言葉でくくってしまうと彼らの実像を見失ってしまうのではないかと危惧する。[25]

回儒学という中国イスラーム思想に関しては中西竜也の『中華と対話するイスラーム――17－19世紀中国ムスリムの思想的営為』（京都大学学術出版会、二〇一三年）、堀池信夫の『中国イスラーム哲学の形成――王岱輿研究』（人文書院、二〇一二年）、松本耿郎の『馬徳新哲学研究序説』（駱駝舎、二〇一四年）等の研究成果が相次いで出版されている。

中西の『中華と対話するイスラーム』は、ムスリム移民の末裔が時々の政治的・社会的状況に翻弄されながら、イスラームの信仰を中国伝統思想や中国社会の現実と調和させつつ固守して独自の共同体を維持したことを具体的に論じている。また、堀池『中国イスラーム哲学の形成』は明末清初の回儒学者王岱輿について研究し、イスラーム哲学と中国哲学との「対決・調和・熟成」の過程を歴史的に実証した。松本『馬徳新哲学研究序説』は、中国イスラーム思想は西アジアのイスラーム思想の影響のもとで発達したと述べつつ、「影響を受ける側の中国イスラーム教徒と取り巻く社会には儒教、道教、仏教などの先行思想が存在している。このために西アジアのイスラーム思想を漢語使用者である中国ムスリムが受容して、その思索の成果を漢文で表現するとき、そこに概念の微妙な意味が生じている」[26]として、清代の代表的回儒学者である馬徳新の思想について論じている。

そのほかの研究成果として、佐藤実の「劉智の『天方典礼』と『天方至聖実録』の版本について」（『東洋学報』第八二巻第三号、二〇〇〇年）、「中国ムスリムの孝概念」（『東アジア文化交渉研究』第一号、二〇〇八年）、「中国ムスリムにおける食の禁忌と殺生について――劉智『天方典礼』を中心に」（『金沢大学留学生センター紀要』第一〇巻、二〇〇七年）、「近世における中国ムスリムの初等教育――『天方三字経』初探」（『東アジア文化交渉研究』第二号、二〇〇九年）、「イスラームと儒学の距離――中国イスラーム思想の歴史　王岱與、馬注、劉智」（アジア遊学129『中国のイスラーム思想と文化』勉誠出版、二〇〇九）、「劉智『天方典礼』と朱熹『家礼』――中国イスラームの婚礼と喪礼について」（吾妻重二・二階堂善弘編『東アジアの儀礼と宗教』雄松堂出版、二〇〇八年）、「近世における中国イスラーム漢籍の出版」（ＫＩＡＳユニット2・大阪大学「民族紛争の背景に関する地政学的研究」プロジェクト・「回儒の著作研究会」共催研究会での口頭発表、二〇〇九年）等がある。回儒の著作研究会については、小島康敬「朱子学・陽明学・徂徠学の構図――イスラーム思想を合わせ鏡として」（国際基督教大学学報『アジア文化研究』二〇〇〇年）、松本耿郎「中国イスラームの精神世界」――劉智の『五更月』について」（『思想』九四一号、二〇〇二年）、堀池信夫編『中国のイスラーム思想と文化』（アジア遊学129、勉誠出版、二〇〇九）等がある。

「回儒」における研究動向として、中国伊斯蘭思想研究会が編輯した『中国伊斯蘭思想研究』という雑誌に触れておきたい。この創刊号と第二号は、回儒の著作研究会による劉智『天方性理』訳注を中心としている。第二号にはほかに黒岩高の連載、中西竜也の書評および佐藤実の論文が掲載されている。この雑誌は引き続き『天方性理』訳注を掲載し、劉智の自然の宗教思想的全体像を明らかにすることを目指している。[27] 最近の研究動向を紹介する雑誌である。[28]

註

〈1〉片岡一忠「日本における中国イスラーム研究小史」『大阪教育大学紀要』第二部門第二九巻第一号、二一一‐四二二頁、一九八〇年。

〈2〉臼杵陽「戦時下回教研究の遺産――戦後日本のイスラーム地域研究のプロトタイプとして」『思想』第九四一号、一九九一‐二〇五頁、二〇〇二年。

〈3〉佐藤次高「イスラーム地域研究は何をめざすか」（佐藤次高編『イスラーム地域研究叢書1　イスラーム地域研究の可能性』東京大学出版会、一七頁、二〇〇三年。

〈4〉参考　郃哈斯其木格「改革开放后中日关系研究――以现代化视角看中日政治、经济、文化关系」『南开大学博士学位论文』二〇〇九年。

〈5〉伊斯蘭（中国語）＝イスラーム（日本語）、穆斯林（中国語）＝ムスリム（日本語）。

〈6〉高占福「中国二〇世纪伊斯兰教研究综述」『西北民族研究』第二期、二七‐三三页、二〇〇〇年。

〈7〉『日本中東学会』第一号、設立趣意書より引用。

〈8〉参照「イスラーム地域研究」ネットワーク http://www.ias-network.jp/

〈9〉参照 中国ムスリム研究会公式ブログ http://micoffice.exblog.jp/

〈10〉拓殖大学創立百年編纂室『田中逸平——イスラーム日本の先駆』(拓殖大学創立一〇〇年記念出版)二〇〇二年。

〈11〉臼杵陽「戦時下回教研究の遺産——戦後日本のイスラーム地域研究のプロトタイプとして」『思想』第九四一号、一九一一-二〇五頁、二〇〇二年。

〈12〉坂本勉編『日中戦争とイスラーム——満蒙・アジア地域における統治・懐柔政策』(慶應義塾大学出版会、二〇〇八年)

〈13〉矢久保典良「〈書評〉坂本勉編『日中戦争とイスラーム——満蒙・アジア地域における統治・懐柔政策』」『史学』第七七巻第四号、二〇〇九年。

〈14〉安藤潤一郎「日本占領下の華北における中国回教総聯合会の設立と回民社会——日中戦争期中国の「民族問題」に関する事例研究へ向けて」『アジア・アフリカ言語文化研究』東京外国語大学アジア・アフリカ言語文化研究所、第八七号、二一-八一頁、二〇一四年。

〈15〉王柯「日本侵华战争与「回教工作」」『历史研究』第五期、八七-一〇五页、二〇〇九年。

〈16〉佐藤次高「イスラーム地域研究は何をめざすか」佐藤次高編『イスラーム地域研究叢書1 イスラーム地域研究の可能性』、東京大学出版会、一七頁、二〇〇三年。

〈17〉泽井充生「日本的中国穆斯林研究——以一九八〇年后的回族研究为中心」(著宛瑞译)、收入金泽陈进国编『宗教人类学(第三辑)』北京:社会科学文献出版社、二八六-三〇二页、二〇一二年。

〈18〉参考 中国ムスリム研究会編「中国ムスリムを知るための60章」明石書店、二〇一二年。

〈19〉本論文に対して、伍貽業（南京大学教授、中国イスラム教協会元副会長）は次のようなコメントを寄せている。「近年のこの問題についての論文の中でも良い出来で、見識が高い一篇であると思います。阿里木氏はウイグル族の若い学生として、中国語でこのように流暢で思弁性の強い論文を書き出すことは容易ではありません」。

〈20〉阿里木 托和提「王岱輿和劉智在儒伊文化基礎上対伊斯蘭哲学的貢献（儒学・イスラーム文化に基づく王岱與・劉智のイスラーム哲学に対する貢献）」『新疆大学学報』第三五巻第六期、一〇四‐一〇七頁、二〇〇七年。

〈21〉阿里木 托和提「儒家、儒教対中国伊斯蘭教的影響――従個体和整体的角度探討与研究（儒家、儒教の中国のイスラム教に対する影響――個人と全体の角度からの探求と研究）」『原道』第一四輯、首都師範大学出版社、一二四‐一三四頁、二〇〇七年。

〈22〉二〇〇六年度国家（中国）社会科学基金プロジェクト「都市化にともなう人口流動を背景とした宗教信仰の研究――上海・南京のウイグル族の例を中心に」（番号06BZJ009、鑑定部門、南京師範大学社会学専攻、二〇〇六年九月）

〈23〉ハーバード・南京大学共催「文明対話国際学会」雲南省昆明市、二〇〇六年。

〈24〉松本耿郎「〈書評〉佐藤実『劉智の自然学――中国イスラーム思想研究序説』（汲古書院、二〇〇八年）」『イスラーム世界研究』第三巻第一号、四七七‐四八〇頁、二〇〇九年。

〈25〉同上

〈26〉松本耿郎『馬徳新哲学研究序説』駱駝舎、序文、二〇一四年。

〈27〉中国伊斯蘭思想研究会編輯『中国伊斯蘭思想研究』第二号、二〇〇六年。

〈28〉中西竜也「回儒の著作研究会　二〇〇二年三月以降の活動記録」（『中国伊斯蘭思想研究』第一号、

二一八－二二二頁、二〇〇五年）、「回儒の著作研究会　二〇〇五年三月以降の活動記録」（『中国伊斯蘭思想研究』第二号、二〇四－二〇九頁、二〇〇六年）、「回儒の著作研究会　二〇〇六年三月以降の活動記録」『中国伊斯蘭思想研究』第三号、三九八－四〇三頁、二〇〇七年）。

終章

本書では、日本における中国イスラーム研究史に焦点を当て、日本に散在した基本資料を収集、整理し、それらを総合的にまとめあげることに力点を置いている。重要資料の収集と保存、紹介は、今後の研究や論述に信頼性のある根拠を提供する大きな意義ある仕事である。本書では戦前・戦中・戦後の各段階における研究の在り方や諸機関の活動、日本における中国イスラーム研究史の継承などを時系列的に追う中で、政治的な背景に依ることなく、国や立場を超え史学的視点から可能な限り客観的に分析・評価してきた。それによって、これまでの研究史と先駆的研究者たちの仕事を総括し、継承するとともに、今後の研究に方向性と課題を与えられるものと考えている。現存する資料の総合的な調査分析は今後の研究にとって基本資料となり、さらに個別の研究者の研究態度とその成果に言及したことは、今後の研究者たちに、その継承とともに、そこから一歩進んだ新たな研究課題と方向性への示唆を与えるものとなる。

本書は全四章から構成され、第一章「草創期――一九三一年以前」、第二章「戦争の激化時期――一九三一年―一九四五年」、第三章「戦後の変遷（転換）時期――一九四五年―一九七九年」、第四章「再構築時期――一九七九年から現在」と、時系列で記述してきた。

一　草創期

一九世紀以前の日本には、中国イスラームとムスリム問題に関して情報や知識がほとんどなく、研究成果も乏しかった。先行研究によって示されるように、日本において中国イスラームが注目されたのは二〇世紀以降といえる。明治末葉、日本は欧米の影響により、イスラーム世界を理解する必要に迫られ、中国地域のムスリムを含む中央アジア・西アジア・北アフリカといった地域のムスリムに対して様々な「行動」を展開した。当初、日本の関心はイスラームの信仰文化やムスリムの宗教生活ではなく、明治時代から発生した積極的な海外拡張という時代背景のなかで、イスラーム諸国家の政治・経済を知ることにあった。

日本における中国イスラーム研究史は、日中関係史と緊密な関係がある。近代以降、日本は中国を進攻し始め、一九三一年に「満洲事変」が勃発した。翌一九三二年、中国東北部に日本の支援のもと溥儀（清朝最後の皇帝）が「満洲国」を建国した。このことは中国大陸北方に対する日本国民全般の関心を集め、そこに住む回教民族のこと、彼らが宗教的には遠く中央アジア草原やアラビア砂漠に向かって横一線につながっていることに開眼させ、やっと日本でもイスラーム教に対する研究熱が盛り上がる誘因となった。このことからわかるように、日本の中国イスラーム研究史において、一九三一年はきわめて重要な年である。

草創期（二〇世紀初めから一九三一年までの二五年間）には、日本の中国イスラームとムスリム問題における最初の論文として、一九〇六年に戸水寛人の「北京張家口間の回々教徒」が発表された。ただ研究論文レベルからいえば、一九一一年に発表された遠藤佐々喜の「支那の回回教に就て」という論文が研究史の嚆矢になるといえる。この時期の中国イスラーム教徒、とくに回族ムスリムに関する多くの調査研究は、政治的・軍事的活動とは関係なく、いくつかの民間組織によって担われた。しかしその原動力や目的は当然ながら当時の日中関係と緊密な関係がある。この時期の研究では『支那の回教問題』と『満鉄調査資料第二十六篇——支那回教徒の研究』という二つの調査報告がとくに重要である。これらは社会学的、人類学的な視点から中国イスラームとムスリム問題に関する史料を系統的に整理し、また諸外国の研究成果も取り入れた索引的なものである。研究の初期は翻訳と注釈から着手され、研究の基礎が築かれた。中国イスラーム古典文献の研究では桑田六郎が主要な研究者で、とくに一九二五年の論文「明末清初の回儒」は中国の学者にも多大な影響を与えた。また、日本の中国イスラームとムスリムに関する研究ではイスラーム教に帰依した日本人ムスリムの研究業績が重要な部分を占めている。小村不二男の『日本イスラーム史』によれば、中国イスラーム研究と関係する初期のムスリムたちは、有賀文八郎、山岡光太郎、山田寅次郎、三田了一、佐久間貞次郎、田中逸平、川村狂堂である。

一九二〇、三〇年代日本の中国イスラーム、ムスリムに対する現地調査は、政治的には日本の中国への進攻という歴史と関係するものである。しかし、現在の中国イスラーム研究という学術的な観点からは、きわめて大きな価値と意義を認めることができる。

二　戦争の激化時期

一九三〇年代は、三一年の満洲事変の勃発、三二年の上海事変、満洲国建国、五・一五事件、三六年の二・二六事件、三七年の盧溝橋事件、日華事変と日本の帝国主義的膨脹に伴い、とくに軍部専制が進んでいった時代であった。とりわけ一九三一年から第二次世界大戦終結にかけては、大日本回教協会を始め、イスラーム文化協会、回教圏研究所、満鉄東亜経済調査局回教班、外務省調査部回教班などが設立され、同時に、『イスラム（回教文化）』、『回教世界』、『回教圏』、『回教事情』、『新亜細亜』などの史料も刊行されたのである。「わが国に於けるイスラム研究の第一ブームであった」と評価されるように、この時期にはイスラームに関する調査研究や啓蒙活動がきわめて活発に行われ、研究者のみならず、日本人ムスリムや日本在住の外国人ムスリム、実務家、軍人がこれらの活動に参加した。これら国策の要請に基づいて設立されたイスラーム研究諸機関は様々な特色を持っていた。

「イスラム文化協会」は「回教文化の正しき理解と其の国民の実情」の調査・研究・紹介を目的として設立され、中国イスラーム教とムスリム問題の研究を最も重要な目的とした。雑誌で発表された中国イスラーム教とムスリム問題に関する論文数は総論文数の三分の一を占めており、重点が置かれていたことがわかる。

「回教圏研究所」及び雑誌『回教圏』は、「大同清真寺の「勅建清真寺碑記」に就いて」（田坂興道）、「東干に対する若干の考察」（石田英一郎）、「北京の回教徒商工人とその仲間的結合」（仁井田陞）等、中国回教に関する文献学的業績や調査研究もあるが、多くの研究論文・資料紹介は西北中国の回教徒と民族問題というテーマをめぐって展開し、また回教圏情報でも盛んに西北の回教組織、回民状況が紹介されている。イスラーム地域の中でも中国イスラーム教とムスリム問題研究に重点が置かれていたことがわかる。

「大日本回教協会」の研究目的は、中国イスラーム教とムスリム問題の状況を説明し、中央アジア地域、トルコ、イラン、アフリカ諸国等、イスラーム圏における研究の重要性を提起することにあった。機関雑誌『回教世界』では中国イスラームとムスリムに関する研究は最も重要な対象であり、「中国の回教民族（一、二、三、四）」（白今愚）等の外国の研究成果の紹介、「支那にかんするアラビアの記録（一、二）」（石田幹之助）等の文献学的方法からの研究、「満蒙に於ける諸民族の動向（一、二）」等の日本軍占領地域のフィールドワークに分けられる。これらの多くは中国イスラーム教ムスリムと民族問題というテーマをめぐって展開していた。

外務省調査部回教班の調査研究は中国イスラームとムスリム問題を主要なテーマとしていた。雑誌『回教事情』で発表されたのはほとんどが外務省調査部調査員が執筆した無記名の文章であり、社会学的角度から研究した現状分析論文が多い。ただし細かい分析や典拠が示されておらず、研究に利用するには注意を要する。論文は外国の研究成果の紹介、「王岱與著「清真大学」」、「金天柱著「清真釈疑補輯」」等の文献学的方法からの研究、「清初の対回教政策――特に新彊纏回について」等の歴史学的研究、「西北漢回の社会」等の社会学的現地調査研究に分けられる。多くの文献学的業績・調査研究・論文資料紹介は中国イスラーム教ムスリムと民族問題というテーマをめぐって展開している。

満鉄東亜経済調査局回教班及びその研究については、一九三九年の満鉄調査部の拡充に伴い再び満鉄に統合され、「大調査部」に属してイスラーム世界・東南アジア・オーストラリアを担当地域とする分局となった。満鉄東亜経済調査局の研究活動を指導した大川周明は日本思想家で、イスラーム研究を行って『回教概論』等を著し、中国イスラーム研究についても一定の業績を残した。

民族研究所で岩村忍・佐口透・小野忍らが行った蒙彊での回民調査の業績は、一九四四年に民族研究所・西北研究所共編『第一期蒙彊回民調査項目』として印刷された。一九四五年に岩村は、調査カードと中間報告を元に『民族研究所紀要』（第三冊上）に「蒙彊回民の社会構造」を発表し、戦後はそれを上下二冊の著作にまとめている。また、このグループは戦後になって最も多くの調査成果を論文にしている。戦後、佐口は専門の東洋史で研究を続け、民族研究所の時代は自分の学問の基礎を確立したと語っていた。

東亜諸民族調査委員会が国立の機関として帝国学士院に一九四〇年に設けた東亜研究所は、東アジア全域の民族を対象としていた。同委員会は一九四二年に、石田英一郎、野村正良、須田昭義らを派遣し蒙疆の回民調査を行った。報告書は戦災によって焼失したが、その調査の概要は『昭和十六・七年度東亜諸民族調査事業報告』(一九四三年)により知ることができる。また。『回教圏』七巻四号(一九四三年)に掲載された石田英一郎の「東干に対する若干の考察」、野村正良の「蒙疆に於いて採録せる二三の回教説話」はこの調査成果に基づくものである。

この時期の研究動向として、中国文献と欧米研究成果の翻訳研究が重要な部分になり、また文献学的研究が一段と活発になった。イスラーム教の中国への伝来に関する歴史研究は一九二〇、三〇年代の新研究課題として日本研究者の注目を惹いた。代表的なものとしては田坂興道の『中国における回教の伝来とその弘通』(上・下)がある。

一九三〇年以降、日本人研究者は社会学や民族学的な角度から、中国イスラームとムスリムについての研究活動を進め、成果を挙げた。これらの研究の特徴は歴史学、文献学研究とは異なり、中国化されたイスラーム及びムスリムの現実的な社会、民族、経済、風俗などの範囲を中心に行われたことである。これらの研究業績は中華民国以前の中国イスラーム及びムスリム問題研究の重要な参考資料になっている。

三　戦後の変遷（転換）時期

「時局」にのって活発化してきた中国イスラーム研究は、一九四五年の敗戦を機に大きく様変わりした。大陸にあっては満鉄の諸機関がすべてソ連か中国に接収された。日本では、回教圏研究所が戦災で焼失し、東亜研究所、民族研究所などの「時局」の要請で設立され国策遂行に関連していた諸研究機関が閉鎖されて研究員が四散し、また文献・調査資料は戦災にあうか、多くは分散してしまった。ただし「東亜経済調査局の蔵書がアメリカ軍に接収されてアメリカ本国に持ち去られたのに対して、分散とはいえ、あらためて国内の他の研究機関・図書館に収蔵されたことはせめてものなぐさめであったといわねばならない」[2]。第三章では戦中期に設置された諸研究機関と調査部門、及び研究工作と業績を論述し、彼らの戦後の「運命」を比較的詳しく分析した。

日本の中国イスラーム教とムスリム問題の研究は日本の帝国主義確立の歴史と関係があり、日本における中国イスラーム研究が戦後一時的に「中断」された原因は敗戦であった。戦争中に設立された諸機関は戦後封鎖され、人員は離散した。ただし、店田廣文は、戦後の日本におけるイスラーム研究の芽は、解散した大日本回教協会の学術研究面の継承を意図したと考えられる「日本イスラーム協会」に胚胎されることになったと資料をもとに指摘し、「大日本回教協会でのイスラーム研究の実績が、戦後まったく継承されずに消え去ったと断言することは躊躇せざるをえないが、かといってその実績を礎に発展する道筋が開かれたことも積極的には断言することができない」[3]と述べている。同協会の戦前と戦後のつながりは重要な課題である。

もし戦前の研究が戦争と関連していなければ、戦後の新研究の動向は全く異なった状況になったと考えられる。中国で発表された鈴木規夫の論文は「日本のイスラーム及び中東研究は二〇世紀六〇年代以来、質と量両方面で確かな足どりで発展した」[4]と述べている。また、「日本学術界と中国ムスリム間の交流は戦前から始まり、しかも今まで継続してきた。当然、戦後「文化大革命」が原因で一時的に中断されたが、しかし、中国改革開放の開始から、両者間の関係は完全に回復された」[5]、つまり、戦後日本における中国イスラーム研究の低迷原因は「文化大革命」などの政治情勢、そして再興は中国の改革開放と緊密な関係があると目されている。

戦後日本における中国イスラームとムスリム研究は様々な問題に遭遇した。戦前・戦中期に中国イスラームの調査・研究にかかわった人々が他のテーマに研究の重点を移したり、死去したりしたために、戦後派ともいえる新しい研究者が輩出した。イスラーム専門の研究員には敗戦により本研究分野を離れた者もいるが、困難に直面しながらも中国イスラームの研究を放棄しなかった研究者もいた。最も代表的なのは田坂興道であった。

日本で最も重要な世界イスラームとムスリム問題に関する学術雑誌『イスラム世界』は一九六四年に創刊されたが、この時期には中国イスラームとムスリム問題に関する論文は少なく、当時の日本における本研究分野に対する冷淡な態度がうかがえる。しかし、研究者にとっては中国イスラームとムスリム問題は世界イスラームの重要な一部であり、世界イスラームを研究するためには中国イスラーム研究が重要であるという問題意識が徐々に芽生え始めていた。

戦後期における研究は低迷状態にあったが、一方で、戦前の資料を根拠とした諸研究が行われ、一定量の研究論文と著作が発表された。これらの研究の特徴の一つは、戦前の調査資料の収集整理・分析など、文献学から行われたことにある。つまり、終戦により研究者は中央アジア、中国等の地域に研究調査に行く機会が無くなり、社会学・民族学的な研究は進めることが難しくなった。ただし、文献学的角度からの研究分野はそれほど大きな支障はなかった。この時期の成果の一つが岩村忍『中国回教社会の構造』（上・下、一九四九・五〇年）である。

戦後、日本人の研究者は中国で現地調査研究を行う機会を失い、社会学・民族学等の分野は一時的に中断された。ただし、戦前の資料を根拠とした研究が進められていた事実には留意すべきである。

四　再構築時期

一九八〇年代以降、日本におけるイスラーム教及び文化研究の分野は新しい研究動向を迎えた。諸研究機関が設立され、研究者の数も増加し、学術交流も深化した。これらの機関は中国イスラームとムスリム問題研究と直接関係があった。戦中とは異なり、中国イスラームとムスリムは世界イスラームとムスリムの重要な一部として研究されるようになった。

一九四五年から八〇年代に至るまで、日本人研究者は戦前・戦中の日本における中国イスラーム及びムスリム問題についての研究史を整理、分析、評価してこなかった。しかし、一九八〇年の片岡一忠「日本における中国イスラーム研究小史」を始めとして、戦前の研究史と業績を整理し、分析・評価した文献が相次いで出現した。そのうち臼杵陽は、日本の回教研究は一九四五年の敗戦で断絶し「大日本帝国の崩壊とともに組織的にも理念的にも解体し」、「日本におけるイスラーム研究が戦後再び活発になるのは経済大国として自他ともに認められるようになる一九七〇年代から八〇年代をまたなければならなかった」[6]と分析している。

一九四五年から一九七九年までは日本と中国間の文化交流活動は民間に限られていたが、一九七九年の『文化交流の促進のための日本国政府と中華人民共和国政府との間の協定』の成立は、両国の文化交流に政治的な保障を与え、新段階を迎えた。中国における中国イスラーム研究史と日本における研究史は直接的な関係はないが、この協定により理想的な研究環境が整備されたといえる。

一九八〇年代以降のこの新動向下で、イスラームについての研究機関は相次いで設立された。中国イスラーム研究と直接関係があるのは「中国ムスリム研究会」である。この研究会の主な活動目的は、中華人民共和国のイスラーム系少数民族や、中国から東南アジア、中央アジア、西アジアなどに移住した移民に関する諸問題を研究し、会員の相互交流も促進している。会員の専門分野は歴史学、文化・社会人類学、地理学、社会学、教育学、地域研究など多岐にわたっており、定例会では活発な議論が行われている。また、『中国伊斯蘭思想研究』を編集した中国伊斯蘭思想研究会（回儒の著作研究会）は青木隆、黒岩高、佐藤実、中西竜也、仁子寿晴ら優秀な若い研究者たちで組織されている。

イスラーム地域研究はイスラームとイスラーム文明に関する実証的な知の体系を築くことを目指す新しい研究分野である。その開拓と推進のために、二〇〇六年より人間文化研究機構（National Institutes for the Humanities: ＮＩＨＵ）は、早稲田大学、東京大学、上智大学、京都大学、東洋文庫という五拠点を結ぶネットワーク型の共同研究であるＮＩＨＵプログラム「イスラーム地域研究（ＩＡＳ）」を始めた。ここでは宗教・文明としてのイスラームと新しい地域研究とが結びつけられ、イスラームと地域とのかかわりを多角的に分析し、さらにイスラームと地域の総合的理解を深めることが主要な目的とされている。

戦後、とくに一九八〇年代以後、日本における中国イスラーム研究の思想・社会背景、研究方法等は戦前と全く異なる特徴を備えるようになった。日本の軍事戦略と緊密的な関係があった戦前・戦中に対し、戦後は、中国イスラームを世界イスラーム地域の重要な一部分として捉える研究が行われるようになったのである。

ここにおいて、戦前の研究及び成果は再評価された、例えば店田廣文の研究は、日本人最初のムスリムたちの時代背景を分析し、彼らの研究業績を評価したうえで、戦前の回教研究と戦後のイスラーム研究との断絶、「その継承の欠如の帰結としてもたらされた新たなイスラーム地域研究の興隆」を批判的に検討する試みである。[7] 中国イスラーム教徒とムスリム問題は、一方では、中国文化の重要な部分として、もう一方では、世界イスラーム文明中の重要な部分とみなされた。具体的には、中国イスラームとムスリムは回族と突厥語（テュルク語）系民族という二つの地域研究として分けられ、さらに歴史学的研究と社会民族学的研究の二つの方面に分けて研究が行われた。

本書では、日本における中国イスラームの研究を総合的に調査・分析してきた。本書ではこの分野の変遷を、政治的な背景に依らず、史学的な視点から、可能な限り客観的に分析・評価しようとした。戦前・戦中の日本は軍事戦略という目的で、中国の社会、経済、文化など様々な範囲で中国イスラームとムスリム問題について政策・研究活動を行った。ここでの業績には必然的に戦争という時代背景があった。ただし筆者は、研究史からいえば、この期間の研究成果は現在の様々な分野の学術発展の基礎として非常に重要な価値と意味があったと考える。戦前期のイスラームに対する関心には確かに軍国主義的色彩が強かったが、一方でイスラームの学術的な研究の意図も有していたのである。

本書ではとりわけ戦後の日本の中国イスラーム研究や研究者の仕事に焦点を当て、それぞれの研究状況を具体的に紹介し、彼らによって戦中における個人の研究や諸機関の活動がどのように継承されたのかを再評価した。

これらを明らかにすることは、日本におけるイスラーム研究の手薄な部分を補うのみならず、中国におけるイスラーム研究に対しても、まったく新しい研究視点をもたらすことになろう。

註

〈1〉店田廣文『戦中期日本におけるイスラーム研究の成果と評価――早稲田大学「イスラム文庫」の分析』研究成果報告書（平成一五年度‐平成一六年度科学費補助金基盤研究C　課題番号15530347）、一‐二三頁、二〇〇五年。

〈2〉片岡一忠「日本における中国イスラーム研究小史」『大阪教育大学紀要』第二部門第二九巻第一号、二一‐四二頁、一九八〇年。

〈3〉店田廣文『戦中期日本におけるイスラーム研究の成果と評価――早稲田大学「イスラム文庫」の分析』研究成果報告書（平成一五年度‐平成一六年度科学費補助金基盤研究C　課題番号15530347）一‐二三頁、二〇〇五年。

〈4〉鈴木规夫「日本伊斯兰研究的回顾与反思」（高明洁译）『国際政治研究』第四期、六八‐七五页、二〇〇四年。

〈5〉泽井充生「日本的中国穆斯林研究――以一九八〇年后的回族研究为中心」（著宛瑞译）、收入金泽陈进国编『宗教人类学（第三辑）』北京：社会科学文献出版社、二八六‐三〇二页、二〇一二年。

〈6〉臼杵陽「戦時下回教研究の遺産――戦後日本のイスラーム地域研究のプロトタイプとして」『思想』第九四一号、一九一‐二〇四頁、二〇〇二年。

〈7〉参考　店田廣文『戦中期日本におけるイスラーム研究の成果と評価――早稲田大学「イスラム文庫」

の分析』研究成果報告書（平成一五年度－平成一六年度科学費補助金基盤研究Ｃ　課題番号15530347）、四頁、二〇〇五年。

参考文献

日本語

赤松智城「満州の回教に就いて」『宗教研究』第三巻第二号、三四–四五頁、一九四一年
東庄平「アラビア人碑石考——中国科学院編『泉州宗教石刻』を読む」『立命館文学』第一八一号、七九–八二頁、一九六〇年
安藤潤一郎「「回族」アイデンティティと中国国家——一九三二年における「教案」の事例から」『史学雑誌』第一〇五巻一二号、六七–九六頁、一九九六年
安藤潤一郎「日本占領下の華北における中国回教総聯合会の設立と回民社会——日中戦争期中国の「民族問題」に関する事例研究へ向けて」『アジア・アフリカ言語文化研究』東京外国語大学アジア・アフリカ言語文化研究所、第八七号、二一–八一頁、二〇一四年
アンドルー、G・フィンドレイ、志賀勉訳『西北支那の回教徒』満州事情案内所、一三七頁、一九四一年
家島彦一「唐末期における中国・大食間のインド洋通商路」『歴史教育』第一五巻五・六号、五六–

六二頁、一九六七年
イクヴァール、川西正己訳『甘粛西蔵国境に於ける漢・回・蔵の文化的交渉』東亜研究所、一一四頁、一九四三年
イクヴァール、R・B、蓮井一雄訳『甘粛西蔵辺彊地帯の民族』帝国書院、二〇五頁、一九四四年
石井道男「支那近代の回教徒」『回教世界』大日本回教協会、第一巻第八号、一〇－二〇頁、一九三九年
石田英一郎「東干に対する若干の考察」『回教圏』第七巻第四号、九－三〇頁、一九四三年
石田幹之助「支那に於いて出版されたる回教文献に就いて」『東洋学報』、東洋文庫、第八巻第二号、三〇八－三二四頁、一九一八年
石田幹之助「回教」『東洋文化史大系　宋元時代』第四巻、三一一－三二五頁、一九三八－三九年
石田幹之助「支那にかんするアラビアの記録」『回教世界』大日本回教協会、第二巻第八号、四七－五六頁／同巻第九号、三三－四〇頁、いずれも一九四〇年
石橋五郎「唐宋時代の支那沿海貿易並に貿易港に就いて」『史学雑誌』第一二巻第八号、四八－七一頁、同巻第九号、三三－六〇頁、同巻第一一号、五〇－六六頁、いずれも一九五九年
イスラム文化協会「機関誌発刊に際して」『イスラム』イスラム文化協会、第一巻、一－三頁、一九三七年
イスラム文化協会『支那回教徒に就いて』出版社不明、一七頁、一九三八年

井東憲訳『支那回教史』岡倉書房、一九四二年（傳統先『中国回教史』長沙：商務印書館、一九四〇年）
伊東忠太「清真寺――支那に於ける回教寺院」『歴史地理』第八巻第一二号、八－一六頁、一九〇六年
伊東忠太「広東に於ける回教建築」『建築雑誌』第三六三号、六－一一頁。第三六四号、二九－三二頁。第三七〇号、七－一三頁。いずれも一九一七年
猪木武徳編『戦間期日本の社会集団とネットワーク――デモクラシーと中間団体』NTT出版、二〇〇八年
今永清二「林則徐の回民政策について」『史学研究』第六九号、一－一四頁、一九五八年
今永清二「中国における回民起義の一形態」『別府大学紀要』第八輯、八一－一〇二頁、一九五八年
今永清二「清代回教史研究に関する一提案――中田吉信「同政年間の陝甘の回乱について」をめぐって」『史学研究』第八五号、四五－五六頁、一九六二年
今永清二「清代中国回民共同体研究ノート」『東方学』第二四号、五一－七〇頁、一九六二年
今永清二「中国回教史研究における一課題」『歴史教育』第一一巻一二号、六七－七五、八二頁、一九六三年
今永清二「中国における回民商業資本に関する研究ノート」『史学論叢』（別府大学史学研究会）第一号、一七－六一頁、一九六五年
今永清二「北京回教社会史研究序説」『史学論叢』（別府大学史学研究会）第二号、四二－七四頁、一九六七年

今永清二「北京における駱駝業同業の実態――特に回教徒同業研究のための資料として」『史学論叢』（別府大学史学研究会）第三号、六二―八六頁、一九六九年
岩村忍「居家必用事類全集に見えたる回回食品並に女直食品」『民族学研究』第一巻四号、八四―八八頁、一九四三年
岩村忍「甘粛省の回民」『蒙古』第一〇巻一二号、三九―五〇頁、一九四三年
岩村忍「甘粛回民の二種型」『民族研究所紀要』第一号、一一九―一六五頁、一九四四年
岩村忍「歴史・エスノロジー・社會学についての小考――中国イスラム研究を中心として」『民族學研究』日本民族学会、第一二巻第二号、九三―九七頁、一九四七年
岩村忍「中国イスラム社会研究上の諸問題」『民族學研究』日本民族学会、第一二巻第三号、一七七―一九八頁、一九四八年
岩村忍「イスラムの家」東洋文化研究会議編『東洋の家と官僚』生活社、九七―一一三頁、一九四八年
岩村忍『中国回教社会の構造』（上下巻）（社会構成史体系　第二部 東洋社会構成の発展）日本評論社、一九四九年、一九五〇年
臼杵陽「戦時下回教研究の遺産――戦後日本のイスラーム地域研究のプロトタイプとして」『思想』岩波書店、第九四一号、一九一―二〇四頁、二〇〇二年
臼杵陽「戦前日本の「回教徒問題」研究――回教圏研究所を中心として」『岩波講座「帝国」日本の学知　第三巻 東洋学の磁場』岩波書店、二一五―二五一頁、二〇〇六年

梅、Y・P、鈴木朝英訳「中国回教徒の牙城」『回教圏』第五巻第三号、二二六－二二八頁。第五巻第四号、一九八－二〇一頁、いずれも一九三八年
遠藤佐々喜「支那の回回教に就て」『東洋学報』東洋文庫、第一巻第三号、四一七－四二一頁、一九一一年
大久保幸次「支那回民諸君に告ぐ」『回教圏』第三巻第一号、二－五頁、一九三九年
大久保幸次「支那回教餘談」『回教圏』第二巻第一号、一〇－一六頁、一九四三年
大澤広嗣「昭和前期におけるイスラーム研究――回教圏研究所と大久保幸次」『宗教研究』日本宗教学会、第七八巻第二号、四九三－五一六頁、二〇〇四年
大林一之『支那の回教問題』青島守備軍参謀本部、一九二二年
大山彦一「蜂密営子の回回族」『回教世界』大日本回教協会、第三巻第六号、一〇－二二頁、一九四一年
小川久男「包頭に於ける皮毛店・皮荘――内蒙に於ける商業資本の特質に關する一研究」『満鉄調査月報』南満州鉄道株式会社（張家口経済調査所包頭分室）、第二一巻第七号、六七－一三五頁。同巻第八号、一一六－一六二頁。同巻一一号、五七－一一四頁。同巻一二号、四二－八〇頁。いずれも一九四一年
愛宕松男「元代色目人に関する一考察」『蒙古学』第一輯、三三－六七頁、一九三七年
小野忍「中国に於ける回教教団」『東亜論叢』東京文求堂、第六輯、七八－八九頁、一九四八年

「回教圏攷究所彙報」『回教圏』第一巻第一号、九六頁
外務省調査部訳『支那回教史研究』生活社、一九四〇年（金吉堂『中国回教史研究』北京：成達師範学校出版部、一九三五年）
片岡一忠「刑案資料よりみたる清朝の回民政策」『史学研究』広島史学研究会、第一三六号、一－二四頁、一九七七年
片岡一忠「光緒二十一・二十二年の甘粛の回民反乱について（上）（下）」『大阪教育大学紀要』第二部門、第二七巻第二・三号、一九七八・七九年
片岡一忠「日本における中国イスラーム研究小史」『大阪教育大学紀要』第二部門、第二九巻第一号、二二一－四二頁、一九八〇年
片岡一忠『清朝新疆統治研究』雄山閣出版、一九九一年
片岡一忠「中国のイスラム教――清朝と回族の反乱」『月刊しにか』第三巻第七号、一九－二四頁、一九九二年
片岡一忠「清朝・中華民国政府のムスリム政策」（シンポジウム「中国のなかのイスラーム」第九三回史学会大会報告記事）『史学雑誌』第一〇四巻一二号、二一一－一三頁、一九九五年
角野達堂「回儒劉智の「天方典礼択要解」」『支那仏教史学』第四巻第一号、六九－八一頁、一九四〇年
角野達堂「「清真大学」考」『回教圏』第五巻第四号、三一－四三頁。同巻第五号、一二－二四頁。一九四一年

角野達堂「支那回教思想の性格」『摩訶衍』第一九号、五四－七三頁、一九四二年
蒲生正男「社会人類学――日本における成立と展開」日本民族学会編『日本民族学の回顧と展望』日本民族学協会、三三一－三四頁、一九六六年
神戸輝夫「清代後期の雲南回民運動について」『東洋史研究』第二九巻第二・三号、一一八－一四六頁、一九七〇年
神戸輝夫「回族起義――一八五〇－六〇年代の雲南における」『講座中国近現代史　第1巻』東京大学出版会、二四三－二六四頁、一九七八年
岸辺成雄「回教音楽東漸史考――元朝の回教楽器」『回教圏』第七巻第四号、三一－四六頁、一九四三年
木下杢太郎「奉天に於ける回回教の寺院」『中央美術』第五巻七号、二七－四三頁、一九一九年
木村自『雲南ムスリム・ディアスポラの民族誌』風響社、二〇一六年
黒岩高「17－18世紀甘粛におけるスーフィー教団と回民社会」『イスラム世界』四三、一－二六頁、一九九四年
黒岩高「明末清初の中国ムスリム社会の変容」（シンポジウム「中国のなかのイスラーム」第九三回史学大会報告記事）『史学雑誌』第一〇四巻第一二号、二一一－二一三頁、一九九五年
黒岩高「械闘と謡言――十九世紀の西陝・渭河流域に見る漢・回関係と回民蜂起」『史学雑誌』第一一〇編九号、六一－八三頁、二〇〇二年
黒岩高「「学」と「教」――回民蜂起に見る清代ムスリム社会の地域相」『東洋学報』第八六巻第三号、

九九－一三三頁、二〇〇四年
桑田六郎「回回に就きて」『史学雑誌』史学会、第三〇編第一二号、五〇－六三頁、一九一九年
桑田六郎「明末清初の回儒」池内宏編『東洋史論叢――白鳥博士還暦記念』岩波書店、三七七－三八六頁、一九二五年
桑田六郎「礼拝寺巡り」『東洋学報』第一六巻第一号、一一〇－一三六頁、一九二七年
桑田六郎「回紇衰亡考」『東洋学報』第一七巻一号、一九二八年
桑田六郎「劉智の採経書目に就いて」『東洋史論叢――市村博士古稀記念』富山房、三三五－三五三頁、一九三三年
桑田六郎「宋と大食」『東洋学論叢――石浜先生古稀記念』、二〇九－二一五頁、一九五八年
桑原隲蔵「創建清真寺碑」『藝文』第三巻第七号、四〇－五五頁、一九一二年
桑原隲蔵「宋末の提挙市舶使西域人蒲寿庚に就いて」（第一回）『史学雑誌』一一－三五頁、一九一五年
桑原隲蔵「カンフウ問題殊にその陥落年代に就いて」『史林』第四巻一号、三九五－四一四年、一九一九年（『桑原隲蔵全集』第三冊、五一二－五二六頁）
桑原隲蔵「イブンコルダードベーに見えたる支那の貿易港殊にジャンフウとカンフウに就いて」『史学雑誌』第三〇巻一〇号、二七－六四頁、一九一九年。第三一巻一〇号、一－六〇頁、一九二〇年（『桑原隲蔵全集』第三冊、五二七－五九三頁）
桑原隲蔵「隋唐時代の支那に来住した西域人に就いて」『支那学論叢――内藤博士還暦記念』五六五－

六六〇頁、一九二六年（『桑原隲蔵全集』第二冊、二七〇―三六〇頁）
桑原隲蔵『蒲寿庚の事蹟――宋末の提挙市舶西域人』東亜攻究会、一九二三年（桑原隲蔵『蒲寿庚の事蹟』岩波書店、一九三五年）
桑原隲蔵「支那の記録に見えたるイスラーム教徒の猪肉食用禁制」『史林』第八巻一号、一三一―一三四年、一九三七年（『桑原隲蔵全集』第二冊、四五四―四五七頁）
（回教圏）研究部「南京の回教徒」『回教圏』第七巻三号、二一―二八頁、一九四三年
興亜院華中連絡部「南京及蘇州に於ける儒教、道教の実情調査（附　回教の現状）」『華中連絡部調査報告シアリーズ』第四二輯、九二―一一四頁、一九四〇年
顧頡剛、大谷生訳「回漢問題とその対策」『書香』第一一八号、四―五頁、一九三九年
小口五郎「西北に於ける漢回対立事情」『蒙古』第九巻九号、一四―二二頁、一九四二年
小島康敬「朱子学　陽明学　徂徠学の構図――イスラーム思想を合わせ鏡として」『国際基督教大学学法』Ⅲ―A（アジア文化研究26）、九一―一〇五頁、二〇〇〇年
虎世文「成都に於ける回教徒の現状」『回教世界』大日本回教協会、第一巻第二号、一二―一九頁、一九三九年
後藤朝太郎「北京城内に見る回教徒の消長」『東洋』第三一巻九号、三四―四三頁、同巻一〇号、二七―三五頁、いずれも一九三四年
小林元「回疆」『回教圏』第二巻第四号、八三―八九頁、一九三九年

小林元「支那的回民言語葉聞（東回教圏管見二）」『回教圏』第二巻第五号、一〇－一九頁、一九三九年
小林元「支那的回民職業譜――東回教圏管見断章」『東洋』第四二巻五号、六四－七七頁。同巻六号、三九－五二頁、いずれも一九三九年
小林元「日本語と回民児童（東回教圏管見一）」『回教圏』第二巻第四号、二〇－三七頁、一九三九年
小林元「西北角に連なる回教徒――蒙彊の回教調の特殊性について」『地理教育』第三二巻二号、三二－三七頁、一九四〇年
小林元『回回』博文館、一九四〇年
小林元「日本と回教圏の文化交流――明治以前における日本人の回教及び回教圏知識」『中東通報』中東調査会、第二二九号、一－六二頁、一九七五年
小林高四郎「元代斡脱銭小攷」『社会経済史学』社会経済史学会、第四巻第一一号、一二二六－一二四八頁、一九三五年
小林高四郎「元代斡脱銭小攷補正」『社会経済史学』社会経済史学会、第五巻第一号、一三一－一三三頁、一九三五年
小林高四郎「元代に於ける回教徒の高利貸に就いて」『善隣協会調査会月報』第五二号、五－一〇頁、一九三六年
小村不二男『日本イスラーム史』日本イスラーム友好連盟、一九八八年
近藤武「回族の生体計測――満州国原住民族の体質人類学的研究Ⅱ」『人類学雑誌』第五八巻三号、

五―一一三頁、一九四三年
権藤与志夫編著『ウイグル――その人々と文化』朝日新聞社（朝日選書）、一九九一年
坂本勉編著『日中戦争とイスラーム――満蒙・アジア地域における統治・懐柔政策』慶應義塾大学出版会、二〇〇八年
佐木秋夫「中部支那の回教について」『回教圏』第二巻第二号、一六―二三頁、一九三八年
佐口透「中国ムスリムの宗教的生活秩序」『民族学研究』日本民族学会、第一三巻第四号、二一一―三五頁、一九四九年
佐口透「中国イスラムの経典」『東洋学報』東洋文庫、第三二巻第四号、一〇〇―一二八頁、一九五〇年
佐口透「中国ムスリム社会の一側面――清朝実録より観たる」ユーラシア学会『内陸アジアの研究』、明光出版社、一二三―一六五頁、一九五三年
佐口透「中国イスラムの神秘主義」『東方学』第九号、七九―八九頁、一九五四年
佐口透「中国におけるイスラム化の諸問題」『イスラム化にかんする共同研究報告』、九一―一〇二頁、一九五五年
佐口透「少数民族の宗教――回教の問題」『中国文化叢書』宗教六号、三〇九―三二四頁、一九六七年
佐口透「中国イスラムの近代主義」『金沢大学法文部論集』史学篇一六号、一九―四四頁、一九六九年
佐口透『新疆民族史』吉川弘文館、一九八六年
佐口透『新疆ムスリム研究』吉川弘文館、一九九五年

佐久間貞次郎『支那回教徒の過去及現在と光社の前進運動』一九二三年
佐久間貞次郎『支那回教文献の解説』東亜研究会、一九三三年（東亜研究講座、第四九冊）
佐久間貞次郎「支那回教徒の教育情勢」『イスラム（回教文化）』イスラム文化協会、第四輯、一九－二五頁、一九三八年
佐久間貞次郎「支那回教徒の動向に関する一考察」『東亜』第五巻第一二号、六八－七九頁、一九三二年
佐久間貞次郎「支那回教文献考」『回教の動き』、春日書房、三七七－四四二頁、一九三八年
佐久間貞次郎「北支並びに蒙彊に於ける回教徒の現状」『イスラム（回教文化）』イスラム文化協会、第三輯、二三一－四八頁、一九三八年
佐久間貞次郎「満州回教民族と現在の動向」『イスラム（回教文化）』イスラム文化協会、第二輯、四一－四九頁、一九三八年
笹目恒雄「秘彊青海の回教圏を語る」『日本評論』第一三巻七号、一三四－一四五頁、一九四〇年
佐藤次高「イスラーム地域研究は何をめざすか」『イスラーム地域研究の可能性（イスラーム地域研究叢書1）』佐藤次高編・東京大学出版会刊、一七頁、二〇〇三年
佐藤実「劉智の『天方典礼』と『天方至聖実録』の版本について」『東洋学報』第八二巻第三号、三七一－四〇二頁、二〇〇〇年
佐藤実「中国ムスリムにおける食の禁忌と殺生について――劉智『天方典礼』を中心に」『金沢大学留学生センター紀要』第一〇巻、三一頁－四三頁、二〇〇七年

佐藤実「中国イスラームの婚礼と葬礼について――劉智『天方典礼』と朱熹『家礼』」関西大学アジア文化交流研究センター第3回国際シンポジウム「東アジアの儀礼と宗教」発表レジュメ、二〇〇七年
佐藤実「中国ムスリムの孝概念」『東アジア文化交渉研究』関西大学文化交渉学教育研究拠点、第一号、二七七―二九一頁、二〇〇八年
佐藤実「近世における中国ムスリムの初等教育――『天方三字経』初探」『東アジア文化交渉研究』（関西大学文化交渉学教育研究拠点）第二号、二三三―二四四頁、二〇〇九年
佐藤実「イスラームと儒学の距離――中国イスラーム思想の歴史　王岱輿、馬注、劉智」堀池信夫編『中国のイスラーム思想と文化（アジア遊学一二九）』勉誠出版、二〇〇九年
佐藤実「近世における中国イスラーム漢籍の出版」『民族紛争の背景に関する地政学的研究』第八巻、一四二―一五二頁、二〇〇八年
斉藤晨二「中国少数民族について――三つの事例」『人文地理』第一三巻六号、四九―六九頁、一九六一年
澤井充生「中国の宗教政策と回族の清真寺管理運営制度――寧夏回族自治区銀川市の事例から」、『イスラム世界』第五九号、二三―四九頁、二〇〇二年
澤井充生「中国共産党のイスラーム政策の過去と現在――寧夏回族自治区銀川市の事例」小長谷有紀ほか編『中国における社会主義的近代化――宗教・消費・エスニシティ』勉誠出版、五七―八六

頁、二〇一〇年
澤井充生「中華人民共和国の『宗教団体』に関する一考察――イスラーム教協会の事例」『人文学報』第四三八号、三五‐六一頁、二〇一一年
澤井充生『現代中国における「イスラーム復興」の民族誌――変貌するジャマーアの伝統秩序と民族自治』明石書店、二〇一八年
澤崎堅造「北京回教徒の職業」『東亜経済論叢』第一巻第三号、七三五‐七四六頁、一九四一年
澤崎堅造「支那に於ける回教の共同性」『東亜人文学報』第一巻第四号、一七六‐一九二頁、一九四二年
重親知左子「戦中期日本のイスラーム啓蒙活動――月刊『回教世界』をめぐる一考察」『アラブ・イスラム研究』第六号、二〇〇八年、四七‐六一頁
島崎昌「支那回教伝来の伝説について」『京城大学史学会誌』第九号、一一‐一六頁、一九三六年
島崎昌「元代の回回人賽典赤贍思丁」『回教圏』第三巻第一号、一〇‐一九頁、一九三九年
島田大輔「昭和戦前期における回教政策に関する考察――大日本回教協会を中心に」『一神教世界』第六号、六四‐八六頁、二〇一五年
清水敏「回教徒の衣食住実態調査報告――包頭市における」『蒙古』第一〇巻第六号、一〇‐一九頁、一九四三年
下林厚之「西北支那回教徒に関する調査報告」『支那研究』東亜同文書院支那研究部、第一〇号、一

七七―二四一頁、一九二六年
白岩一彦「南満州鉄道株式会社の諜報ネットワークと情報伝達システム――一九三〇年代後半のイスラーム関係満鉄文書をめぐって」坂本勉編『日中戦争とイスラーム――満蒙・アジア地域における統治・懐柔政策』慶應義塾大学出版会、第二章、二〇〇八年
斯日古楞「満鉄の華北への進出」『現代社会文化研究』新潟大学、第二一巻、三五一―三六〇頁、二〇〇一年
新保敦子「日中戦争時期における日本と中国イスラーム教徒――中国回教総聯合を中心として」『アジア教育史研究』第七号、一五―二六頁。一九九八年
新保敦子「蒙彊政権におけるイスラム教徒工作と教育」『中国研究月報』一般社団法人中国研究所、第五三巻第五号、一―一三頁、一九九九年
新保敦子「日本占領下の華北におけるイスラム青年工作――中国回教青年団をめぐって」『早稲田教育評論』第一四巻第一号、一三三―一四九頁、二〇〇〇年
新保敦子「改革開放政策下での中国ムスリム女性教師――進路選択・生活実態・アイデンティティに焦点を当てて」『日本社会教育学会紀要』第四六巻、四一―五〇頁、二〇一〇年
杉本直治郎「イスラム史料に見えたる驃・吐蕃および南詔」『東方学論集――東方学会創立五〇年記念』、一二六―一四四頁、一九六二年
杉本直治郎「蒲寿庚の国籍問題」『東洋史研究』第一一巻五・六号、六六―七六頁、一九五二年

杉山正明「元朝治下のムスリム」川床睦夫編『シンポジウム「イスラームとモンゴル」』中近東文化センター、一九八九年
鈴木規夫「〈中国回教社会の構造〉にみる回漢混合社会論の陥穽」『武蔵野大学政治経済研究所年報』第九号、五三‐七三頁、二〇一四年
蘇盛幸「回漢紛糾経暦録」『回教圏』第四巻第七号、二三‐四一頁、同巻第八号、一一五‐一二四頁、同巻第九号、七四‐七九頁、いずれも一九三八年
大日本回教協会「大日本回教協会業務報告」『回教世界』大日本回教協会、第一巻第五号、一九三九年、一〇一‐一〇三頁
高橋建太郎「回族の居住分布と清真寺の機能――中国・寧夏回族自治区、都市と農村を比較して」『駒澤大学大学院地理学研究』第二六号、二七‐四五頁、一九九八年
高橋泰郎「サフセンと唐」『歴史教育』第五巻五号、二七‐三三頁、一九五七年
竹内夏積「西康異聞考」『イスラム（回教文化）』イスラム文化協会、（上）第一輯、三〇‐三三頁、一九三七年。（下）第四輯、三〇‐三五頁、一九三八年
竹内好「顧頡剛と回教徒問題」『回教圏』第五巻第三号、一四‐二五頁、一九四一年
竹内好「北支・豪彊の回教」『回教圏』第六巻第八・九号、三六‐五七頁、一九四二年
武田信近「新京より君府まで」『イスラム（回教文化）』イスラム文化協会、第一輯、六一‐七一頁、一九三七年

田坂興道「欧米人の支那回教研究」『回教世界』第二巻第一二号、六一―七二頁、一九四〇年。第三巻第一号、一二―二六頁、一九四一年
田坂興道「大食と唐との交渉にかんする一史料」『回教圏』第五巻第八号、七―一五頁、一九四一年
田坂興道「李自成は回教徒か」『東方学報』第一二巻二号、九一―一一〇頁、一九四一年
田坂興道「アラビアの文献に見えたる支那物産の二三例に就いて」『東亜問題』第二五号、五五―七三頁、一九四一年
田坂興道「『回回館訳語』に関する覚書」『回教圏』第六巻第五号、二―一四頁、一九四二年
田坂興道「支那回教徒問題の史的考察」『日本諸学振興員会研究報告』歴史学第一七篇、二三六―二四四頁、一九四二年
田坂興道「大同清真寺の「勅建清真寺碑記」に就いて」『回教圏』第六巻第二号、二二―三三頁、一九四二年
田坂興道「東漸せるイスラム文化の一側面について」『史学雑誌』第五三巻六号、一―六六頁、同巻五号、一七―六七頁、同巻六号、九七―九八頁、いずれも一九四二年
田坂興道「閩書に見える唐武徳年間回教伝来説話について」『東方学報』第一四巻三号、四一―六一頁、一九四三年
田坂興道「『回回館訳語』語釈」『東洋学報』（一）第三〇巻第一号、九六―一三一頁、一九四三年。（二）同巻第二号、一〇〇―一六四頁、一九四三年。（三）同巻第四号、八八―一一四頁、一九四

四年。（補正）第三三巻第三・四号、一三二－一四五頁、一九五一年
田坂興道「回教と支那思想」『回教圏』第八巻第四号、二－一〇頁、一九四四年
田坂興道「西洋暦法の東漸と回回暦法の運命」『東洋学報』第三一巻第二号、一四一－一八〇頁、一九四七年
田坂興道「中国回教史上におけるワッカース伝教の伝説について」『東洋史学論叢　和田博士還暦記念』、三九一－四〇九頁、一九五一年
田坂興道「明代後期の回教徒流賊――中国回教社会史の一部として」『東洋学報』第三七巻一号、四六－六八頁、一九五四年
田坂興道「中国のイスラム教」『歴史教育』第四巻七号、一〇－一八頁、一九五六年
田坂興道「中国イスラムにおけるペルシア的要素について」『中央大学文学部紀要』（史学科一）第三号、五八－七三頁、一九五五年。（史学科二）第六号、四五－六一頁、一九五六年
田坂興道「明代における外来系イスラム教徒の改姓について」『史学雑誌』第六五巻四号、四九－六六頁、一九五六年
田中逸平『イスラム巡礼――白雲遊記』済南暦下書院、一九二五年
『田中逸平――イスラーム日本の先駆』拓殖大学創一〇〇年記念出版、二〇〇二年
店田廣文「戦中期日本におけるイスラーム研究――早稲田大学図書館所蔵「イスラム文庫」の概要と研究課題」八五－九〇頁、『早稲田大学人間科学研究』第一五巻第一号、二〇〇二年

店田廣文『戦中期日本におけるイスラーム研究の成果と評価――早稲田大学「イスラム文庫」の分析』研究成果報告書（平成一五年度―平成一六年度科学費補助金基盤研究C　課題番号15530347）二〇〇五年
店田廣文「戦中期日本における回教研究――『大日本回教協会寄託資料「イスラム文庫」』の分析を中心に」『社会学年誌』第四七号、一一七―一三一頁、二〇〇六年
田辺宗夫『支那西北地方と満支回教徒』皐月会、一九三九年
田村愛理「回教圏研究所をめぐって――その人と時代」『学習院史学』第二五巻、一六―三五頁、一九八七年
中国ムスリム研究会編『中国ムスリムを知るための60章』明石書店、二〇一二年
中国伊斯蘭思想研究会編『中国伊斯蘭思想研究』第二号、二〇〇六年
趙雲陞「支那回教徒の生活概況」『回教世界』大日本回教協会、第一巻第五号、二六―二九頁、一九三九年
趙振武「三〇年来の中国回教文化概況」『回教圏』第四巻第五号、三八―五一頁、一九四〇年
柘植秀臣『東亜研究所と私――戦中知識人の証言』勁草書房、一九七九年
坪内隆彦「イスラーム先駆者田中逸平・試論」『拓殖大学百年史研究』拓殖大学、第八巻、一―五六頁、二〇〇一年
寺田隆信「明代泉州回族雑考」『東洋史研究』東洋史研究会編、第四二巻第四号、六一九―六四二頁、

一九八四年
寺広映雄「雲南ムスリム叛乱の性質に就いて」『大阪学芸大学紀要　A　人文科学』第五号、一三三―一四四頁、一九五七年
東亜研究所『支那西北羊毛貿易と回教徒の役割』一九四〇年、一二二頁（資料丁第七号B　執筆者　幾志直方）
東亜研究所『北京回民小本借貸に就いて』一九四一年、三三頁（資料内第一八四号D　執筆者　小林宗三郎）
東亜研究所『北支満州出張報告（北支満州の回教徒実情概況）』一九三九年、五二頁（資料内第一号D執筆者 山本登）
唐立「女性の礼拝しない村――西雙版納の傣族ムスリム・パーシーダイの現状と歴史」『アジア・アフリカ文化研究所通信』第八〇巻、一―一三頁、一九九四年
戸水寛人「北京張家口間の回々教徒」『外交時報』第六一号、一四―一五頁、一九〇六年
富永理『満州国の回教徒問題』満州国文教部教化司礼教科、一九四四年
内藤智秀「新中国の回教雑観」『東洋大学紀要』一四巻、六三―七二頁、一九六〇年
中生勝美「民族研究所の組織と活動――戦争中の日本民族学」『民族学研究』第六二巻第一号（特集植民地主義と他者認識）、四七―六五頁、一九九七年
中生勝美『植民地人類学の展望』風響社、二〇〇〇年

中生勝美「民族研究所の構造と「民族研究講座」」『国際常民文化研究叢書11――「民族研究講座」講義録』、三五五―三七七頁、二〇一五年
中田吉信「清代回教徒の一側面――馬承蔭と馬新貽と」『東洋学報』東洋文庫、第三六巻第一号、六六―八六頁、一九五三年
中田吉信「清代におけるムスリムの叛乱」『歴史教育』日本書院、第二巻第一二号、五〇―五六頁、一九五四年
中田吉信「中国ムスリムと宗教組織――族譜を中心として見たる」『東洋学報』（東洋文庫）第三八巻第一号、八九―一一四頁、一九五五年
中田吉信「中国回民問題の展望」『中東研究』第一巻二号、二八―三五頁、一九五八年
中田吉信「同治年間の陝甘の回乱について」『近代中国研究』第三号、六九―一五九頁、一九五九年
中田吉信「乾隆帝の回教新派の弾圧について」『東洋史学論叢　和田博士古稀記念』、六三九―六四八頁、一九六一年
中田吉信「中国イスラム教徒の歴史と現状」『（拓殖大学）海外事情』第一二号、三六―四七頁、一九六四年
中田吉信「回回民族に関する文献」アジア経済研究所所内資料『現代イスラームの総合研究』昭和四四年度中間報告（Ⅱ）、一九七〇年
中田吉信『回回民族の諸問題』アジア経済研究所、一九七一年

中田吉信「中国イスラーム史上におけるスーフィズムの役割」アジア・アフリカ言語文化研究所　篇『「イスラム文化」にかんする共同研究報告』第五号、東洋出版、一〇六－一一七頁、一九七二年
中田吉信「中華人民共和国の宗教改革――イスラム教への対応を中心に」『レファレンス』四〇九号、一九八五年
中田吉信「泉州清浄寺の創建問題について」『東洋学報』第七〇巻第一－二号、一－二四頁、一九八九年
中田吉信「中国の回族問題」『就実女子大学　就実短期大学紀要』一三一－一五九頁、一九九二年
中西竜也「回儒の著作研究会　二〇〇二年三月以降の活動記録」『中国伊斯蘭思想研究』第一号、二一八－二二二頁、二〇〇五年
中西竜也「回儒の著作研究会　二〇〇五年三月以降の活動記録」『中国伊斯蘭思想研究』第二号、二〇四－二〇九頁、二〇〇六年
中西竜也「回儒の著作研究会　二〇〇六年三月以降の活動記録」『中国伊斯蘭思想研究』第三号、三九八－四〇三頁、二〇〇七年
中西竜也『中華と対話するイスラーム――17－19世紀中国ムスリムの思想的営為』京都大学学術出版会、二〇一三年
中村孝志「私説「満鉄東亜経済調査局」」『南方文化』天理南方文化研究会、第一三号、一九三－二三六頁、一九八六年
中山一三「南海島の回教徒」『回教世界』大日本回教協会、第一巻第八号、二六－三五頁、一九三九年

中山久四郎「蒙古時代の回回人に就いて」『史学雑誌』第二六巻一〇号、一〇四―一〇六頁、一九一五年
並木頼寿「中研書庫を覗く――東亜研究所関係の蔵書について」『中国研究月報』（一般社団法人中国研究所）第五七九号、四二―四八頁、一九九六年
奈良雅史『現代中国の〝イスラーム運動〟――生きにくさを生きる回族の民族誌』風響社、二〇一六年
成田節男「宋元時代の泉州の発達と広東の衰微」『歴史学研究』第六巻七号、二―五二頁、一九三六年
仁井田陞「北京の回教徒商工人と其の仲間的結合」『回教圏』第八巻第六号、二―二八頁、一九四四年
仁井田陞「北京回教徒ギルド」『中国の社会とギルト』岩波書店、二四五―二八六頁、一九五一年
西澤治彦「西からやって来た異教徒――江蘇における「回族」の移住」可児弘明・鈴木正崇・国分良成・関根政美編著『民族で読む中国』朝日新聞社（朝日選書）、一九八八年
西澤治彦「回族の民間宗教知識」末成道男編『中原と周辺――人類学的フィールドからの視点』風響社、一九九二年
西澤治彦「南京における清真寺および回族の概況調査報告」『言語文化接触に関する研究』東京外語大学アジア・アフリカ言語文化研究所、第六号、七三―一三〇頁、一九九三年
西雅雄「甘粛青海省境における回教徒の生活」『回教圏』第五巻第一二号、八―二一・四一頁、一九四一年
西雅雄「西北支那の民族問題」『蒙古』第九巻九号、一二三―一三四頁、一九四二年
日本オリエント学会『イスラーム関係文献目録（日本語の部）』一九五九年

日本回教協会「発刊に際して」『回教世界』大日本回教協会、第一巻第一号、一－三頁、一九三九年
丹羽茂「川村狂堂について」（小村不二男宛書簡）小村不二男『日本イスラーム史』四九六－四九八頁
野原四郎「雲南回教徒の叛乱」『回教圏』第一巻第一号、三〇－三六頁、一九三八年
野原四郎「快傑馬仲英の履歴」『回教圏』第一巻第四号、一〇六頁、一九三八年
野原四郎「支那回教の現状」『地理教育』第二八巻五号、二－八頁、一九三八年
野原四郎「『天方典礼択要解』の邦訳に際して」『回教圏』第四巻第二号、回教圏研究所、二－三頁、一九四〇年
野原四郎「回教研究の役割」『回教圏』第六巻第一号、八－一三頁、一九四二年
野原四郎「回教徒問題について」『回教圏』第七巻第四号、二－八頁、一九四三年
野原四郎「中国の回教政策」『近代中国研究』好学社、二九九－三二三頁、一九四八年
野原四郎他「回教圏研究所の思い出」『東洋文化』東京大学東洋文化研究所、第三八号、八五－一〇〇頁、一九六五年
野村正良「蒙疆に於いて採録せる二三の回教説話」『回教圏』第七巻第四号、五八－六二頁、一九四三年
白寿彝、大谷生訳「回教文化研究機関設立の必要を論ず」『書香』一一八号、五－六頁、一九三九年
橋本増吉「回教暦について」『回教圏』第七巻第八号、二－一一頁、一九四三年。第八巻第八号、一－四頁、一九四四年
羽田明「回鶻阿部都里什特と西寧――清初に於ける回教都市西寧」『北亜細亜学報』三号、二九－四

八頁、一九四四年
羽田明「わが国におけるイスラム研究（一）――中国篇」『西南アジア研究』京都大学西南アジア研究会、第三号、一－五頁、一九五八年。第四号、一－五頁、一九五九年
羽田亨「華夷訳語の編者馬沙亦黒」『東洋学報』第七巻三号、四三七－四四六頁、一九一七年
原覚天『現代アジア研究成立史論――満鉄調査部・東亜研究所・IPRの研究』勁草書房、一九八四年
ピッケンズ、クロード・L「支那におけるキリスト教教会の対回教徒工作」『回教圏』第三巻第二号、一五五－一六五頁、一九三九年
菱川精一「支那人まほめっと伝」『東亜経済研究』第五巻三号、二一一－二二三頁、同巻四号、一三六－一四九頁、いずれも一九二一年
ファーゼル、G「廸化獄中記」『イスラム（回教文化）』イスラム文化協会、（一）第四輯、八二－九三頁。（二）第五輯、六五－七四頁、いずれも一九三八年
福間良明「民族知の制度化――日本民族学会の成立と変容」、猪木武徳編『戦間期日本の社会集団とネットワーク』NTT出版、二〇〇八年
藤枝晃「マルコポーロの伝へた蒙彊の事情」『東洋史研究』第四巻四・五号、四二一－四四八頁、一九三九年
藤田豊八「イブンコルダードベのカントウに就いて」『史学雑誌』第二七巻六号、三四－六五頁、一九一六年

藤田豊八「宋代の層檀国について――勿巡・兪噜和地・陁婆離慈・眉路骨惇及び・賈耽所伝の波斯西岸諸港」『史林』第一巻四号、六三―八〇頁、一九一六年
藤田豊八「南漢劉氏の祖先につきて」『東洋学報』第六巻二号、一九一六年
船越巧「支那回教徒の猪肉禁忌の起原」『満蒙』第一九巻一号、九八―一〇五頁、一九三八年
フーバー、ライマン「粘り強き支那回教徒」『回教世界』大日本回教協会、第一巻第一号、二〇―二八頁、一九三九年
ブルムホール「雲南省の回教徒」『回教世界』大日本回教協会、第二巻第一二号、四五―六〇頁、一九四〇年
文教部教化司「満州の回教徒問題」『宗教調査資料』第一三輯、二四六頁、一九四四年
保坂修司「アラビアの日本人――日本のムジャーヒディーン」『中東協力センターニュース』二〇〇七年一二月/二〇〇八年一月号、八六―九四頁
ボサム、オリーヴ「支那の回教婦人」『回教圏』第一巻第三号、七九―八一頁、一九三九年
ボサム、オリーブ・M、野原四朗訳「支那の女子回教徒」『回教圏』第一巻第五号、六七―七一頁、一九三八年
堀池信夫「「中国のイスラーム思想と文化」序説――中国イスラーム哲学研究の現在」堀池信夫編『中国のイスラーム思想と文化（アジア遊学129）』勉誠出版、二〇一〇年
堀池信夫『中国イスラーム哲学の形成――王岱與研究』人文書院、二〇一二年

馬淵修「西南支那回民生活の現状」『回教世界』大日本回教協会、第三巻第三号、二九－四三頁、一九四一年
馬元儀「寧夏省磴口県における回民」『回教世界』大日本回教協会、第二巻第一一号、三三－三七頁、一九四〇年
前嶋信次「舎利別考」『回教圏』第二巻第六号、一二－二五頁、一九三九年
前嶋信次「アラビア地理書の明代写本の存在について」『回教圏』第五巻第一〇号、八－一八頁、一九四一年
前嶋信次「泉州の波斯人と蒲寿庚」『史学』慶應義塾大学、第二五巻第三号、二五六－三二一頁、一九五二年
前嶋信次「元末の泉州と回教徒」『史学』慶應義塾大学、第二七巻第一号、一七－六九頁、一九五三年
前嶋信次「カスピ海南岸の諸国と唐との通交」『史学雑誌』第三九年一二号、二四－五七頁、一九三二年
前嶋信次「元末の泉州と回教徒」『史学』第二七巻一号、一七－六九頁、一九五三年
前嶋信次「黄巣の乱についてのアラビア史料の価値」『中東研究』第一巻一号、一三一－一八頁、一九五七年
前嶋信次「アラビア史料中の中国」『集刊東洋学』第一号、九六－九七頁、一九五九年
前嶋信次「クラス戦考」『史学』第三一巻一－四号、六五七－六九一頁、一九五八年。第三二巻一号、一－三七頁、一九五九年
松田壽男「燕都に清真寺を訪ねて」『回教圏』第一巻第一号、六〇－六六頁。同巻第二号、四五－五〇

頁、第一巻第六号、六八－八三頁、いずれも一九三八年
松田壽男「支那「回民」の由来」『回教圏』第一巻第三号、三七－四三頁、一九三八年
松田壽男「天方解義」『回教圏』第一巻第二号、二四－二五頁、一九三八年
松室孝良「皇国の大陸政策と支那回教徒問題について」『イスラム（回教文化）』イスラム文化協会、第二輯、一－一四頁、一九三八年
松本耿郎「中国イスラームの精神世界――劉智の『五更月』について」『思想』岩波書店、第九四一号、一五四－一六六頁、二〇〇二年
松本耿郎「〈書評〉佐藤実『劉智の自然学――中国イスラーム思想研究序説』（汲古書院、二〇〇八年）」『イスラーム世界研究』第三巻第一号、四七七－四八〇頁、二〇〇九年
松本耿郎『馬徳新哲学研究序説』駱駝舎、二〇一四年
松本ますみ「中国イスラーム近代主義と中国近現代史に関する一考察――中国イスラーム宗教指導者の革命参加を考えるために」『新潟史学』新潟大学、第三五巻、二三－四一頁、一九九五年
松本ますみ『中国民族政策の研究――清末から1945年までの「民族論」を中心に』多賀出版、一九九九年
松本ますみ「中国イスラーム新文化運動とナショナル・アイデンティティ」『現代中国の構造変動3 歴史からの接近――ナショナリズム』東京大学出版会、二〇〇〇年
松本ますみ「中国西北におけるイスラーム復興と女子教育――臨夏中阿女学と韋州中阿女学を例とし

て」『敬和学園大学研究紀要』敬和学園大学、第一〇巻、一四五－一七〇頁、二〇〇一年
松本ますみ「中国イスラーム新文化運動」小松久男・小杉泰編『現代イスラーム思想と政治運動』東京大学出版会、二〇〇三年
松本ますみ「佐久間貞次郎の対中国イスラーム工作と上海ムスリム――あるアジア主義者をめぐる考察」『上智アジア学』第二七号、一一五－一三四頁、二〇〇九年
間野英二「〈批評・紹介〉田坂興道著『中国における回教の傳來とその弘通』」『東洋史研究』第二四巻第一号、一一三－一一九頁、一九六五年
満鉄大連図書館「支那回教文献目録」『書香』一一八号、附録一－一六頁、一九三九年
三田了一「支那ノ回回教徒」『東亜経済研究』山口高等商業学校東亜経済研究会、(一)第四巻第一号、一二〇－一二八頁、一九二〇年。(二)同巻第二号、一六九－一七六頁、一九二〇年。(三、完)同巻第三号、一五二－一六四頁、一九二〇年
三田了一・竹内義典『北支那回教事情』南満州鉄道北支経済調査所、一九四一年(山下晋司・中生勝美・伊藤亞人・中村淳編『アジア・太平洋地域　民族誌選集36　北支那回教事情』クレス出版、二〇〇二年)
三橋富治男「支那における回教徒の実情」『世界文化史大系　第八巻　イスラム諸国の変遷』新光社、三五〇－三六三頁、一九三四年
三橋富治男「西北回教問題における馬鴻達の地位」『回教圏』第六巻第五号、四三－五二頁、一九四二年
南満州鉄道株式会社庶務部調査課『支那回教徒の研究』満鉄調査資料第二六篇、一九二四年

三宅米吉「読大食国考」『史学雑誌』三五号、七三－七八頁、一八九二年
三宅米吉「大食国考につき答弁」『史学雑誌』三九号、六四－七四頁、一八九三年
宮崎市定「南洋を東洋史に分つ根拠に就いて」『東洋史研究』第七巻第四号、一－一三頁、一九四二年
向正樹「モンゴル政下福建岸海部のムスリム官人層」『アラブ・イスラム研究』第七号、二〇〇九年、八〇－九三
村上正二「回教の支那傳來に就いて」『イスラム（回教文化）』イスラム文化協会、第一輯、五一－六〇頁、一九三七年
村上正二「明朝と帖木児帝国との関係について」『イスラム（回教文化）』イスラム文化協会、第三輯、四六－五五頁、一九三八年
村上正二「回教名稱考」『イスラム（回教文化）』イスラム文化協会、第五輯、三六－三九頁、一九三八年
村上正二「元朝に於ける泉府司と斡脱」『東方学報』東方文化学院、第一三巻第一号、一四三－一九六頁、一九四二年
村田孜郎「新疆における回教徒の動き」『イスラム（回教文化）』イスラム文化協会、第四輯、一一－一八頁、一九三八年
村田治郎「イスラーム教建築の特色」『仏教美術』二六号、八〇－九三頁、一九五五年
村田治郎「回教の寺寺」『東亜学』一号、二〇三－二一二頁、一九三九年

矢久保典良「〈書評〉坂本勉編著『日中戦争とイスラーム――満蒙・アジア地域における統治・懐柔政策』」『史学』（慶應義塾大学）、第七七巻第四号、四五一－四五八頁
箭内亙「元代社会の三階級」『満鮮地理歴史研究報告』三号、四〇九－五二二頁、一九二六年
矢野光二『中華人民共和国の回教徒と同政府の国内回教徒に対する政策』日本イスラーム友愛協会、一九六五年
藪内清「元明暦法史」『東方学報・京都』第一四巻二号、一一〇－一二八頁、一九四四年
藪内清「中国に於けるイスラム天文学」『東方学報』京都大学人文科学研究所、第一九号、六五－七五頁、一九五〇年
藪内清「中国に於けるイスラム天文学」『東方学報・京都』一九号、六五－七五頁、一九五〇年
藪内清「回回暦解」『東方学報』京都大学人文科学研究所、第三六号、六一一－六三一頁、一九六四年
山内嵓「支那喇嘛教及回回教に就いて」『支那』第八巻四号、三〇－三六頁。同巻五号、二三－三〇頁、同巻七号、三三－三九頁、いずれも一九一七年
山路勝彦『近代日本の海外学術調査（日本史リブレット）』山川出版社、二〇〇六年
山路広明「支那回教徒に就いて」『工業国策』第一巻第七号、七七－八二頁、一九四二年
山下知彦「イスラム文化協会機関雑誌　創刊に当りて」『イスラム（回教文化）』イスラム文化協会、第一輯、四頁、一九三七年
山本登『満州国の回教調査資料』東亜研究所、一九四一年

湯浅鉱二「南京の回教徒に関する覚書」『回教圏』第七巻第二号、四六－五九頁、一九四三年
米沢菊二（外務省調査部長）「発刊の辞」『回教事情』外務省調査部、第一巻第一号、一－二頁、一九三九年
ラシード・ジャハーン、藤村三近訳「支那西北回教徒の共産化」『回教世界』大日本回教協会、第一巻第九号、一－八頁、一九三九年
若林半「支那回教史」『支那歴史地理大系』（支那宗教史）第九巻、二五七－二九三頁、一九四二年
渡辺巌「支那回教徒の人口」『蒙彊』第一九巻八号、四五－五四頁、一九三八年
渡辺宏「シナ回教史雑考――シナに来訪した回教徒とアラビア文化の東漸」『サウディアラビア』二〇号、一八－二七頁、一九六六年
渡辺宏「シナ回教史雑考（二）――明初の回教徒」『サウディアラビア』二一号、一三－一八頁、一九六七年
渡辺宏「シナ回教史雑考（三）――シナ人のメッカ巡礼」『サウディアラビア』二二号、二八－三三頁、一九六七年
渡辺宏「シナ回教史雑考（四）――鄭和とメッカ」『サウディアラビア』二三号、四〇－五一頁、一九六八年
渡辺宏「宋大の大食国朝貢」『白山史学』一三号、一九－三二頁、一九六七年
「イスラーム地域研究」（http://www.l.u-tokyo.ac.jp/IAS/Japanese/index-j.html）
「中国ムスリム研究会　公式ブログ」（http://micoffice.exblog.jp/）

「回教事情」匿名記事（頁数略）（和文）

「蔣政権下中国回教徒の西亜細亜における策」彙報『回教事情』外務省調査部編、第一巻第二号、一九三八年
「「五馬連盟」について」論説『回教事情』外務省調査部編、第一巻第一号、一九三八年
「アズハル大学支那回教徒留学生の策動」彙報『回教事情』外務省調査部編、第二巻第二号、一九三九年
「雲南に於ける回教徒」論説『回教事情』外務省調査部編、第一巻第一号、一九三八年
「王岱與著「清真大学」」解題『回教事情』外務省調査部編、第二巻第二号、一九三九年
「河南に於ける回民状況」資料『回教事情』外務省調査部編、第二巻第三号、一九三九年
「回・佛両教の関係に就いて」論説『回教事情』外務省調査部編、第二巻第一号、一九三九年
「回教都市西寧」資料『回教事情』外務省調査部編、第二巻第一号、一九三九年
「回漢対立問題と其解決について」論説『回教事情』外務省調査部編、第二巻第一号、一九三九年
「甘粛青海省境における回教徒の動向」彙報『回教事情』外務省調査部編、第一巻第三号一九三八年
「金天柱著「清真釈疑補輯」」解題『回教事情』外務省調査部編、第二巻第二号、一九三九年
「左宗棠の西北経営一斑」資料『回教事情』外務省調査部編、第三巻第四五、一九四〇年
「撒拉回及び蒙古回回」解説『回教事情』外務省調査部編、第一巻第三号、一九三八年
「四川西康の回教徒」論説『回教事情』外務省調査部編、第一巻第三号、一九三八年

「支那における一賜楽業（猶太）教・回教」論説『回教事情』外務省調査部編、第一巻第三号、一九三八年
「支那に於けるコーラン（古蘭）教典の翻訳事業」解説『回教事情』外務省調査部編、第三巻第一号、一九四〇年
「支那回教に於ける新教と舊教に就いて」解説『回教事情』外務省調査部編、第三巻第一号、一九四〇年
「支那回教使節印度訪問」彙報『回教事情』外務省調査部編、第一巻第三号、一九三八年
「支那回教史雑考」論説『回教事情』外務省調査部編、第三巻第三号、一九四〇年
「支那回教社会の成因」論説『回教事情』外務省調査部編、第二巻第一号、一九三九年
「支那文献に現はれたる西方回教圏言語」資料『回教事情』外務省調査部編、第二巻第四号、一九三九年
「支那辺彊回民教育の現勢」論説『回教事情』外務省調査部編、第二巻第二号、一九三九年
「新彊事情一斑」資料『回教事情』外務省調査部編、第一巻第二号、一九三八年
「新疆の東部前線「哈密」」資料『回教事情』外務省調査部編、第二巻第四号、一九三九年
「新疆政府の印度商人圧迫」彙報『回教事情』外務省調査部編、第二巻第二号、一九三九年
「成吉思汗と回教徒」資料『回教事情』外務省調査部編、第二巻第二号、一九三九年
「清初の新疆に於ける燕斉と回屯」解説『回教事情』外務省調査部編、第三巻第二号、一九四〇年
「清初の対回教政策――特に新彊纏回について」論説『回教事情』外務省調査部編、第二巻・第四号、一九三九年
「清末の対回教政策」論説『回教事情』外務省調査部編、第三巻第一号、一九四〇年

「西北回民の現況」彙報『回教事情』外務省調査部編、第二巻第一号、一九三九年
「西北回民公会厚和支部結成」彙報『回教事情』外務省調査部編、第二巻第一号、一九三九年
「西北回民公会包頭支部結成」彙報『回教事情』外務省調査部編、第二巻第一号、一九三九年
「西北漢回の社会」資料『回教事情』外務省調査部編、第一巻第一号、一九三八年
「赤色都市蘭州」資料『回教事情』外務省調査部編、第二巻第三号、一九三九年
「中国回教総聯合会回教徒のメッカ巡禮」彙報『回教事情』外務省調査部編、第二巻第二号、一九三九年
「中国回教総連合会組織約」資料『回教事情』外務省調査部編、第一巻第一号、一九三八年
「中国回教史の一齣」論考『回教事情』外務省調査部編、第一巻第二号、一九三八年
「中国西北回教の赤化傾向」論考『回教事情』外務省調査部編、第一巻第二号、一九三八年
「帝政露西亜の新疆経略の態様とその特性」論説『回教事情』外務省調査部編、第三巻第三号、一九四〇年
「内面より見た重慶晩近の回教工作」資料『回教事情』外務省調査部編、第三巻第三号、一九四〇年
「白崇禧の回教徒煽動」彙報『回教事情』外務省調査部編、第三巻第二号、一九四〇年
「武漢回民の現状」彙報『回教事情』外務省調査部編、第二巻第四号、一九三九年
「包頭に於ける回民概況」資料『回教事情』外務省調査部編、第二巻第二号、一九三九年
「満州国回教概観」資料『回教事情』外務省調査部編、第一巻第二号、一九三八年
「明代の回教について」論説『回教事情』外務省調査部編、第二巻第三号、一九三九年

「明末清初に於ける回耶の抗争と其の文化的意義に就いて」資料『回教事情』外務省調査部編、第三巻・第二号、一九四〇年
「楊増新の対回教政策」論説『回教事情』外務省調査部編、第三巻第二号、一九四〇年
「林則徐と其回教徒政策」論説『回教事情』外務省調査部編、第三巻第四五、一九四〇年
「廣東回民情況」彙報『回教事情』外務省調査部編、第二巻第二号、一九三九年

他の匿名記事（和文）

〔時報〕支那」『イスラム（回教文化）』イスラム文化協会、第三輯、一〇三－一〇五頁、一九三八年
「支那（回教手引）」『回教世界』大日本回教協会、第二巻第三号、一〇一－一〇八頁、一九三九年
「支那に於ける回教徒の現状」『東亜』第一二巻四号、五－一六頁、一九三九年
「支那回教徒に於ける東干の地位」『東亜』第一二巻三号、一六－二二頁、一九三九年
「清末西北辺に於ける回教徒の叛乱」『回教世界』大日本回教協会、第一巻第一号、四－一九頁、一九三九年
「西北回教史」『東亜』第一六巻四号、五一－六九頁、一九四三年
「巻頭言　支那の回教徒」『イスラム（回教文化）』イスラム文化協会、第三輯、一頁、一九三八年

中国語

阿里木　托和提「王岱輿和劉智在儒伊文化基礎上対伊斯蘭哲学的貢献」（儒学・イスラーム文化に基づく王岱輿・劉智のイスラーム哲学に対する貢献）『新疆大学学報（哲学・人文社会科学版）』第三五巻第六期、一〇四－一〇七頁、二〇〇七年
阿里木　托和提「日本的中国伊斯兰研究学术史——以问题意识和研究对象的界定为心」『回族研究』第三期、六五－六九頁、二〇一七年
阿里木　托和提「「回儒世界观与中国伊斯兰研究的当代价值」学术研讨会会议综述」（「回儒世界観及び中国イスラーム研究の現在価値」学会の概要）『回族研究』第三期、八四－九〇頁、二〇一二年
阿里木　托和提「「回儒学」何为可能?」（「回儒学」とその可能性）『宁夏社会科学』第一期、七九－八五頁、二〇一三年
阿里木　托和提「一九四五年以前日本的中国伊斯兰研究」（一九四五年以前日本の中国イスラーム研究）『東方民族大学学報』第六期、七八－八四頁、二〇一二年
阿里木　托和提「儒家、儒教対中国伊斯蘭教的影響——従個体和整体的角度探討与研究」（儒家、儒教の中国イスラーム教に対する影響——個人と全体の角度からの探求と研究）陳明　編集『原道（第一四輯）』首都師範大学出版社、一二四－一三四頁、二〇〇七年
阿里木　托和提「伊思蘭学者劉智的「元気」与日本儒家伊藤仁斎的「一元気」思想：朱子学「理」、

「気」学説的批判与重建」（イスラーム学者劉智の「元気」と日本儒家伊藤仁斎の「一元気」思想：朱子学「理」、「気」学説の批判とその再建）『回族研究』、一一月第一期、八六－九〇頁、二〇一〇年
阿里木　托和提「朱子学本体思想範疇的中介化過程――以明末清初学者王岱輿、劉智宇宙論思想為中心」（朱子学本体論の中間化過程――明末清初の学者王岱與、劉智の宇宙論思想を中心として）『云南民族大学学報』、第六期、一〇五－一〇八頁、二〇一〇年
白寿彝「有关回族史工作的几点意见」『宁夏社会科学』第一号、八－一四頁、一九八四年
柴亚林「简论抗战爆发前日本大陆浪人对中国伊斯兰教展开的活动与研究」『丝绸之路』第二〇期、五五－五六页、二〇一一年
傳統先『中国回教史』商務印書館、一九四〇年（井東憲訳『支那回教史』岡倉書房、一九四二年）
丁万录「二〇世纪回族研究成果述略」『西北第二民族学院学报』第一期、四五－四九頁、二〇〇二年。
丁万录「二〇世纪回族研究成果述略（续）」『西北第二民族学院学报』第四期、五三－五八頁、二〇〇一年
房建昌「国外研究回族及中国伊斯兰教概况」『固原师专学报』第四期、八二－八七頁、一九八八年
高占福「中国二〇世纪伊斯兰教研究综述」『西北民族研究』第二期、二七－三三页、二〇〇〇年
黄大慧主编『中日友好交流三十年――文化教育与民间交流卷』社会科学文献出版社、二〇〇八年
姜立雄『北京的宗教』天津古籍出版社、一九九五年
解学诗「「七七」事变前后的满铁华北经济调查」『历史学研究』第六期、一二九－一四〇页、一九九八年

金吉堂『中国回教史研究』（成達師範学校出版部、一九三五年）（日本語―外務省調査部　訳『支那回教史』生活社刊、一九四〇年）
金宜久『中国伊斯蘭探秘』東方出版、一九九九年
李薇主编『当代中国的日本研究』中国社会科学出版社、二〇一二年
李兴华　冯今源『中国伊斯兰教史参考资料选编下』宁夏人民出版社、一九八五年
梁向明『劉智及伊斯蘭思想研究』蘭州大学出版、二〇〇四年
铃木规夫「日本伊斯兰研究的回顾与反思」（高明洁译）『国際政治研究』第四期、六八‐七五页、二〇〇四年
劉一虹『回儒対話・天方之経與孔孟之道』宗教文化出版社、二〇〇六年
鲁忠慧「日本对中国伊斯兰教研究概述」『回族研究』、第三期、九三‐九七頁、二〇〇〇年
鲁忠慧「论二〇世纪上半叶日本研究回族的殖民主义特征」『西北第二民族学报』第三期、三四‐三八页、二〇〇四年
马通「对西北五省（区）伊斯兰教研究的回顾与展望」『甘肃民族研究』第二期、十‐十五頁、一九八七年
秦书媛「试论南满洲铁道株式会社调查机构的演变及作用」『延边大学硕士学位论文』、二〇一二年六月
邱树森『第一次世界大战以来帝国主义侵华文件选编』三联书店、一九五八年
沙宗平『劉智哲学研究・中国的天方学』北京大学出版、二〇〇四年
孫振玉『明清回回理学與儒家思想関係研究』中国文史出版社、二〇〇五年

郃哈斯其木格「改革开放后中日关系研究——以现代化视角看中日政治、经济、文化关系」南开大学博士学位论文、二〇〇九年
王建平「国外学界研究中国伊斯兰著述简介」『上海穆斯林』第一期、五六－五九頁、二〇〇一年
王柯「日本侵华战争与「回教工作」」『历史研究』第五期、八七－一〇五页、二〇〇九年
武向平「三十年来日本满铁研究现状述评」『日本问题研究』第三期第二六卷、二八－三三页、二〇一二年
许淑杰「元代以来国内外中国伊斯兰典籍调查整理研究」『回族研究』第一期、一五七－一六〇页、二〇〇六年
泽井充生「日本的中国穆斯林研究——以一九八〇年后的回族研究为中心」（著宛瑞译）、收入金泽陈进国编『宗教人类学（第三辑）』北京：社会科学文献出版社、二八六－三〇二页、二〇一二年
张绍绎「日本的中东研究——以『日本中东学会年报』为例」『阿拉伯世界研究』第九期、二〇〇九年
长谷部茂「试论伊斯兰哲学对宋明儒学的影响」『海交史研究』第二期、九八－一〇三页、二〇〇九年
阵景彦「浅论近代中日关系史分期问题」『东北亚论坛』第四期、八六－八九頁、一九九四年
周传斌「他山之石——西方学界对中国回族伊斯兰教的研究述评」『西北民族研究』第一期、九七－一一八頁、二〇〇五年
佐口透「中国穆斯林研究之回顾与展望——民族研究所及其遗产」鲁忠慧　译『回族研究』第四期、三一－三七页、一九九七年
佐藤次高「一九四五年以来日本的伊斯兰暨中东研究」（孙振玉　译）『内蒙古大学报』第九期、一一五－

二一八頁、二〇〇六年

欧語

Allès, Élisabeth (2000), *Musulmans de Chine: Une anthropologie des Hui du Henan*. Paris: EHESS.

Ando, Junichiro（安藤潤一郎）(2002), Japan's 'Hui-Muslim Campaigns'（回民工作）in China from the 1910's to 1945: An Introductory Survey『日本中東学会年報』18 (2), pp. 21-38.

Andrew, George Findlay (1921), *The Crescent in North-West China,* the China Inland Mission, Religious Tract Society.

Dairy de Thiersant, Philibert (1878), *Le mahometisme en chine et dans me Turkestan oriental*, Paris: Ernest Leroux, 2 vols.

Dillon, Michael (1996), *Chinas Muslim*, New York: Oxford University Press.

Dillon, Michael (1999), *China's Muslim Hui Community: Migration, Settlement and Sects*, London: Curzon Press.

Fan, Guang（潘光）(2002), The Middle East and China's Strategy for Overseas Energy Development『日本中東学会年報』18 (2), pp. 137-143.

Fletcher, Joseph (1995), *Studies on Chinese and Islamic Inner Asia*, ed. Beatrice Forbes Manz, Aldershot: Variorum.

Gillette, Maris Boyd (2000), *Between Mecca and Beijing: Modernization and Consumption Among Urban Chinese Muslims*, Stanford: Stanford University Press.

Gladney, Dru (1991), *Muslim Chinese: Ethnic Nationalism in The Peoples Republic*, Harvard University Press.

Gladney, Dru (1998), *Ethnic identity in China: The Making of a Muslim Minority Nationality*, Orlando: Hardcourt Brace & Company.

Hartmann, Martin (1921), *Zur Geschichte des Islam in China*, Leipzig: Wilhem Heim.

Israeli, Raphael (1979), *Muslims in China: A Study in Cultural Confrontation*, London & Malmo: Curzon Press.

Israeli, Raphael (1994), *Islam in China: A Critical Bibliography*, London: Greenwood Press.

Jaschok, Maria (2000), *The History of Women's Mosques in Chinese Islam: A Mosque of Their Own*, London: Psychology Press.

Kuroiwa, Takashi（黒岩高）and Satoh, Minoru（佐藤実）(2004), Introduction of the Research Group on Works by Chinese Muslim Intellectuals『日本中東学会年報』20 (2), pp. 393-398.

Leslie, Donald Daniel (1981), *Islamic Literature in Chinese Late Ming and Early Qing: Books, Authors and Associates*, Canberra College of Advanced Education.

Leslie, Donald Daniel (1986), *Islam in Traditional China: A Short History to 1800*, Canberra College of Advanced Education.

Lipman, Jonathan N. (1997), *Familiar Strangers: A History of Muslims in Northwest China*, University of Washington Press.

Luckert, Karl (1994), *Mythology and Folklore of the Hui, A Muslim Chinese People*, State University of New York Press.

Marshall, Broomhall (1910), *Islam in China: a Neglected Problem*, London: Morgan & Scott (Reprinted by New York: Paragon book Reprint Corp, 1966)

Marshall, Broomhall (1911), The Mohammeden population of Islam, *The Moslem World* 1, pp. 32-53.

Mason, Isaac (1919), *The life of Mohammed* (In Chinese), Shanghai.

Mason, Isaac (1928), *List of Chinese moslem terms*, Shanghai: The Society of Friends of the Moslems in China.

Matsumoto, Masumi（松本ますみ）(2002), Sino-Muslims' Identity and Thoughts during the Anti-Japanese War: Impact of the Middle East on Islamic Revival and Reform in China『日本中東学会年報』18 (2), pp. 39-54.

Matsumoto, Masumi（松本ますみ）(2015), Memorizing Mongolians and Muslims on Photography: Japan's Occupied Area in China on the Kahoku Kotsu Photo Collection, *Asian Studies* 3, p. 27-54.

Murata, Sachiko (2009), *The Sage Learning of Liu Zhi: Islamic Thought in Confucian Terms*, Harward University Asia Center.

Murata, Sachiko (2009), *Chinese Gleams of Sufi Light: Wang Tai-yu's Great Learning of the Pure and Real and Liu Chih's Displaying the Concealment of the Real Realm,* Harvard University Press, Cambridge, MA.

Nakanishi, Tatsuya（中西竜也）(2007), The Logic of Succession in the Case of Chinese Muslims during the Qing Period, *Orient: Reports of the Society for Near Eastern Studies in Japan*, 42, pp. 55-70.

Nakanishi, Tatsuya（中西竜也）(2009), Sources of Islamic Ideas in Chinese Qādirīs: Preliminary Research on Sufism and Taoism in Northwestern China during the Eighteenth and Nineteenth Centuries, Proceedings of SIAS/KIAS Joint International Workshop "Depth and Width of Islamic Culture and Society" (held by Islamic Area Studies Center for Islamic Area Studies at Kyoto Universtiy (KIAS) and The Center of Islamic Area Studies at Sophia University (SI), pp. 3-9.

Ogilvie, Chas and Samuel Marinus Zwemer (1917), A Classified Bibliography of Books on Islam in Chinese and Chinese-Arabic, *The Chinese Recorder*, VI-VIII (10), pp. 632-659.

Paladii (1887), *Kitaiskaia Literatura Magaometan,* Sanktpeterburg, tio, ImperatorskoAkademii Nauk.

Ria, Gabriel Dev (1895), *Origine de I Islamisme en Chine*, Paris: Imprimerie Nationale.

Sai, Yukari（砂井紫里）(2015), Making Cuisines Halal: Comparative Study of the Impacts of Japanese and Taiwanese Inbound Tourism Policies on their Food Industries, *Islam And Multiculturalism: Exploring Islamic Studies Within A Symbiotic Framework*, pp. 30-36.

Satoh, Minoru（佐藤実）(2005), The Five Element Theory in Liu Zhi（劉智）'s Wugong Shiyi（五功釋義）『日本中東学会年報』21 (1), pp. 25-38.

Sawai, Mitsuo（澤井充生）(2017), Remembered Sufi Saint: Reconstruction of a "Gongbei" and the Struggles for the Leadership in Ningxia, Family, *Ethnicity and State in Chinese Culture under the Impact of Globalization*, pp. 235-254.

Sawai, Mitsuo（澤井充生）(2018), Is Turkish Muslim 'Uthman a 'Da'i' or 'Intelligence Agent'?: 'Collaboration' between Japanese Army and Muslim Minorities in China, *Abdürreşit İbrahim ve Zamanı: Türkiye ve Japonya Arasında Orta Avrasya*, p. 111-132.

Shimbo, Atsuko (2010), Surviving as the Muslim minority in secularized China,『早稲田教育評論』24(1), pp. 63-77.

Shimbo, Atsuko (2015), Analysis of the education and social mobility: Based on study of the Hui Muslim family in China,『学術研究』62, pp. 69-76.

Shimbo, Atsuko (2018), Lifestyle Transformation of Muslim in China: Halal food consumption among Hui Muslim students, Proceeding for International Workshop on Halal Food Consumption in East and West with appendix of survey report, *Waseda University Institute for Asian Muslim Studies Research Paper Series* 5, pp. 13-22.

Shimbo, Atsuko (2018), Report of the survey on Halal Food Consumption among Hui Students and Their Mothers in China 2017, Proceedings of the International Workshop on Halal Food Consumption in East and West (with Appendix of Survey Report), 2018, *Institute for Asian Muslim Studies*, pp. 67-89.

Shimbo, Atsuko(2016), Muslims in Japan and China during the Second Sino-Japanese War, 『早稲田大学大学院教育学研究科紀要』26, pp. 85-93.

Shimbo, Atsuko (2017), The Lifestyle Transformation of Hui Muslim Women in China, *Journal of Contemporary East Asia Studies* 6, pp. 1-21.

Vissiere, Arnold (1913), *Etudes Sino-Mahometanes*, Paris: Ernest Leroux.

Wylie, Alexander (1867), *Notes on Chinese Literature, Shanghai: American Presbyterian Mission Press*, London: Trubner & Co.

Zhao, Guozhong（趙國忠）(1994), History and Present Situation of Middle East Studies in China, 『日本中東学会年報』9, pp. 321-332.

Zwemer, Samuel Marinus (1918), A Chinese moslem primer, *The Moslem World* 8, pp. 71-73.

Zwemer, Samuel Marinus (1918), Islam in China. *The Moslem World* 8, pp. 1-3.

Zwemer, Samuel Marinus (1934), The fourth religion of China. *The Moslem World* 24, pp. 1-12.

Zwemer, Samuel Marinus (1935), A Chinese-Arabic amulet, *The Moslem World* 25, pp. 217-222.

【著者】アリム・トヘティ（阿里木 托和提）
東北大学学際科学フロンティア研究所人間・社会領域助教。
南京大学大学院哲学系と東北大学大学院文学研究科連合育成博士課程指導認定退学。博士（哲学）。専攻は東洋哲学と宗教。北京大学哲学系ポストドクター研究人員、武漢大学哲学学院講師、東北大学大学院国際文化研究科・日本学術振興会外国人特別研究員（PD）を経て、現職。

日本におけるイスラーム研究史——中国篇

二〇一九年二月一五日　初版発行

著者　アリム・トヘティ

発行者　三浦衛

発行所　春風社 Shumpusha Publishing Co.,Ltd.
横浜市西区紅葉ヶ丘五三　横浜市教育会館三階
〈電話〉〇四五・二六一・三一六八　〈FAX〉〇四五・二六一・三一六九
〈振替〉〇〇二〇〇・一・三七五二四
http://www.shumpu.com　✉ info@shumpu.com

装丁　桂川潤

印刷・製本　シナノ書籍印刷株式会社

乱丁・落丁本は送料小社負担でお取り替えいたします。

ISBN 978-4-86110-632-3 C0014 ¥4000E